학술적 글쓰기의 기초

한국어 논리와 논술

Logical Writing in Korean

Basics of Academic Writing

학술적 글쓰기의 기초

한국어 논리와 논술

지은이 김성숙
펴낸곳 연세대학교 대학출판문화원

주 소 서울시 서대문구 연세로 50
전 화 02) 2123-3380~2
팩 스 02) 2123-8673
http://press.yonsei.ac.kr
e-mail: ysup@yonsei.ac.kr
등 록 1955년 10월 13일 제9-60호
인 쇄 네오프린텍(주)

2016년 8월 31일 1판 1쇄
2017년 11월 30일 1판 2쇄

ISBN 978-89-6850-170-8 (93710)

값 15,000원

학술적 글쓰기의 기초

한국어 논리와 논술

Logical Writing in Korean

Basics of Academic Writing

김성숙 지음

연세대학교 대학출판문화원

머리말 | Preface

해마다 교육부는 대학수학능력시험을 실시하여 고등학교 졸업생의 교과 지식을 측정하고 그 결과를 표준 점수로 환산하여 대입 합격자 판정의 사정 자료로 제공한다. 하지만 대규모 선다형 문제로는 예비 지식인에게 필요한 학업 수행 능력을 실제적으로 예측하기 어렵다. 대학수학능력시험에서는 주로 암기한 지식의 정도를 평가하는데 현 정보화 시대의 지식은 암기가 아니라 재구성과 창안 과정을 통해서 생성되기 때문이다.

대학에서 발표를 하고 보고서를 쓰려면 기존 지식을 이해하고 새로이 적용하여 문제를 해결하는 종합적인 사고력이 필요하다. 즉, 대학이라는 학술 공동체 구성원에게는 기본적으로 학술 담론을 논리적으로 종합(discourse synthesis)할 줄 아는 구조화 지식이 있어야 한다. 또한 글로벌 시대의 지식인으로서 소속 공동체에서 유통되는 담화 장르를 비판적으로 분석(Critical Discourse Analysis)하여 가치 있는 내용을 생성할 줄도 알아야 한다.

하지만 학제 내에서 종합적 사고력 함양 수업은 '다문다독다상량(多聞多讀多商量)'이라는 암시적인 방법으로만 교수되므로 읽기나 쓰기에 흥미가 없는 학생들은 체계적으로 논증적 사고력을 기를 기회가 없다. 종합적, 비판적, 논증적 사고력을 기르지 못하면 대학 입학의 한 방편인 논술에 대처하기가 어려울 뿐만 아니라 대학 입학 이후에 요구되는 학술 과제들도 제대로 수행하기가 어렵다. 따라서 고등교육에 진입하고자 한다면 반드시 학술 과제 수행에 필요한 비판적 사고력과 논증적 표현력 수준을 고루 갖추어야 한다.

이 책의 목표는 대학 입학 시점의 내·외국인이 갖추어야 할 기본적 학업 능력을 기르는 것이다. 고등학생은 학습 인지 역량의 단계적 성숙이 고려된 과제를 해결하면서 예비 지식인에게 필요한 구조화 지식과 비판적 사고력 및 논증적 표현력을 배울 수 있을 것이다. 또한 국내 대학에 입학하려는 유학생들에게 논리적 사고 능력을 길러주고자 하는 한국어 교사를 비롯해 중등학교의 각 교과 교사들에게는 논증적 글쓰기 교수 전략을 제공하고자 한다. 교수자나 학습자 모두 각자의 상황에 맞게 문제 해결 전략을 구조화하고 이를 실제 논술 문제를 해결하는 데 적용하고 수정하면서 최적의 논증적 글쓰기 모델을 개발하게 하는 것이 이 책의 최종 목표이다. 이 책이 지향하는 학술적 글쓰기 기초 능력은 대학 입학 시점에 갖추어야 할 논증적 글쓰기 능력 수준이다. 즉, 내국인이라면 논술 평가 정도가, 외국인이라면 S-TOPIK Ⅱ 53, 54번 문항이 목표로 하는 쓰기 인지 능력 함양을 목표로 하고 있다.[1]

장별로 공부를 시작하기 전에 도입 활동을 하면서 주제 관련 배경지식을 환기하고, 본문도 생각하며 읽도록 하기 위해 주요 내용을 직접 쓰고 정답을 확인할 수 있게 구성하였다. 매 장의 마지막에는 본문의 내용을 정리하고 스스로 더 공부해 볼 확인문제를 제시하였으므로 독학이나 수업용으로 이 책을 사용할 때 참조하기 바란다.

학술 과제 수행에 필요한 인지 능력으로는, 특수한 지식 정보를 **기억·이해**하기, 선행 지식을 맥락에 맞게 **적용**하기, 구체적인 방법론으로 문제를 진단·**분석**하기, 연구 수행 성과를 **종합**하기, 옹호할 자기 전제와 비판할 상대방 반론을 **평가**하기, 주장이나 견해 **창안**하기가 있다. 이 7개 학습 인지 목표는 블룸과 앤더슨의 연구 결과를 수용한 것이다(제3장 참조).

---

1 현행 토픽 시험은 초급 Ⅰ과 중, 고급 Ⅱ로 시행되고 있다. 토픽 Ⅰ은 듣기, 읽기 등 이해 능력만을 평가하여 급수를 산정하고, 토픽 Ⅱ는 듣기, 읽기, 쓰기 시험으로 한국어 이해와 표현 능력 급수를 공인한다. 쓰기 영역은 51번부터 총 4문항인데 51번은 실제적 쓰기 장르의 빈 칸 채우기, 52번은 단락 글을 읽고 빈 칸 채우기, 53번은 도표 등 자료 내용 요약하기, 54번은 특정 주제로 주장하는 600~700자 글쓰기 과제이다. 이 책에서는 실제적인 쓰기 능력의 향상을 목표로 하므로 정보 요약하기와 주장하기 장르의 지식 숙달을 추구하였다.

글은 학습 보조 수단으로 작성되기도 하고 문학처럼 그 자체가 목적이 되기도 한다. 이 책에서는 대학 강의를 들을 준비가 되어 있음을 알리는, 혹은 수업을 성실히 들었음을 알리는, 보고 수단으로서 논증적 글을 잘 쓰는 전략이 제시되어 있다. 일명 IMRDC로 요약되는 보고서의 핵심 구인을 기준으로 학습 인지의 성숙 단계를 설명하고자 한다. 보고서의 핵심 단락들을 작성할 때에도 학습 인지의 세부 요인이 다음과 같이 적용된다.

Introduction 일단 기본적인 지식은 따로 **기억**해 두어야 한다. 일정 수준으로 암기된 지식이 있어야 변형도 할 수 있다. 학습자는 저마다 고유한 배경지식 체계에 근거하여 새로 습득한 지식을 자신의 인지 체계에 맞게 동화시키거나 조절한다. 독서량이 많은 사람은 글의 도입부를 흥미롭게 써서 독자의 관심을 끌 수 있다. 습득한 정보량이 너무 많아 다 암기할 수 없는 현대인들은 디지털 저자(Digital Authority)를 자신의 제2 인격으로 삼아 가상공간 안에 분산시켜(distributed cognition) 두고 산다. 그래서 요즘 현대인은 자신에게 필요한 지식을 암기하기보다 그것이 어디에 어떻게 저장되어 있는지를 기억하는 것이 더 중요하다.

Method 필자가 **이해**한 지식은 글에서 요약(summary)이나 환언(paraphrasing)의 형태로 표현된다. 직접 인용보다는 간접 인용이 어렵고, 글자 수만 줄인 요약보다는 맥락에 맞게 바꾸어 쓰는 환언이 더 어렵다. 어려운 과제를 수행할 수 있다면 상위 인지(meta-cognition) 수준도 높을 것이라 여겨지므로, 교수들은 학생들의 환언 능력을 점수화하고 싶어한다.

글을 쓸 때 선행 연구나 자료를 참조하는 이유는 관련 연구 성과를 당면한 문제 해결에 **적용**하기 위해서다. 이전에 유사 문제가 어떻게 해결되었는지를 검토하면 현 문제를 해결할 방법론을 추론해 가설로 세울 수 있다. 객관적인 근거나 주관적인 직관을 연역적으로 적용하는 방법도 있고, 관련 예시 상황들을 모아 귀납적으로 수렴하는 방법도 있다.

Result 가설이나 방법론을 적용하여 결과가 도출되었다면 이를 근거로 당면한 문제를 구체적으로 진단한다. 시청각 자료의 수치를 해석하여 글로 옮겨 쓸 때에 **분석**적 인지가 활성화된다. 데이터를 산술적으로 분석하는 과정에는 컴퓨터의 도움을 받을 수도 있지만 분석 결과를 해석하여 질적으로 종합하고 보고하는 작업은 아직 온전히 연구자의 몫이다.

Discussion 선행 연구를 검토해서 적용할 방법론을 찾고, 해당 방법론으로 조사 및 실험을 한 결과 데이터를 분석했다면, 이러한 결과를 **종합**하여 해결 방안을 제시해야 한다. 적합한 방법론을 적용하여 가설을 검증하는 과정이 타당했다면 글 말미의 대책이나 대안도 논리적으로 타당할 것이다.

Conclusion 글을 마무리할 때에는 글이 과제의 요구를 잘 충족하였음을 한두 문장으로 요약해 보여주는 것이 좋다. 논증적인 글에서는 논거로 사용된 전제를 논리적으로 **평가**하여 상대방의 반론을 비판하고 자기 전제를 옹호할 수 있어야 한다. 하지만 대학 입학 시점의 예비 지식인에게 요구되는 다양한 학습 인지 유형 가운데 최고 심급은 **창의성**이다.

기계도 스스로 데이터를 정리하고 분류하고 학습하는 세상이다. 인간은 신경망 고유의 자율적인 판단 체계를 기계에 이식하는 데 성공했고 기계의 제안에 일치하는 정도로써 거꾸로 인간의 판단력 수준을 가늠하는 시대가 되었다. 하지만 최종 판단의 주체는 인간이다. 21세기를 선도할 지식인이라면 연구 결과를 종합하는 결론 부분에 창의적인 발상을 덧입혀 가치 있는 견해를 표명할 줄 알아야 한다.

대학에 들어가는 것은 멋진 일이다. 하지만 대학 입학보다 더 중요한 것은 대학에 들어가서 무엇을 어떻게 공부할 것인지 결심하고 실천하는 일이다. 이 책으로 논증적 글쓰기 단계를 체계적으로 익힌다면 비판적 지식인으로서 가야 할 진로를 모색하는 데 도움이 될 것이다. 책이 나오기까지 아이디어를 모으고 자료를 제공해 준 학문적 동반자들을 기억하고 싶다. 먼저 4장과 9장의 초고를 작성해 준 내 오랜 친구 한금윤 선생에게 고마움을 전한다. 또한 학생들이 양해해 주어서 연세대학교 〈국어 논리와 논술〉 수업의 보고서도 일부 인용하였다. 그리고 대학 입학 시점의 학생들이 갖추어야 할 논술 및 논증 능력 향상을 위해 고민한 선학과 동학들에게 많은 빚을 졌다. 이 책이 독자 여러분의 꿈을 이루는 데 도움이 되기를 바란다.

2016년 8월 3일

김성숙

차례 | Contents

그림

표

자료

제0장
글로벌 지식인의 인격 수양을 위한 한국어 논리와 논술

- 식자층, 지식인, 기능인은 각각 어떤 목표로 글을 쓸까?
- 한국어로 글을 쓰는 지식인에게는 어떤 사명감이 있어야 할까?

❶ 대학생 인격 교육의 위상

21세기 인류는 호모 사피엔스사피엔스에서 '호모 디지털리안(Homo Digitalian)'으로 진화 중이다. 사회 전반에서 수행되고 있는 디지털 혁명은 '정보'라는 가공할 생산 수단을 전 지구적으로 유통시키면서 현대인의 생활 양식에 과거 농업혁명이나 산업혁명에 필적할 변화를 초래하였다. 그 가운데 가장 눈에 뜨이는 변화는 문명화된 개인들이 전자 탯줄(digital umbilical cord)을 통해 디지털 정보를 자양분으로 소비하게 된 점이다. 디지털 기기의 발전으로 현대 한국 지식인의 저술 능력은 증강되었고 한 개인의 성과는 디지털 공간에서 빛의 속도로 확산되고 있다.

그림 0.1 전자 탯줄을 휘감은 호모 디지털리안

하지만 현대 한국인은 광복 70년 동안, 아니 훨씬 이전 세대부터 선망해 오던 전국민의 식자층화(識字層化)[1]를 이루고도 행복하지 않다.[2] 뉴미디어를 자유자재로 다루면서 일상적으로 정보를 생성, 저장, 공유할 수 있는 능력을 갖추고도 지식인으로서의 자부심이 적다. 지식인 세대의 마땅한 롤 모델을 가지지 못한 현 대학생들은 지식인으로서 가져야 할 사회적 책무에 대한 자각이 크지 않다. 불과 30여 년 사이에 활자에서 전자로 지식의 매체가 빠르게 대체된 것도 이러한 몰지각을 부추겼다. 뉴미디어는 교사보다 학생이 더 능숙하게 다루는 매체였기 때문에 현 디지털 저술 세대는 뉴미디어로 어떤 내용을 왜 써야 하는지에 대해 제대로 지도 받기 어려웠다.

중등교육 이수자의 80% 이상이 대학에 진학한다. 세종이 문자를 창안하면서 염원했던, 모두가 문자로 정보를 전달하고 상대를 설득하는 데 불편함이 없는 시대이다. 이들 식자층이 지식인으로 거듭 나야 한국인의 보편적 행복이 실현될 것이다.

현재 한국의 "대학은 인격을 도야(陶冶)하고 국가와 인류 사회의 발전에 필요한 심오한 학술 이론과 그 응용 방법을 가르치고 연구하며, 국가와 인류 사회에 이바지함을 목적으로 한다(고등교육법 제28조)." 하지만 그동안 한국 사회는 '국가와 인류 사회에 이바지'할 '심오한 학술 이론과 그 응용 방법을 가르치고 연구'하는 데 주력하느라고, '인격 도야'에 힘 쓸 겨를이 없었다. 10여 년 전부터 학부대학 체제가 일반화되면서 교양교육을 강화하고 있으나 교육 선진국과 비교하면 아직도 대학생의 인격 도야를 목적으로 하는

1 이 글에서 '식자(識字)층'은 말 그대로 문자를 아는 계층을 말한다. 과거에는 문자를 아는 것이 계층을 구분하는 표식이었지만 현대 한국에서는 경제활동인구의 대부분이 문자를 알고 있다고 전제된다. 한편 '지식인'은 식자층 중에서도 문자를 가지고 정보를 생성하거나 유통시킬 수 있는 고등 교육 수혜 계층을 가리킨다. 오늘날 지식인이 다룰 줄 알아야 하는 문자에는 모국어는 물론, 전문 지식 습득을 위한 1개 이상의 외국어가 포함되며 인터넷 공간에 정보를 업로드하거나 다운로드하는 데 필요한 디지털 문식성도 필요하다.

2 유엔의 '2015 세계행복보고서'에 따르면 전 세계 158개 국가 가운데 한국민의 행복도는 10점 만점에 5.984점으로 47위를 기록했다(국민일보 2015. 5. 30. http://news.kmib.co.kr/article/view.asp?arcid=0009374995&code=61121111&cp=nv).

교양교육 비율은 매우 낮다.[3] 〈의사소통〉 관련 교과 시수만 보더라도 대학별 편차는 매우 크다. 한 학기 2학점의 최저 시수에서부터 많아야 2개 학기에 〈말〉과 〈글〉로 영역을 나누거나 〈기초〉와 〈심화〉로 수준을 구분하여 각 3학점씩 총 6학점으로 운영된다. 작문 시험을 실시하여 수준별로 분반하고 전공이나 교양과 연계된 글쓰기 교과목을 총 12학점까지 이수하여 일정 수준 이상의 쓰기 능력을 성취하도록 제도화하고 있는 미국 대학의 교육 과정(Common Core Curriculum)과 비교하면, 국내 교양교육 시수는 현저히 부족하다.

국내 대학의 교양교육 문제는 양적인 부족에만 있는 것이 아니다. 각 교양수업에서 추구하는 '인성 교육'들을 연결해서 대학 본연의 목표인 '인격 도야'에 어떻게 이를 것인지, 즉 교수요목 간 질적인 수렴 절차가 명확하지 않다. 인성(character) 교육과 인격(personality) 도야, 역량(competence) 강화 등 교양교육의 목표가 혼재됨으로써 중·고등 인성 교육의 보편성과 대학 인격 교육의 독자성, 사회적 역량 요구의 특수성 등이 체계적으로 연계되지 못하고 있다.[4] 그래서 이 장에서는 보편 인성 개념과 특수 인격 개념을 구분하고, 현대 한국의 신지식인(Homo Digitalian, 김효근 등, 1999)에게 요구되는 인격 도야 방안을 모색해 보고자 한다.

---

3 국내 대학 교양교과 목표로 사용된 단어의 빈도는, '인간성, 인격 형성' 등 인성 교육 관련 단어가 가장 많이 사용되었고, 그 외에 '국제화, 기초 소양, 창의성' 등이 사용되었으며, 최근 3년 동안에는 '현장실습, 리더십, 글쓰기, 현대사회, 글로벌' 같은 주제어가 자주 등장하였다. 국내 교양교육 비중은 18.69%로, 미국이나 일본에 크게 못 미친다(하버드 대학 29~35%, 일본은 전체 수업의 1/3 이상)('너무 부족한 대학 교양수업…'인성교육' 가능할까', 아시아 경제 2015. 6. 1. 참조).

4 조난심(2013: 100)도 현 '인성 교육' 개념의 모호성을 지적하고, 인격 교육에 초점을 맞추도록 제안하였다. "동서양을 막론하고 인격교육의 핵심은 도덕적 성장과 관련된다. 그런데 오늘날 우리 학교 교육에서 범용되고 있는 '인성교육'은 정서교육, 체육활동 교육까지를 포함하는 경계가 모호한 용어가 되었다."

2 인성과 인격 개념의 비교

현재 대학에서는 OECD가 21세기 대학생의 핵심 역량으로 요구한 능력을 인성 교육 목표에 포함시켜 학생들의 질적 역량 성취 수준을 양적으로 측정하여 표준화시키려고 한다. 의사소통역량과 종합적 사고력, 자원·정보·기술 활용 능력, 글로벌 능력, 대인 관계 능력, 자기 관리 능력 등을 포함하는 역량 개념에서 미래 인재상에 대한 현대 사회의 요구를 읽을 수 있다. '역량'이 21세기 직장인에게 요구되는 특수한 직업 능력이라면 '인성'은 시민 일반에게 요구되는 기본 품성이다. 그리고 '인격'은 '역량'이나 '인성'과 상이하다. '인격'은 자신의 정체성을 긍정하는 지식**인**이 자발적 실천 의지를 가지고 보편 선에 기여할 때 사회적으로 인정받는, 가치 지향적 품**격**이기 때문이다. '역량'은 어떤 작업을 수행해 낼 수 있는 능**력**의 **양**적 정도를 지칭하는 개념이므로 여기서는 질적 범주에 해당하는 '인성'과 '인격' 개념만을 구분하여 다루고자 한다.

1) 세계사적 구분

성급한 일반화의 오류 가능성을 무릅쓰고 이분법적으로 구분해 보자면 인성 교육의 기원은 시민 민주주의를 지향했던 그리스에서, 인격 교육의 기원은 세계 제국을 건설한 로마에서 찾을 수 있다. 빌헬름 딜타이는 고대 그리스와 로마의 교육 체계를 비교 분석하면서 근대 독일 교육에 적용할 철학 원리를 모색하였다. 교육 제도가 민족과 함께 성장·성숙·쇠퇴한다고 보았기 때문이다. 성장 지상주의의 효과와 부작용을 모두 경험한 한국도 한 단계 성숙한 교육 체제를 수립하려면 고전적인 교육 철학을 참조해야 할 것이다.[5]

그리스 교육의 핵심 개념은 파이데이아(paideia)이다. 정신적으로 미성숙한 어린 아이(pais)를 학교에서 재미있는 놀이(paidia)를 통해 양육(paideusis) 한다는 의미를 거쳐 정신적 함양을 일컫는 개념으로 정착되었다.[6] 그리스인은 국가를 이끌 시민적 삶, 생존을 위한 상무(尙武)적 삶을 위하여, 체육과 음악 교육을 중시하였다. 전인(全人)적 인간미와 전사(戰士)적 신체 교육 사이의 균형을 추구했던 지덕체 교육 이상은 한국의 초·중등교육에서 추구하는 목표이기도 하다.

한편 로마의 교육은 후마니타스(Humanitas)로 요약된다. 키케로는 정치가에게 로마의 역사, 국가 조직, 법에 대한 지식은 물론 인문학적 교양이 있어야 한다고 강조하였다. 그리스 교육 철학의 문화적 소양 위에 로마인으로서의 역사의식과 법률의식을 갖추어 제국 시민으로서의 인격을 도야하고자 한 것이다. 로마는 시민층에 대한 인성 교육과 지도자층에 대한 인격 교육을 조화롭게 수행하였다.

독일 교육에서 중시하는 '도야(Bildung)' 개념은 학제적 '교육'과 구분된다. 훔볼트는 교육을 외부적 상황에서 요구되는 능력 개발 과정으로 정의한다. 공교육은 언제나 국가의 의도대로 수행되기 때문에 개인의 고유한 인격 형성보다, 사회에 유용한 인력을 획일적으로 양성하는 데 관심을 둔다는 것이다. 최근 핵심 역량 강화가 교육 현장에서 주목 받는 까닭도 교육의 이러한 속성 때문이다. 하지만 교육은 인간이 스스로 도야할 수 있도록 계기를 제공하는 것을 최고의 목표로 삼아야 한다(정영근: 1998: 54~68 참조).[7]

이상과 같이 세계사적으로 인성과 인격 교육은 상이한 범주에서 상호 협

---

5 파이데이아와 후마니타스, 도야의 교육 철학은 손승남(2011)을 참조하였다.

6 양육은 정서 및 신체 발육과 관련되고, 교육은 정신의 함양과 관련된다. '교육'은 '교양'으로도 번역된다.(http://blog.aladin.co.kr/redbrigade/5598380)

7 훔볼트에게 있어서 "도야는 모든 인간이 자신의 신분, 직업, 성별, 인종 등에 관계없이 지식 습득 위주의 교육을 벗어나 자발성을 바탕으로 한 앎과 삶을 통합하는 전인적 성장과 발달을 추구하는 과정이다. 인간의 정신이 이론화하는 능력, 실천적 판단력 그리고 심미적 감별력 등을 통합하여 개별성을 보편적 관점에 이르기까지 고양시켜 나가는 과정이 도야이다." Wilhelm von Humboldt, Gesammelte Schriften, hrsg. von der Kőniglich PreuBischen Akademie der Wissenschaften, Berlin 1903 ff., Bd. Ⅱ, S. 68.(정영근, 1998: 55에서 재인용)

력적으로 시행되어 왔고, 교육의 목표 역시 사회적 요구에 부응하는 것과 개별 인간의 완성을 추구하는 것으로 병행되어 왔다. 한국이 초·중·고등교육을 체계적으로 연계하고자 한다면 이러한 가치 범주를 구분하여, 인성 교육, 인격 교육, 역량 교육이 상호 협력적인 동시에 학령 특화적으로 구성되도록 교과과정을 개선해야 할 것이다.

2) 국내 선행 연구

지은림 등(2014)은 인성 개념의 구인을 밝히기 위해 교육과학기술부(2010)가 제시한 인성의 세 가지 차원, 즉 도덕성, 사회성, 감성(정서성) 범주를 기준으로 초·중·고등학생의 인성 측정 문항을 개발하였다. 그 결과 긍정적 자기 이해, 정직(정의), 책임, 윤리(어른 공경), 공감, 배려/봉사, 자기 조절의 7개 인성 요인을 항목화하였다. 하지만 최준환 등(2009: 101)은 중등교사 대상 인터뷰 결과를 토대로 고등학생이면 인성이 어느 정도 확립되어 교육으로 변화되기 어려운 시점이며, 오히려 초등학교 저학년 때 조기 인성 교육을 집중적으로 실시해야 효과가 있음을 지적하였다. 즉, 인성 교육은 시민들의 바람직한 품성에 대한 지향으로 전체 공교육 과정에서 공통적으로, 가능하면 일찍부터 추구해야 할 윤리 덕목이라는 것이다.

김효근 등(1999)은 "지식국가 실현을 위한 정보지식인 육성 및 활용방안에 관한 연구"에서 각 연령대별로 '新지식인(Homo Digitalian)' 역량 모델을 제안하였다. 하지만 이 연구는 정보 생산성을 양적으로 높일 방안에만 초점을 맞추었으므로 '신지식인'으로서의 실존적 행복 증진 방안은 제시되지 않았다. 이 연구에서 흥미로운 점은 지식지수(Knowledge Quotient) 측정 도구를 개발하여 이화여대 경영학과 36명과 서울대 경제학과 40명을 대상으로 Pilot Test를 시행한 결과이다.[8] 정보화 적응력이 높을 것으로 예상되는 대학생 집단임에도 지식의 생성, 저장, 공유의 측면에서 전반적으로 정보 기술 활용 능력이 낮았다. 방법지 검사 결과는 서울대와 이화여대가 각각 22.6점과 10.8(100점 만점)점으로, 남성 중심의 조직 문화에 대한 여학생들의 인식 부족 때문에 점수차가 발생했다 하더라도, 두 학교 모두 실무 문제 해결에 필요한 방법지가 제대로 교육되지 않는 것은 문제적이다(김효근 외, 1999: 24).

3) 인성과 인격 개념 구분

인성이 시민 일반을 대상으로 한 윤리적 당위 개념이라면 인격은 실천적 지식인의 가치 지향 개념이다. 인격을 도야하려는 주체는 먼저 자신의 자격(資格)을 긍정할 마음의 여유가 있어야 한다. 그리고 선한 의도로 자기 자산(資産)을 타자와 공유하려는 실천적 의지도 있어야 한다. 하지만 그동안 대학의 교양 수업에서 인성 교육과 인격 도야는 잘 구분되지 않았다. A대학교도 의무 봉사 학점을 이수하게 하고 4년 동안 글로벌 리더십을 체계적으로 배우도록 온라인 교과를 개발했지만 '신독(愼獨)' 개념이 없는 대다수 학생은 사이버 강의를 효율적으로 이수할 편법과 술수만 익히고 있다.

이렇듯 인성과 인격이 상이한 개념이라면 교육 방법도 달라야 한다. '인성'은 인간으로서 지녀야 할 바람직한 **품성**이므로 초·중·고 전 교육 과정에서 지속적으로 강조해야 한다. 하지만 '인격'은 자신이 성취한 자격에 대해 자존감을 가지고 보편 선에 자발적으로 기여할 때 소속 공동체가 인정해 주는 **품격**이므로 대학에서 집중적으로 훈련하는 게 적절하다. 대학에는 '국가와 인류 사회의 발전에 필요한 심오한 학술 이론과 그 응용 방법'을 성취한 지식인의 '인격을 도야'시켜서 사회로 배출할 책임이 있다. 즉, '인성'이 공동체에 속한 인간으로서 보편적으로 지녀야 할 이상적인 자질이라면, '인격'은 한 사회

8 개인의 지식고도화 모형에서 요구되는 능력을 기초 능력과 고급 능력으로, 마인드와 습관을 인성 검사로, 방법 지는 ILO의 표준 직업분류 10개 군을 따라 각 직군에서 요구되는 지식을 측정하는 문항을 구성하였다(김효근 외, 1999: 20).

의 지도자에게 자타가 바라는 격조 높은 성품이다. 글로벌 리더십을 배양하고자 하는 대학들의 건학 이념과 교육 목표가 재학생의 인격 도야인 것도 인격의 이러한 속성 때문이다.

하지만 현재 대학은 학문의 전당이라기보다 취업전문학교 역할을 자임하고 교양은 전공과 스펙을 돋보이게 할 액세서리가 되었다. 그렇게 학생들은 학문의 목적을 잃고 취업난을 겪으며 그 상실감을 배설하기 위해 인터넷 공간으로 모여든다. 지식인의 사회적 책무에 대해 고민해 볼 기회가 없었기 때문에 사회적 이슈에 원색적인 댓글을 달거나 근거 없는 소문을 유포하고도 거리낌이 없는 것이다. 지식인의 현실 참여로 독재를 종식시킨 386세대가 대학을 졸업한 지 30여 년 만에 현 대학생은 지성인에서 기능인으로 자신의 인격 표상을 자해(自害)하고 있다.

3 386세대의 누리선비 인격 모델

디지털 공간에서 활발히 저술 활동을 펼치는 현 대학생은 IT 기술이 빚은 시험관 아기가 아니다. 대학의 교수자는 학생들에게 그들이 한글 창제 이후 만인필자를 꿈꾸어 오던 실천적 지성의 후예임을 알려 주어야 한다. 386세대는 자기 세대의 경험을 바탕으로 "별이 빛나는 하늘을 보고 가야 할 길의 지도를 읽을 수 있어 얼마나 행복했던가"를[9] 알려 줌으로써 비판적 지식인으로서의 자긍심과 책무를 인지시켜야 한다. 이 장에서는 선비 정신이라는 실

[9] 루카치(1885~1971)가 『소설의 이론』(1915) 서문에 쓴 문구로, 그리스 시대의 예술가들을 부러워하며 당대 예술적 실천의 험난함을 상징한 글이었지만, 역설적으로 공공의 적이 있어 피아간 구별이 분명했던 루카치의 시대나 386세대의 청년기가 더 행복했을 수 있음을 시사하기 위하여 인용하였다.

천적, 비판적 지성사가 단절됨으로 해서 현 청년층의 인격 교육에 어떤 문제가 생겼는지, 왜 386세대가 앞장서서 이 문제를 풀어야 하는지, 디지털 저술 주체성 강화를 위한 쓰기 수업에서 구체적으로 어떤 인격을 표상시켜야 하는지에 대해 살펴보고자 한다.

1) 선비 정신의 단절

20세기 초에는 한글 저술 활동 자체가 독립 운동이었기에 선비들은 한글로 대중 계몽을 실천했었다. 선비로서 익힌 전문 지식을 독자 대중이 알기 쉽게 전달하는 실천은 고매한 인격 활동이었고, 농·공·상업에 종사하는 대중은 그러한 가르침을 존중하였다. 근대 초기 대한제국에서 실천적 지식인으로 활동했던 언론인, 교육인, 문학인은 모두 계몽 의지가 강하였고, 신문 매체를 효과적인 계몽 수단으로 사용하였다. 이 과정에서 '한자'라는, 선비들의 특수 문어는 '한글'이라는 대중의 보편 문어로 대체되었다.

하지만 구한말 한학자는 나라를 지키지 못했고, 식민지 지식인들은 자기 손으로 해방을 끌어 오지 못했으며, 4.19를 주도했던 지식인들은 5.16 군사 정부 아래에서 현실과 타협했다. 어머니, 누이, 연인 등 여성의 희생으로 대학을 마친, 386의 부모 세대는 '한강의 기적'을 일으키느라 이념이나 가치에 대해 고민할 수 없었다. 유례없는 교육열은 시대의 원죄를 속량하려는, 전 사회 집단의 무의식이 발현된 결과이다. 또한 남한 인구 대부분은 자신이 북한에서는 살아남기 어려웠을, 양반의 후예라고 믿는다. 성씨 본관의 선조 중에 역사적 인물이 한 명 이상은 있기 때문이다. 그래서 한국인은 학식의 다소를 막론하고 과거사에 한(恨)이 있다.[10]

---

10 이 한(恨)의 정서는 "그 때 그 일만 일어나지 않았더라면…" 하는 역사에 대한 회오(悔悟)의 감정이다. 존경받는 위인은 정쟁(政爭)의 희생양인 경우가 많고, 선대 재산에 대한 기억은 보통 미화되므로 늘 과거는 통한(痛恨)의 감정으로 회상된다.

부동산 개발로 돈을 번 농부는 자식을 오렌지족으로 만들어 유학 보냈고, '공돌이, 공순이' 외에 선택의 여지가 없었던 산업 역군들도 가난을 대물림하지 않기 위해 자식을 대학에 보냈다. 제도 교육의 혜택이 미치지 않는 곳에는 대학생 주도로 야학이 열렸다. 자원이 없는 나라에서는 양질의 노동력만이 경쟁력이 되었다.[11] 그리하여 한글이 반포되고 600여 년 만에 전 국민이 계몽되는 경이로운 문식 환경이 조성되었다.

이렇게 생산성 향상과 공교육 확대로 식자층 인구가 유래 없이 증가하였지만 이들의 소비문화는 가시적 효율 위주로 편중되어 부작용을 낳고 있다. 선비적 역량의 주요 원천이었던 한문학은 인문학 세부 전공 중 하나의 지위로 강등되었고 근대 계몽적 지식인의 실천 수단이었던 문학 역시 게임 등 문화 콘텐츠와 융합하여 생산성을 높이라는 외압에 시달린다. 일본의 조선어 말살정책이 종료된 이후에도 원천 지식 습득용 언어는 계속 외국어여서, 유학을 다녀오지 않은 지식인이 한국어로만 연구 업적을 내서는 인정받기 어렵다. '학문에의 열정과 제자 양성의 보람'을 느끼던 대학의 선비 정신이 '교수 지위 안정과 제자 취업 알선'을 추구하는 지식 권력으로 대체되는 동안 대중은 사회적으로 존경할 롤 모델을 잃고 말초적 감각을 충족시키는 일차원적 정보의 생산과 유통에 탐닉할 뿐이다. 지식인이 실천적 선비 정신이라는 통시적 뿌리를 잃고, 직능인으로서의 공시적 역할만 담당하는 동안, 국가 행복 지수는 날로 추락을 거듭하고 신혼부부는 출산을 거부하며 나이 듦이 장애로 인식되는 사회가 도래한 것이다.

11 친일 잔재가 제대로 청산되지 않은 남한의 근대사에서 전 재산을 팔아 독립 운동을 한 가문을 비롯하여 신흥 부호에게 족보를 팔아 생계를 이은 몰락한 선비 가문의 후예들은 고등교육에 진입할 기회가 원천적으로 봉쇄되었다. 이렇게 가문의 대의명분이 후대의 빈곤을 초래한 집단적 경험을 통해 한국 사회에는 "개같이 벌어서라도 정승같이 쓰는" 천박한 자본주의가 숭상되고 선비적 기상은 위축되었다.

2) 실천적 지식인이 부재한 시대

한국 근대사의 파행으로 실학파 지식인의 진보적 이상이 제대로 계승되지 못하면서 1950년대 이후 남한에는 미국 중심의 자본주의 경제 체제와 서구 중심의 공교육 제도가 보편화되었다. 세계적으로 다국적기업이 초국가적 위력을 떨치는 신자유주의 경제 구도에서 '통상(通商)' 전문가 집단을 필두로 '공업'과 '농업' 분야 전문가가 고소득을 올리면서 지식인보다는 직능 기술자의 사회적 대우가 높아졌다.

그림 0.2 사농공상의 위계 변화

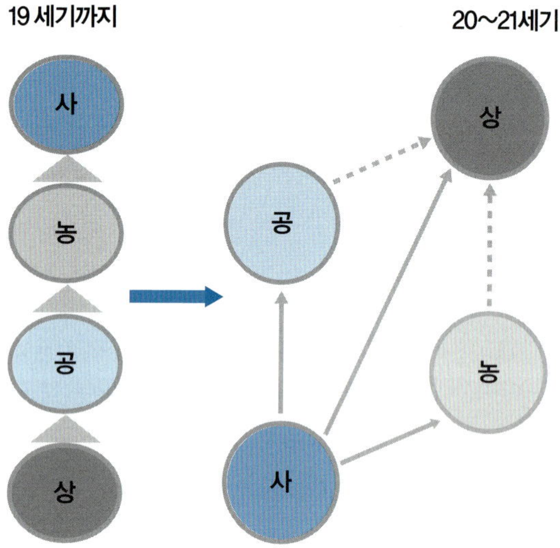

이러한 가치 전도 현상은 사르트르가 우려하던 바대로 지식인 집단이 지배 계급의 이데올로기를 내면화하여 '소수에 의한 다수의 착취'를 방조한 결과이다. 산업화 시기 지식인의 위상은 세계적으로도 회의론자, 회색주의자로 격하되었는데 지식인의 인격을 이렇게 회의하게 된 데에는 1, 2차 세계대전 이후 보편적 이성에 대한 신뢰가 줄어들고 실존주의가 팽배했던 서구 지성사의 영향이 컸다.

> 전문 기술자는 자신의 실용적 지식으로 지배 이데올로기에 봉사함으로써 지배 계급의 존속을 돕는다. … 목표는 지배 계급에 의해 수립되고, 실현은 노동 계급에 의해 이루어지며, 그 방법의 제공 및 검토만이 전문 기술자에게 맡겨지는 것이다. … 사르트르적 개념 속에서는 전문 지식이 있다고 해서 지식인이 아니다. 전문 지식을 갖춘 사람이 민중의 관점을 채택하고, 자신이 추구하는 실용적 진리와 지배 이데올로기 사이의 대립을 의식할 때 비로소 그는 지식인이 된다. 반대로 지배 계급의 이데올로기를 순순히 받아들여 보편을 특수에 봉사하게 하는 사람은 한갓 기술자일 뿐이다(박정자, 1989: 215).

사르트르가 말하는 지식인은 문식성이나 의술과 같은 전문 지식을 소유했는지 여부로 구분되는 기능 범주가 아니다. 농공상(農工商) 장인의 실용적 생산성보다는 선비의 실천적 인격을 존중하는 가치 지향적 개념이다. 근대 이후 한국에서도 서구와 마찬가지로 신자유주의적 가치가 확산되었고 대학의 교과 편성에도 실용성이 영향을 미치고 있다. 하지만 대학에서 가치 지향적 인격 교육이 부활하지 않고서는 한국민 전체가 명실상부한 선진국민으로서 행복을 누릴 길이 요원하다.

그림 0.3 한글 식자층 인구의 성격 변화

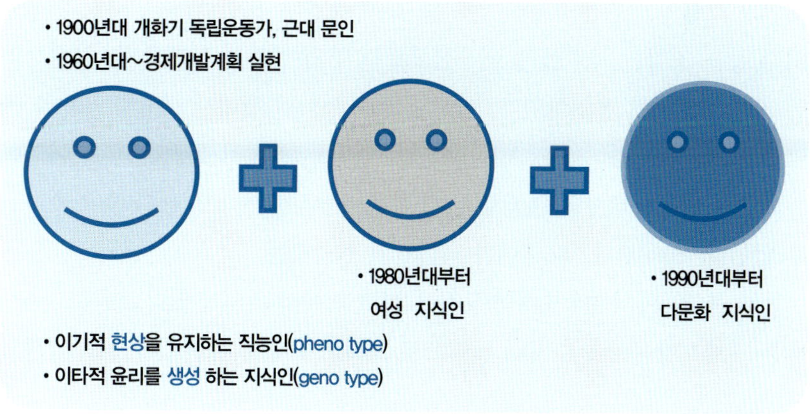

이밖에 한국 사회에서 실천적 지식인상이 정립되지 못한 데에는 민족 내 이데올로기 갈등의 탓도 적지 않다. 지식인의 실천을 특정 체제 지향적 행위로 해석하는 일부 보수 집단은 '노동자 인권'이나 '계급 차별 철폐'를 주장하면 바로 '종북', '좌파'로 규정한다. 교수 가운데에도 일베[12] 구성원이 있다는 사실은 이러한 풍조가 한국인의 의식 속에 깊숙이 침윤되었음을 시사한다. 하지만 '전문 지식을 갖춘 사람'이 '민중의 관점을 채택하고, 자신이 추구하는 실용적 진리와 지배 이데올로기 사이의 대립을 의식할 때'에야 비로소 지식인이 된다. 이런 점에서 서얼 차별 철폐와 과부 개가 허용을 주장했던 조선 후기 실학파 지식인들이야말로 세대를 초월한, 지식인의 롤 모델이라 할 수 있다.

3) 원죄 없는 세대의 출현

1970년대까지는 한 집안의 장남이거나 아들들만 대학에 갔다. 당시에는 대학생의 어깨에 한 집안의 흥망이 달려 있었기에 나머지 가족 구성원은 개인의 꿈을 포기하고 협심하여 장남의 학비를 댔다. 그래서 대학을 졸업한 가장들은 평생직장에서 나오는 월급으로 가족을 부양하면서, 자유나 인격 등 개인적 가치의 실현은 미완의 꿈으로 접어 두었다. 또한 해방의 격랑과 전쟁의 참상을 경험한 국민들은 애국심으로 고양되어 야간 통행금지, 불심검문 등 자유의 침해를 용인하였다. 이렇게 전후 지식인 세대가 서구적 표준을 빠르게 익혀 가는 사이에 정치는 군부가, 경제는 재벌이 독점하였다. 이러한 근대 약소민족으로서의 원죄로 말미암아 바람직한 지식인 세대상이 출현할 수 없었다. 1980년대 386세대가 나타나기 전까지는.

한국 현대사에서 386세대의 등장은 여러 면에서 의의가 있다. 첫째, 386세대는 경제개발계획의 순차적 실현으로 보릿고개 없는 유년을 보냈고(**경제적**

12 일베는 일간 베스트 저장소의 줄임말로, 극우적 정치 성향과 말초적 유머 감각 유포를 추구하는 인터넷 커뮤니티이다.

여유)[13] 둘째, 정치적 의도에서 허가되긴 했지만 청소년기에 프로야구 등 팬 문화와 해외여행 자유화, 교복 자율화, 롤라스케이트장, 빵집 미팅 문화 등 여가를 즐겼으며(**풍류도**) 셋째, 대학 정원 확대 이후 고등교육을 받은 여성이 크게 늘어난 데다가(**차별 지양**)[14] 넷째, 군사 정부 독재를 종식시킨 청년기의 경험(**진보적 열정**)을 갖고 있다.

또한 이들은 얼짱, 몸짱, 미씨족, 꽃중년 같은 신조어를 유행시키며 아름다운 신체(**身**)에 대한 관심을 유포하였고, 386이 486, 586으로 나이를 먹는 것과 궤를 같이 하여 진화하는 인터넷을 매개로 소통(**言**)에 열중하며, 디지털 공간에 가치 있는 정보를 생성(**書**)할 수 있는지 여부로 지위나 계층이 구분되는 경험을 하고 있다. 또한 스마트폰 대중화로 1인 1대씩 집단지성의 시스템적 판단력(**判**)에 자문을 구할 플랫폼(**phone**)을 소유하게 되었다.

요약하자면 386세대는 전후 가장 여유 있는 유년기를 보냈고, 또래 문화를 통해 성장했으며, 여성을 비롯해 소수자 차별을 거부하고 진보적 열정을 넥타이부대나 자갈치아줌마 등 대중과 공유했다는 점에서 이전의 현실 순응적 지식인 세대와 구별된다. 그리고 선비의 등용 조건이던 신언서판(身言書判/phone)을 여전히 출세의 조건으로 내재화하고 있다는 점에서, 노동자 계급을 추수하는 북한의 지식인 세대 표상과 구별된다. 이전 세대가 선진국 진입의 물적 기반을 마련하였다면, 386세대는 대국민 고등교육 수혜를 입은 첫 세대가 되었다.

1960년대 '둘만 낳아 잘 키우자'는 가족계획 구호 하에 태어나 정원이 확장된 대학에 다닌 80년대 학번은, 민족해방과 계급투쟁을 외치는 캠퍼스에서 최루 가스를 마시고 운동 가요를 들으며 진보적 지식인 문화에 익숙해졌다. 하지만 시위 현장에서는 '양키고홈'을 외쳐도 방학 특강으로 vocabulary

---

13 이하 이 면의 괄호 안 표기는 386세대와 선비 계층의 상동적 속성이다.

14 그 결과 여의사, 여류 문인, 여류 화가 같은 성별 구분이 사라졌고 여자가 운전한다고 비난 받는 일도 없다. 2001년 여성부 신설을 시작으로 하여 'azumma'가 한국의 억척스런 여성상으로 옥스퍼드 사전에 등재되고, '암탉이 울어야 집안이 잘된다'(이규태, 2000, 신원문화사)는 책이 나오거나 '암탉이 울면 알을 낳는다'는 패러디 속담이 유행할 정도로 한국의 여성상은 양성 평등 문화를 실현해 가고 있다.

33,000을 학습하는 데 거부감이 없었다. 대의명분을 위해 실리까지 거부하는, 중세적 세계관을 지양하기 때문이다. 더불어 386세대는 축제, 응원가, 미팅, M.T., 과티, 농활 등 대학생 문화를 대중화시켰고, 베이비부머 세대와 핵가족 세대가 중첩된 이들의 요구는 예체능 과외, 입시학원, 기숙사학교, 헬스클럽, 요양병원, 외식업, 상조업 등 산업 전반의 지형을 변화시키고 있다.

이렇게 386세대 이후로 대학 졸업 자격을 취득한 중산층이 두터워졌는데도 여전히 한국 사회에는 불행하고 우울해하는 사람이 많다. 그리고 나이 듦은 청년 취업을 가로막는 장애이고, 신체 노화의 흔적은 시술로 개선해야 할 상처로 인식된다. 누구나 나이를 먹는데도 나이 들기를 거부하는 정서가 형성되면서 전 연령대에서 성숙되어 가야 할 바람직한 '인격 도야'를 기대하기 어렵게 되었다. 그래서 이 장에서는 근대 실학파 선비와 386세대에서 신지식인의 롤모델을 표상해 보고, 신지식인에게 필요한 실천적 사고력을 기를 방안을 모색해 보고자 한다.

4) 누리선비 표상의 기원

근래에 한국 사회에 핵가족제도가 일반화되면서 밥상머리 인성 교육이 어려워졌다. 또 대학만 입학하면 장밋빛 미래가 보장될 듯 집단 최면을 거는 입시 문화는 '안하무인' 격의 중2병과 고3증후군을 용인하고, 청소년기 인성 교육의 성취 수준은 거의 객관식 선다형 문제로 측정된다. 대학에 입학하고 나서도 '인성 교육' 수업과 '인격 도야' 덕목은 의무적으로 이수해야 할 교양 학점 이상의 의미를 띄지 않는다. 글로 의사소통할 계기는 전보다 훨씬 많아졌는데 글을 쓰는 사람의 인격이 어떠해야 하는가에 대해서는 숙고해 볼 계기가 없는 것이다.

그러다보니 인터넷 공간에서 활개를 치고 다니는 논객들은 자신의 정체성을, 국립국어원에서 순화해 준 대로 '누리꾼'이라 규정한다.[15] 기껏 시민

(net+citizen)이었던 디지털 저술 주체성이 한글 순화 정책에 참여한 전문가 판단 미숙으로, 사이버 누리에서 협잡을 일삼는 뇌동(雷同)꾼이 된 것이다. 그래서일까? 악성 댓글을 다는 행위의 몰윤리성에 무감하고 선정적인 일베 기사에 '좋아요'를 누르고도 수치심이 없다. 만약 디지털 저술 공간의 만인필자성에 대한 철학적 고찰을 토대로 처음부터 '누리꾼' 대신 '누리선비'라는 순화어가 쓰였다면, 인터넷 공간의 언어 수위는 훨씬 순화되지 않았을까? 식자층이 디지털 공간에서 하는 저술 활동은 선비적 인격의 구현이어야지 뭇 꾼들의 아우성이어서는 안 된다.

그림 0.4 누리 선비 표상

15 '꾼'은 '1. 어떤 일을 전문적·습관적으로 하는 사람; 2. 어떤 일에 모이는 사람'을 낮잡아 부르는 접미사이다. 용례를 보아도 일꾼, 짐꾼, 장사꾼, 농사꾼 등 직업을 이르는 말부터 춤꾼, 낚시꾼, 소리꾼 등 광적인 취미나, 노름꾼, 난봉꾼, 싸움꾼, 사기꾼 등 비윤리적인 행동을 강조하는 말까지 거의 부정적인 어감으로 쓰인다.

이 글에서는 지식인의 표상을 근대 실학파 선비 정신에서 찾고자 한다. 이는 르네상스 시기 서구 지식인이 중세를 부정하고 고대 그리스 문화에서 상동성을 찾았던, 부친살해(Patricide)의 지향과 같은 정신적 맥락이다. 한국의 노년 세대가 산업화로 보편 복지를 위한 경제적 기반을 마련해 준 것은 감사할 일이지만 정신적으로 닮고 싶은 세대 표상은 아니다. 한국 지식인층이 사표(師表)로 삼아야 할 인격 표상은 근대 실학파 선비 정신이다. 서얼, 여성, 노비의 인권을 차별하는 성리학적 우주관에 문제를 제기하고 만민 평등을 표방하는 기독교 교리를 학문으로 받아들였던 20세기 전후의 실학파 선비들은 보편 선을 추구해야 하는 진보적 지식인의 실천적 표양이 될 만하다.[16]

4 누리선비 표상 구인의 분석적 검토

맥루한(McLuhan, 1967)은 구어로부터 전자 텍스트에까지 이른 미디어의 발전을 정보의 전달 수단이나 문화의 공유 형태가 달라진 것으로만 해석하지 않았다. 미디어 기술이 도구의 발전 수준을 넘어 인간의 존재 방식 자체에 직접적인 영향을 미치리라 예견하였다. 이러한 진단은 1950년대부터 활자 문화를 대체해 온 TV 매체의 파급력을 염두에 둔 것이었지만,[17] 디지털 매체의 진화가 현대 생활양식 전반에 미친 영향을 설명하는 데에도 여전히 유효하

16 선비적 표상이 없는 서구 학자들은, 디지털 노마드(Digital Nomad)로 시공의 제약에서 자유로워진 현대인의 삶을 설명한다. 하지만 '유목민' 범주로는 전문 문식 활동으로 보편 선에 기여하고자 하는 지식인의 실천적 덕목을 강조하기 어렵다.

17 19세기 말 스크린에 영상 언어가 등장하자 대중은 곧 문자 언어를 진부하게 여기게 되고 대중의 이러한 반응에 대해 마노비치(Manovich, 2001)는 "구텐베르크 갤럭시가 뤼미에르 우주의 한 부분이 되어 버렸다"고 표현하였다.

다. 현대인 대부분이 소셜네트워크서비스(SNS)를 통해 관계를 네트워크화하고 있고, 공적 시스템 대부분이 디지털 자료를 주요 판단 근거로 삼는 양상을 보아도 미디어의 변화가 생활양식에 미친 영향은 지대하다.

이 글에서는 디지털 저술 주체의 당위적 인격 표상을 분석하는 데에 맥루한(1989)이 제안한 테트라드 모델을 적용하였다. 새로운 매체의 출현이 기존 매체의 어떤 특성을 강화하고 약화하는지, 또 과거 어떤 특성을 회복시키고 더 새로운 매체로 전이될 것인지를 점검하는 데 쓰인 이 모델은, 매체와 관계 맺는 주체의 속성을 분석하는 데에도 유용하다.[18]

그림 0.5 디지털 저술 주체의 테트라드 분석

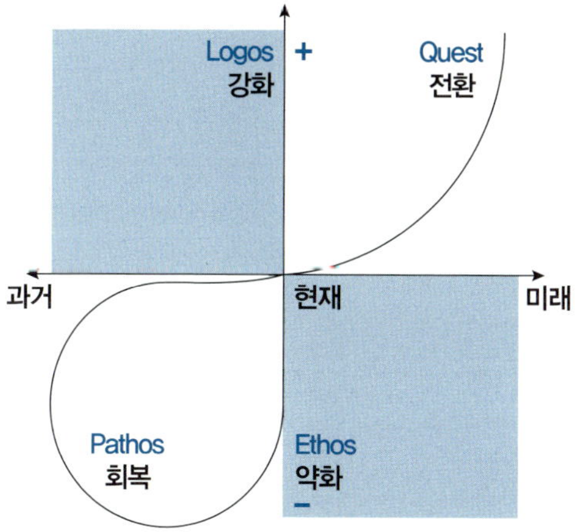

시공간을 대상으로 한 변증법적 테트라드 모델은 두 가지 측면에서 의의가 있다(McLuhan & Powers, 1989). 첫째, 이 모델은 어떤 대상의 효과가 표면적으로 내보이는 전경(figure)과 이면적으로 작용하는 배경(ground)을 동시에 고

18 맥루한(McLuhan & Powers, 1989)이 분석한 45개 대상 가운데 '페이스북' 공간이 현대 사회에 미친 영향을 예로 들면 다음과 같다. '페이스북'은 ① 전화번호부, 자동응답기, 게시판, 연감, 일기, 즉각성, 현재성을 강화한다. 반면 ② 재회, 시간, 기억, 과거, 비밀 개념을 약화시킨다. 하지만 과거에 잊혀진 것 중에서 ③ 동네, 거리, 모임, 음료수 가게, 일기, 일지의 중요성을 복원한다. 이는 장차 ④ 중고등학교에서 보내는 청소년기나 대학의 캠퍼스 생활에 일대 전환을 가져오게 될 것이다.

려한다. 그래서 미디어를 비롯해 모든 인공물의 '감춰진 효과'까지 살펴보는데 적합하다. 둘째, 대상이 초래한 효과를 공시적, 통시적 차원에서 검토하도록 한다. 즉, 특정 대상의 발흥으로 공시적 차원에서 무엇이 '강화'되고 '약화'되었는지, 통시적 차원에서는 과거에 상실된 가치 가운데 어떤 것이 회복되었고, 또 이 특정 대상이 임계점에 도달하면 어떤 형태로 전환되겠는지를 유추해 보게 하는 것이다.

이 글에서는 이 테트라드 구조에 입각해, 디지털 매체로 정보를 생산, 저장, 공유하는 저술 주체의 성격을 [그림 0.5]과 같이 공시적이고 통시적인 맥락에서 다각도로 분석하였다. '강화'와 '약화' 범주에서는 디지털 저술 주체에게 강화된 신체 기능과 약화된 저술 윤리 의식이 공시적으로 검토되고, 이어 '회복'과 '전환' 범주에서는 과거에서 미래까지 통시적인 차원에서 연결되는 디지털 저술 주체의 인격 모델이 검토될 것이다.[19]

1) 연장된 身체 기능

마수미(Massumi, 2002: 135)는 '감각-사고적(thinking-feeling) 신체' 개념으로써 인지 작용의 변환기(transducer) 역할을 설명한다. 신체는 외부 세계와 만나는 감각 작용 동안 외부 세계와 소통하게끔 정보를 바꾸어 전달하는, 변환기 역할을 수행한다는 것이다. 정보를 디지털화하는 주체의 저술 역량이 증강될수록 저술 주체의 종합적 사고력이나 윤리적 판단력 여하는 더 중요해진다. 주체가 자신의 변환기적 자질을 어떻게 인식하느냐에 따라 디지털 공간의 품격이 달라지기 때문이다.

디지털 저술 매체가 상용화되면서 디지털 공간에 익숙한 지식(Logos)의

19 디지털 저술 주체의 인격 분석을 위한 '강화, 약화, 회복, 전환' 범주에는 각각 "강화된 身체 기능, 약화된 대면 言술 문화, 회복된 書원 공동체, 전환된 判/phone 지위"처럼 身言書判의 한자어가 구심적 역할을 하도록 내용을 구성하였다.

정도는 저술 주체의 인지적 쓰기 역량을 변별하는 척도가 되었다. 지난 세기에 안경, 보청기, 인공의수, 보철, 자동차 등으로 신체 능력을 강화한 인간은[20] 이제 외장 하드와 노트북, 스마트폰 등으로 기억 용량을 늘리고 표현 능력을 강화하였다. 새로 개발되는 소프트웨어들은 선행 자료의 모방과 변용을 용이하게 하여 정보 생산성을 가속화하였다. 그 결과 일이관지(一以貫之)하는 질적 연구 방법론 대신, 빅데이터의 정보 패턴을 해독하는 양적 연구 방법론이 중요해지고 있다. 누구나 정보를 생성하여 인터넷 공간에 저장하면서 지식의 공유가 용이해지고 확산 속도도 빨라졌다. 하지만 저술 주체에게 특별한 자격을 요구하지 않는 정보 공간일수록 개인에게 강화된 저술 역량은 사회에 유해할 수도 있다. 또한 평면적으로 압축된 이미지 파일에서는 원본의 고유한 아우라를 느끼기 어렵다. 직접 "보지 않고도 믿는 사람"이[21] 많아진, 행복한 시대이지만 대면하여 감격하는 행사 자체를 귀찮아하는 시대가 된 것이다. 이렇게 디지털 인프라로 연장된 신체는 인간에게 양날의 검이 되고 있다.

2) 약화된 대면 言술 문화

소수의 예언자가 고대 구술 문화를 주도했다면 정예의 성직자들이 중세 문자 문화를 이끌었다. 아리스토텔레스의 수사학은 대면 청중을 설득하기 위한 연설의 기술이다. 문자를 아는 독자가 적고 전달 매체의 효율도 낮을

20 현재 미국 인구의 약 10퍼센트는 기술적 의미에서 사이보그로 추정되는데 전자 심박 조절기, 인공 관절, 체내 이식형 약물 전달 장치, 이식형 각막 렌즈, 인공 피부를 가진 사람들이 여기에 포함된다. 또한 은유적인 의미에서 사이보그가 되는 직업에 종사하는 사람들은 훨씬 더 많다. 스크린을 통해서 사이버네틱스 회로에 접속하여 컴퓨터 키보드를 이용하는 사람, 광섬유 현미경의 도움을 받아 수술을 하는 신경외과의, 동네 비디오 게임 아케이드에서 게임을 하는 청소년 등이 그러한 사람들이다. 부캣먼은 이러한 상태를 〈단말기 정체성〉이라고 부른다(Scott Bukatman, 1993: 9).

21 요한 복음 20장 29절.

때 식자층은 논리적인 견해(Logos)를 전달하기 위해서 평소 자신이 쌓아 온 윤리적인 평판(Ethos)을 바탕으로 청중을 공감(Pathos)시키는 연설을 할 줄 알아야 했다. 하지만 인쇄 문화의 발달로 대중독자 시대가 열렸고, 광속의 정보통신 혁명은 현대 인류를 만인필자 시대에 진입시켰다. 복제된 예술이 보편적으로 공유되고 계급투쟁 없이 '예술이 있는 저녁'이 실현되었으며 실시간 소통 문화가 정착되었다. 그런데 현대 소통 문화에서는 전화를 제외한 거의 모든 구어 담화가 문어로 교류된다. 문자를 익힌 대중은 지식인 고유의 표현 수단에 뜻을 실어, 즉시적이고 감정적이며 정제되지 않은 '날' 구어를 전송하는 데 사용한다. 그러다보니 화자의 윤리성은 이전만큼 중요하게 여겨지지 않는다. 액정으로 매개된 기호의 공감력은 발화자의 윤리보다 각종 이모티콘 등 '매체'의 화려함에 더 좌우된다.

뉴뉴미디어가[22] 매개하는 말하기 양식은 기존의 표현 장르 전통을 복원하면서도 새롭게 재편한다. 예를 들어 블로그는 독백적인 일기 쓰기 전통을 온라인으로 가져오지만, 개인 기록에서 나아가 네트워크로 연결된 독자와 공유하는 수단이 된다. 개인의 블로그를 방문한 낯선 이가 게시글에 논평을 남길 수 있고 이 게시글이 또 다른 블로그에 올려지고 논평이 달리면서, 비동시적이고 광범위하게 분포된 대화가 진행된다. 독자는 논평을 통해 대화에 참여하며 텍스트의 공동 저자가 될 수 있고, 이러한 대화의 반경은 링크를 통해 확대된다(이동후, 2011: 93 참조).

하지만 문제는, 디지털 저술 주체는 아날로그 저술 주체만큼 윤리적이지 않아도 된다는 부정적 풍조가 만연된 것이다. 아날로그 저술은 일반적으로 내용 지식은 물론 인성 및 인격에 대해서도 일정 수준의 교육을 받으면서 전

22 뉴뉴미디어란 정보를 소비하는 동시에 생산할 수 있도록 기술적으로 지원하는 하이퍼미디어(hypermedia)를 가리킨다. 뉴미디어가 여러 유형의 정보에 쉽게 접근할 수 있게 된 매체의 변화를 강조한 개념이라면 뉴뉴미디어는 정보 생성을 간편하게 만든 기기의 특성을 강조한 것이다. 현재 개인용 컴퓨터에는 뉴미디어로 개발된 각종 멀티미디어 프로그램이 내장되어 있어서 누구나 간편하게 문자, 도형, 영상, 음성 등을 조작할 수 있다. 이렇게 21세기 지식인은 뉴뉴미디어를 이용하여 정보의 생성과 소비에 동시에 관여하는 디지털 프로슈머(producer+consumer)가 되었다.

문 저술 자격을 취득한 주체에 의해 수행되는 데 반해, 디지털 정보는 문자와 매체 문식성 등 도구적 지식을 습득한 사람이면 누구나 간편하게 생산할 수 있다. 또 디지털 공간에서는 전문적인 식견보다 마녀사냥식 군중 심리가 더 영향력이 크다. 익명성에 기대어 '아니면 말고' 식의 소문을 유포하는 언어의 폭력성은 수용 가능한 기준을 넘은 지 오래다. 그 결과 인터넷 공간에서 사유, 기억, 존엄, 이상 등 개인적 가치는 무력해졌다. 이전 시대 지식인의 전유물이던 문자가 대중의 디지털 문화에 포섭되고 나서, 문자의 권위적 속성은 부정되고 조롱 받으며 유폐되는, 언중(言衆)에 의한 구어 '문화혁명'이 진행 중이다. 식자층으로서 마땅히 지녀야 할 인성조차 갖추지 못한, 일부 몰지각한 언중은 문식성을 폭력으로 휘두르고도 약자에 대한 가학 심리를 '장난'이었다고 변명한다. "저들은 자기들이 무슨 일을 하는지 모른다."[23] 무슨 일을 해야 하는지 체계적으로 배워 본 적이 없기 때문이다.

3) 회복된 書원 공동체

현재 디지털 공간에 대중화되어 있는 전문 학회나 커뮤니티 활동은 글(書)을 매개로 한, 중세 서원 공동체와 근대 문학 초기 동인 활동의 연장이라고 볼 수 있다. 사상을 공유하는 이들끼리 서로에 대한 신뢰를 바탕으로 사단칠정(四端七情)을[24] 수양하고 실천하고자 했던 문우(文友) 공동체 활동이 근대

23 루카복음, 23장 34절.

24 측은지심(惻隱之心)·수오지심(羞惡之心)·사양지심(辭讓之心)·시비지심(是非之心)이 사단, 희(喜)·노(怒)·애(哀)·구(懼)·애(愛)·오(惡)·욕(欲)이 칠정이다. 원래 사단은 인·의·예·지의 덕목과 관련된 윤리적 범주, 칠정은 감정을 총칭하는 인성론의 범주로 각기 다른 맥락에서 사용되었다. 그러나 송대(宋代) 성리학 이후 두 개념은 인간 심성이 발현되는 과정에서 도덕적 성격을 띠는 것과 그렇지 못한 것을 나타내는 대조적 개념으로 쓰였다. 한국 유학 사상사에서 사단칠정론은 현실을 보는 두 유형의 사고정형(思考定型)으로서 이황의 이상주의, 이이의 현실주의를 형성하였다. (두산백과 http://terms.naver.com/entry.nhn?docId=1171282&cid=40942&categoryId=31445, 한국민족문화대백과http://terms.naver.com/entry.nhn?docId=578381&cid=46649&categoryId=46649 참조)

의 인쇄 매체를 경유하여 뉴뉴미디어 매체 공간에 부활한 것이다. 동일한 취향에 기반한 동호회나 팬카페를 포함하여 전문 학회나 커뮤니티 등은 모두, 공동체에 대한 신뢰를 바탕으로 게시판에서 관계망을 형성하며 공유와 공감(Pathos)의 힘을 회복시켰다.

조선의 명망 높은 선비들은 학문 연구, 인격 도야, 후진 양성을 위해 서원을 만들었고, 서원은 선비들을 결집하고 학풍을 형성해 학문 수준을 높이는 데 기여했다. 하지만 한자가 한글로 대체되고 국권을 상실하는 파란을 겪으면서 서원 공동체 문화는 거의 명맥이 끊겼다. 그러다가 1900년대 초 서구의 문예사조사가 한꺼번에 유입되면서 문화적 취향을 공유하는 문인들끼리 동인을 결성하는 움직임이 활발해졌다. 이들은 정기적으로 동인지를 발행하면서 이데올로기적 실천 행위로 글을 썼고 한정된 식자층이 문학 작품과 평론을 소비하였다.

식민지 시대 "읽기와 쓰기가 가지는 고급과 순수, 문화와 문명적 시각은 대중, 통속, 저질, 오락, 데카당 등과 양가성을 이룬 채 독자 수용자의 상을 만들었다(임종수, 2011: 137)." 이 시기 문인은 이러한 양가적 감정을 양 끝단으로 하는 예술관의 스펙트럼 가운데 한 지점을 골라 자기 동인의 예술적 지향으로 삼았다. 이러한 지향들은 개별 동인의 신념이었으므로 다른 동인의 옳지 않은 활동에 대해서 논쟁을 붙이기도 하였다. 하지만 동인 활동 역시 일제 말기 조선어 말살 정책과 사상 검열 강화 등으로 오래 가지 않았다. 해방 후 출판과 유통 산업이 체계화되면서 아마추어적 동인지 발행은 대학의 동아리 활동 정도로 축소되었다.

현 전문 학회들은 인터넷이 보편화되기 훨씬 이전부터 대학의 전공 학과를 중심으로 학술지를 발간해 왔다. 정기적으로 학회를 개최하여 관련 연구자끼리 강학(講學)하고 교유할 기회를 만든다. 온라인 출판을 병행하는 학회도 있지만 아직 학회 출판물의 공유는 구텐베르크적 출판 담론 공간을 전제한다. 연구자의 연구 성과는 교재로 수렴되어 미래에 자기 학문 지평을 넓혀 나갈 잠재적 인력을 양성하는 데 쓰이고 있다. 따라서 학문 연구, 후학 양성,

인격 수양을 추구하는 전문 학회 구성원들은 과거 서원 공동체에 소속되어 특정 학풍을 형성했던 선비의 후예라 할 수 있다. 하지만 전문 학회의 일원이 되려면 꾸준히 학문적 성과를 내야 하므로 전문 학술 공동체의 진입 장벽은 높은 편이다.

학회와 다른 성격으로 특화된 인터넷 커뮤니티는 진입 장벽이 낮다. 문제의식을 공유하는 두세 사람만 모여도 활동을 시작할 수 있고 활동 내용에 대한 검열도 거의 없다. 이들은 여타 공동체의 이데올로기나 지향에 별 관심이 없다. 나의 취향을 존중 받고 싶은 만큼 다른 이의 취향도 중요하다고 인정할 뿐이다. 이렇게 당위 대신 쾌락을[25] 추구하는 인터넷 커뮤니티가 인터넷 담론 공간에서 빛의 속도로 확산되고 있다.[26] 이들 커뮤니티는 결말이 고정된 책을 사 보는 대신 미션이라는 이름으로 특정 주제에 대한 창작을 독려하고 동인이 창작한 2차 창작물을 유통시키는 행사를 소비한다. 대신 신춘문예 등으로 등단하여 특정 장르의 저술 자격을 인정받은 전문 작가의 저작물은 안 팔리는 기현상이 생겼다. 쓰기 과정이 디지털화되면서 출판 공정이 간소해진 만큼 개인의 표현 욕구는 쉽게 실현되고 그만큼 전문 출판물의 가치는 위축되고 있는 것이다.

4) 전환된 判/phone 지위

디지털은 0과 1이라는 숫자 부호로 계량 가능한 모든 정보를 균질적인 체계로 환원하면서 생활양식을 획기적으로 변화시켰다. 쓰기 의사소통 국면에

---

25 '공적인 삶에서 벗어나 개인주의적 은둔의 삶을 추구'하던 에피쿠로스학파의 지향을 반영한 개념으로, '마음의 평정', '문제적 상황으로부터의 자유'를 의미한다.

26 커뮤니티는 일정 기간 동안 특정 'mission'을 완수하기로 동의하는 사람들로 구성된다. 경우에 따라서는 운영자가 내건 가입 미션의 수행 정도로 회원 자격을 제한하기도 한다. 이들의 관심사는 영화, 드라마, 소설의 팬픽(fan–fiction)일 수도 있고 직접 세계관과 배경을 설계한 가상공간에서 이야기를 창작해 나가기도 한다.

만 한정해 보더라도, 디지털 매체는 저자의 쓰기 능력(Logos)을 증강시키고, 공감(Pathos)에 기초한 해석 공동체[27] 활동을 부활시켰다. 하지만 저술 주체의 윤리성(Ethos)을 약화시킨 책임도 피할 수 없다. 과연 디지털 매체는 신지식인의 미래를 어떤 모습으로 전환할 것인가? 미래학자들은 디지털 기기에 분산된 인지(distributed cognition)가 판단을 보완하는 인류를 예상한다. 분산 인지란 인간의 지적 능력이 뇌 안에만 있는 것이 아니라 환경과 인공물, 인공물 간의 상호 작용 과정에 확장되어 있음을 가리킨다. 창발적인 인간 주체의 분산 인지는 전체 분산 인지 시스템과 관련되고 '사고'는 인간 및 비인간 행위자에 의해 수행된다.[28]

현대인은 지금 판(判)과 phone의 지위 역전을 체험 중이다. 스마트폰은 더 이상 전화가 아니다. 교통 정보를 모를 때, 맛집을 찾을 때, 다자 간 중지를 모아야 할 때 현대인은 스마트폰 케이스를 열고 패턴을 그린다. 판단하기 위해 접속하고 접속된 결과로 판단한다. 하지만 시스템적으로 어떤 양질의 정보를 제공 받더라도 그 수용 여부를 판단하는 주체는 '질문하는 인간(Quest)'이어야 한다. 신체 외부에 분산된 인지 기능에 종속되지 않으려면 질문할 줄 알아야 한다. 미래 사회에서 기계와 인간의 경계는 자발적으로 질문을 생성하는 능력이 있느냐 여부로 결정될 것이다.

27 Fish(1980)는 특정 유형의 독자 집단을 고려하는 담화 공동체의 속성을 '해석 공동체(interpretive community)' 개념으로 설명한다. 개별 담화 공동체는 외부 물질세계와 규칙적인 상호작용을 하면서 형성한 언어 습관과 해석적 스키마를 기반으로 미지의 해석을 새로 확충할 가능성을 늘 열어두고 있다. 독자의 요구를 염두에 두되 그 기대치의 가장 외곽에서 새로운 해석의 지평을 확장하는 것, 이것이 해석 공동체들의 영토 확장 방법이다(Bizzell, 1992: 75).

28 허친스(Hutchins, 1995: 316)는 항해 시스템을 가지고 분산 인지 개념을 설명한다. 배의 공간적 위치를 파악하고 항해를 성공적으로 이끄는 전체 인지 시스템은 인간과 기기의 복잡한 상호 작용을 통해서 기능하며, 이러한 조작에는 인간 행위자와 비인간 행위자가 모두 포함된다는 것이다(케서린 헤일스, 2013: 507).

5 예비 신지식인의 인격 도야를 위한 사유 연습

디지털 기술이 하루가 다르게 발전하면서 이제 더 이상 대학 4년간 배운 지식으로 평생직장을 구할 수 없다. 기업도 이러한 사실을 알기 때문에 어떤 지식의 출현에도 쉽게 적응할 수 있는 핵심 역량 강화 교육을 대학에 요구하는 것이다. 하지만 현재 한국 사회의 문제는 더 이상 역량 증진이나 생산성 향상으로 해결될 성질의 것이 아니다. '한강의 기적'으로 절대 빈곤 상태를 극복한 한국에서[29] 고등교육을 이수한 국민이라면 이제 어느 정도 경제적으로 안정된 상태에서 문화와 예술을 향유할 여가를 보장받아야 하며, 또한 반드시 만인 필자 시대의 저자로서 도야한 인격을 실천할 윤리적 의무감을 가져야 한다. 웹 2.0시대 대학 교양교육의 목표는 이러한 인격을 갖춘 지식인을 길러내는 것이다.

그러므로 인격 도야를 목표로 하는 쓰기 수업에서는, 특정 '자격'을 갖춘 지식인에게 필요한 품격을 길러주어야 한다. 그러려면 첫째, 88만원 세대로서의 자격지심(自激之心)이 아닌 특정 분야를 전공한 전문가로서 자격지심(資格之心)이 있어야 하고 둘째, 이타적 신념 체계를 정립해야 하며 셋째, 윤리적 주체로서 자신의 신념을 적극적으로 표현하는 연습을 해야 한다. 그래야 졸업한 이후에도, 또 계속 나이를 먹어 가면서도, 자기 자격에 대한 자존감을 바탕으로 이웃을 위해 적극적으로 헌신하는, 인격 도야를 지속할 수 있다.

이 장의 목적은 한글로 정보를 생성, 저장, 공유하는 고등교육 수강생에게 실천적 선비상의 통시적 인격 모델을 제시해야 하는 이유를 설명하고, 이러한 신지식인의 사유력을 신장할 〈한국어 논리와 논술〉 수업 동기를 촉발하는 것이다. 고등교육 수강생에게 디지털 매체의 발전으로 강화된 쓰기 역량

29 장하준(2007: 17)은 자신이 "태어난 해부터 지금까지 한국의 1인당 소득은 구매력 관점에서 볼 때 약 14배 증가했는데, 이와 똑같은 결과를 달성하는 데 영국은 2세기, 미국은 1.5세기가 걸렸다."면서, 한국의 비약적인 경제 성장 속도를 강조하였다.

을 숙달시키고, 소속 공동체의 실천적 활동에 동참시키기 위해서도 누리선비 표상 교육이 필요하다. 교수자는 누리선비 표상 교육을 통해서 디지털 매체가 약화시킨, 현대 저술 주체의 몰윤리성을 경계하고, 미래 인간의 본질이 질문하는 속성에 있음을 강조해야 한다.

그림 0.6 누리선비의 디지털 저자성(authorship) 요인

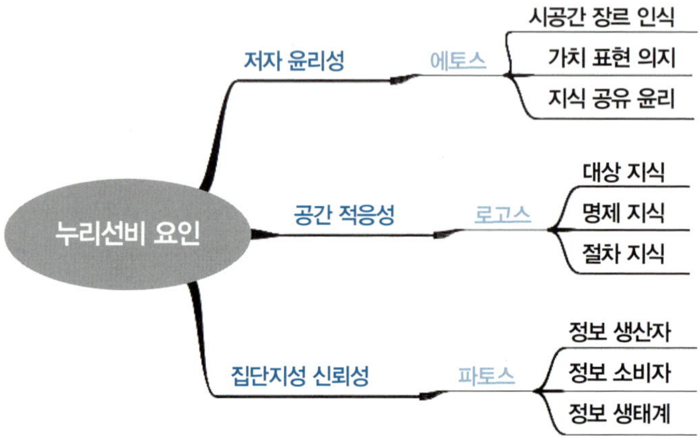

제1장
논술 시험의 현황

◀ 현행 논술 교육은 관련 주체에게 어떤 의미가 있을지 생각해 보자.

- 교육부 :
- 대학교 입학처 :
- 수험생(학부모) :
- 사설 학원 :
- 교사 및 연구자(국어 전공, 철학 전공, 사회 전공) :

❶ '논술'의 정의와 〈논술〉 교과 교육

논술은 설득과 논증을 기반으로 한 **'글쓰기'**라는 개념으로부터, 독해력과 문제 해결 능력을 기반으로 한 **'논리'** 중심의 개념, 통합된 개별 교과 지식에 기초한 **'논리적 · 비판적 · 창의적 사고력'** 중심의 논술 개념으로 그 영역이 확장 · 변용되어 왔다(원진숙, 2007: 212–213). 현 대입 논술 시험으로는 대학에서 학부생들에게 요구하는 창의성(제8장 참조)을 평가하기 어렵다. 대신 논술 수험자는 자료 텍스트의 주장과 근거를 맥락에 맞게 평가하는 **비판적 독해 능력**, 화제 · 주장 · 근거를 조합해 논거를 형성하는 **종합적 사고력**, 논거를 가지고 주장을 설득적으로 전개하는 **논리적 쓰기 능력**을 복합적으로 발휘해야 한다.

그림 1.1 논술 시험의 평가 목표 능력

✎ 다음 '논술'의 정의에서 어느 능력 범주가 더 중시되었는지 구분해 보자.

① ________ 논술은 비판적 읽기와 창의적 문제 해결하기를 기반으로 한 논리적 글쓰기이다(한국대학교육협의회, 2006).

② ________ 통합 논술은 학생의 능력을 종합적으로 측정할 수 있는 수단

이므로 정보화시대에 요구되는 융합적·창의적 인재를 선발하는 데 중요한 역할을 한다(김준기, 2011).

③ ________ 논술 교육을 받은 학생들이 그렇지 않은 학생보다 표현력, 이해·분석력, 창의력, 논증력이 향상되었다는 교사들의 인식 조사 결과로 볼 때 고등학생 대상 논술 교육이 활성화되어야 한다(강버들, 박종운, 2013).

④ ________ 논술 작성 능력은 계획하기, 아이디어 생성 및 조직, 집필, 교정의 4단계에서 각각 요구되는 문제 해결 전략들을 학습함으로써 향상될 수 있다(원진숙, 1998).

⑤ ________ 논술을 위해서는 주어진 텍스트나 정보에 대한 올바른 독해 및 분석, 비판 능력 그리고 대안을 제시할 수 있는 문제 해결 능력이 필수적이다(원만희 외, 2014: 8).

누구를 위한 논술인가

논술은 **대학**에게는 우수한 학생을 선발하는 수단으로서, **학생**에게는 자신의 일생을 판가름하게 될 결정적 척도로서 여겨진다. 그리고 **고등학교 교사**에게는 지금까지 진행되어 왔던 교육 방식과 내용에 대한 혁신의 계기가, **사교육 담당자**에게는 황금알을 낳는 거위로, **학부모**에게는 자식의 미래를 좌우하는 수단이 되고 있다(김중신, 2007 참조).

다음 견해는 논술 관련 주체 가운데 주로 어느 집단에게 필요한 정보인지 생각해보자.

① ________ 논술 교육은 수업을 통해 학생들이 지식을 찾아 그것에 접근할 수 있는 능력을 신장시킨다는 점에서 도구 교육적 성격과 사고 교육적 성격을 지닌다. 논술의 이러한 성격은 국어과 교육의 주요 성격과 유사하다(김경주, 2008).

② ________ 2014년 3월 제정되어 동년 9월부터 시행된 일명 '선행학습 금지법'에서는 기존 대입 논술 시험이 지나치게 어렵다는 이유로 논술 문제를 고교 교육과정 범위 내에서 출제하도록 규정하였다. 고교 교육과정에서 벗어난 범위에서 논술 시험을 출제한 대학은 입학 정원이 10% 감축되고, 3년간 국가 재정지원 사업에 참여할 수 없게 된다(공교육 정상화 촉진 및 선행교육 규제에 관한 특별법」의 학생정원 감축 등 행정처분의 세부기준 제12조 관련).

③ ________ 교과 통합형의 개념은 교과와 교과의 단순 통합이 아닌, 고등학교 교육과정을 통하여 학생의 내면에서 길러지는 사고력의 통합을 의미한다. 교과 지식의 단순 반복 학습과 암기 위주의 교육에서 벗어나 학생 스스로 탐구하는 자기주도적 학습 능력과 독서·토론을 통한 사고 능력의 배양을 지향함으로써, 입시 위주의 교육으로 왜곡되어 있는 중등학교 교육의 정상화 유도를 꾀하고자 하였다(서울대학교입학관리본부, 「2008학년도 정시모집논술고사 예시문항」).

④ ________ 교과 담당 교사는 누구나 해당 과목의 읽기 전문가가 되어야 한다. 학생들은 각 과목의 특징적인 개념과 지식 체계를 반영한 교과서는 물론이고 관련 분야의 책을 읽는 방법을 배워야 한다(서울대 중등교육원, 2007).

⑤ ________ 교과 통합형 논술은 복수의 문항을 출제하여 복수의 답안을 쓰도록 한다. 문항별로 평가 목표를 분명히 하면 특정 사고 능력을 적확하게 평가할 수 있고, 문항 난이도별로 상, 중, 하위 학생들에 대한 변별력도 높일 수 있다(박정하, 2015).

⑥ ________ 인문계 논술은 수험생이 인간 및 사회에 대한 깊이 있고 폭넓은 이해를 추구하는 인문학 및 사회과학적 탐구의 기본 소

양 및 자질을 갖추었는지, 그리고 학문적 성취의 가능성을 지녔는지를 심층적으로 평가하기 위한 시험이다(원만희, 2010).

⑦ ________ 평가로서의 논술 시험은 존재하나, 정상적인 의미의 논술 교육은 제대로 이뤄지지 않는다. 소수의 상위권 학생을 위주로 교육을 진행하다 보니 이해하기 어려운 내용을 다루는 경우가 많다. 이에 따라 중위권 및 하위권 학생은 논술교육에서 소외감을 느끼기도 하며 논술에 대한 흥미를 잃게 된다(김지운, 2008).

〈논술〉 교과는 어떻게 탄생했는가

2011년 '제7차 초중등학교 교육과정 총론 수시 개정안'에서 논술 교육이 강화되면서 초등학교와 중학교는 국어 교과에 논술 관련 내용을 반영하고, 고등학교는 국어과 선택 과목인 〈작문〉에 논술 관련 단원을 추가하였다. 그리고 교육부가 '사회 현상에 대한 통합적 접근과 논리적 사고력 함양'을 특성으로 갖는 〈논술〉 과목의 필요성을 공론화하면서 2014년부터 〈논술〉은 고등학교 정규 교양교과목으로 편입되었다. 각 과목의 중등 교사가 되려는 학부생은 자기 과목과 연계한 '교과 논리와 논술' 과목을 필수로 이수해야 한다.

> 지식 기반 사회에 필요한 창의·융합형 인재 양성을 위한 '교과 통합적' 성격의 교과목 필요성이 대두됨에 따라 다양한 교과 및 범교과 학습, 독서 활동 등을 통해 학습한 분과 학문적 지식을 통합하여 논리적 사고력, 의사소통 능력, 인성 역량 등 핵심 역량을 함양하는 교과목으로 〈논술〉 과목의 신설이 필요하다.
>
> 교육부(2013), 「초·중등학교 교육과정 총론」 일부 개정 고시, 보도자료(2013. 12. 18.)

국어과 교육과정 내에서 〈논술〉 교과의 위치

〈논술〉은 합리적 설득 및 지식의 수용과 전달을 위한 '학문적 의사소통'의 주된 양식으로서 '논리적 글쓰기'를 학습하는 과목이다. 교양교과목으로서의 〈논술〉은 '지적 혹은 학문적 탐구 영역'에서의 글쓰기라는 점에서 일반적인 〈화법과 작문〉 과목과 구별되며, 다양한 교과 학습 및 독서 활동 등을 통해 학습한 분과 학문적 지식을 통합하여 '논리적·비판적 사고력', '의사소통 능력' 등을 함양하는 '교과 통합적(integrating subjects)' 성격을 지닌다(원만희, 한혜정, 2015).

> '작문'은 문자를 통해 자신의 사고와 정서를 표현하는 행위이다. 작문은 단순히 자신의 생각이나 느낌, 정보 등을 나열하는 행위가 아니라 의미를 창의적으로 구성하는 활동이다. 작문의 과정에서 현상에 대해 분석, 비판, 종합하는 과정이 요구되는데 이 과정에서 새로운 의미가 생성된다. 이 의미 생성 과정에서 분석적, 비판적, 창의적 사고가 길러지며, 문제 해결 능력이나 자기 성찰적 태도가 증진된다. 이러한 능력과 태도는 학습 상황이나 일상의 삶에서 필요한 내용이다.
>
> 교육과학기술부(2012), 국어과 교육과정, 교과학기술부 고시 제2012-14호[별책 5]

〈작문〉 교과만으로 통합 논술 준비는 어렵다

〈화법과 작문〉의 학습 목표가 '의미를 창의적으로 구성하고 현상에 대한 분석, 비판, 적용으로 나아가는 것'을 지향하고 있기는 하지만, 〈작문〉 교과에서 다루는 범주 가운데 '논술'을 가르치기에 적합한 장르가 없다. 과정 중심 교수법으로 구성된 11, 12학년 선택 〈작문〉 교과에는 정보 전달, 설득, 정서 표현, 친교를 위한 글쓰기와 정보화 사회에서의 글쓰기, 문학적인 글쓰기, 직업 세계에서의 글쓰기 등 7개 쓰기 장르가 포함되어 있다. 하지만 논술 장르는 그 중 어느 하나에 단독으로 포함되지 않는다.

❷ 논술 시험의 변천

현행 논술 시험은 '글쓰기 논술기'(1986–1987, 1997학년도)와 '고전 논술기'(1998–2007학년도)를 거쳐 '통합 논술기'(2008–2012학년도)에 이르렀으며, 이 과정에서 지금과 같은 논제 유형이 정립되었다. 쓰기 중심의 '글쓰기 논술'이나 읽기 중심의 '고전 논술'에서 단독 과제로 주어지던 논제가 '통합 논술' 이후 종합적 사고력을 요하는 복합 과제로 주어지면서 많은 대학이 논제의 마지막 문항으로 평가형 논제를 채택하고 있다(이욱희, 2013).

문항 유형의 변화

① 단순 주제 논술 : 시사성 중심

1980년 이전까지 시행되었던 본고사에는 '작문'의 일환으로 300~400자 내외의 글을 쓰는 문제가 출제되었다. "송강 정철의 시가"란 제목으로 논설문을 쓰라(서울대, 1977학년도), "나의 사랑하는 생활"이라는 제목으로 수필을 쓰라(서울대, 1978학년도)처럼 글의 형식을 논설문이나 수필로 지정하고 특정 교과 지식을 묻기도 하는, 단순 주제 중심의 쓰기 능력을 측정하였다.

② 일반 통합 논술 : 하이퍼텍스트적[30] 자료 통합, 고전 이해 및 감상 중심

1986–87년 '대학 입학생의 고차적인 사고 능력을 평가하기 위하여 특정 교과목의 내용에 구애받지 않는 소재를 대상으로 논문 형태로 출제되고 주관식 방법으로 채점되는 고사'(대학별 논술 고사의 출제 채점 및 사정 방법, 1984년 7월 문교부)가 2년간 실시되었다.

---

30 하이퍼텍스트(hypertext)는 하이퍼링크(hyper link)와 쌍방향성을 결합한 개념으로 텍스트 중심적 읽기에서 독자 중심적 읽기로 전환된 새로운 정보 습득 방식을 표상한다. 이제 독자들은 고정적, 선형적(線形性)으로 펼쳐지는 종이 텍스트의 유한성에서 벗어나 자신의 의지대로 원하는 시간에 임의의 가상공간에서 무한한 링크들에 접속하며 텍스트들을 선택적으로 읽어 나간다.

자료 제시형

자료 해석형 문항은 독립 문제로 출제되기도 하지만, '설명형'이나 '평가형', '대안 제시형' 등의 문항 안에 포함되기도 한다. 통계 표, 그래프 등의 자료를 활용한 자료 해석형 문제를 출제하는 이유는 근래에 들어와 다양한 학문 영역에서 그래프, 도표 등의 자료를 활용하는 경우가 대단히 많아졌기 때문이다(원만희, 2010 참조).

정밀한 자료 분석을 통해 자료와 연관된 현상의 추이를 파악하는 방식

어떤 상황이나 현상 변화를 다양한 이론이나 원리를 이용하여 설명하기에 앞서 정확하게 파악하는 인지 과정이 필요하다. 관련 자료의 수치 변화 추세, 특정 항목 수치의 유지, 변화 또는 자료의 변수들 간 상관관계를 분석해야 한다.

자료 해석을 통해 특정 견해를 비판하거나 지지하는 방식

통계 자료는 자신의 주장을 강화시키기 위한 수단인 동시에 상대방 견해를 반박하는 근거가 된다. 문제에서 통계 자료를 활용하여 지지 또는 반박을 요구할 경우, 먼저 통계 자료의 의미를 정확하게 해석하고 제시문 내용과의 연관성을 파악한다. 자료가 제시문의 입장을 지지(옹호)하는지, 반박하는지(약화시키는지)를 세세하게 평가해야 한다.

관련 자료를 활용하여 문제 상황에 해결책을 제시하는 방식

관련 자료를 해석한 뒤 주어진 조건과 자료를 결합하여 해결책을 도출하는 유형이다. 세부 자료를 통합하여 문제 해결에 적합한 가설을 도출하는 일반적인 능력을 평가한다. 자료를 올바르게 해석하기 위해서는 배경지식이 광범위해야 한다. 배경지식은 평소 개별 교과에 대한 심화학습을 통해 쌓는다. 학습된 지식을 관련 자료에 투영하는 연습까지 이어서 해야 한다.

논술은 1994년 다시 부활하여 **단독 과제형, 자료 제시형** 등 다양한 유형으로 실시되었다. 그러다가 1997년 서울 시내 주요 12개 대학 입학 담당자가 모여 '논술 시험을 교과서에 언급된 동서고금의 고전을 바탕으로 출제한다'고 발표하면서, 고전 지문에 나타난 작자의 견해를 현실과 결부시키도록 해 시사성을 가미한 '**고전 논술**'로 성격이 바뀌었다. 문항의 지문이 길어지면서 읽기 능력도 중요한 변수가 되었다. 고전 논술은 복합적 요구사항을 가진 단일 문항을 출제하여 완성된 한 편의 글을 쓰도록 하였다.

고전 논술의 한계

고전 논술의 도입과 함께 논술 교육계에서는 '논술=논리'라는 인식이 광범위하게 유포되었다. 그러면서 글의 내용이나 필자의 개성적인 목소리를 통해서 드러나는 개인의 독창적인 생각이나 가치관보다는 인문학, 사회과학, 자연과학 등 주요 영역 지식의 학습 여부가 중시되었다. 사교육 시장에서는 논술의 주제나 소재로 채택될 만한 내용을 뽑아서 이에 대한 쟁점이나 배경지식을 주입식으로 요약 정리해 주고, 이러한 논제들과 관련된 논거들을 뽑아서 논리 형식에 맞게 적절히 배치하는 답안 구성 능력을 집중적으로 배양시켰다. 이렇게 논술 시험이 대증적(對症的)·지엽적 언어 조작술 훈련 위주로 재편되고 고착되면서 영역 전이성 사고력은 측정할 수 있었지만 교과 과정을 통합적으로 반영하지는 못하였다(원진숙, 2007 참조).

③ 교과 통합 논술 : 범교과적 통합 논술

2008년 도입된 '교과 통합형 논술'의 특징은 암기로 얻은 지식이 아닌 비판적이고 창의적인 사고력을, 결과보다는 과정을, 한 교과의 칸막이에 갇힌 교육이 아니라 서로 다른 교과 간에 소통하고 통섭할 수 있는 교육의 내용을, 주입식 학습이 아닌 자기주도적인 학습 능력을 평가함으로써 궁극적으로 교육의 방향을 바꾸어 보겠다는 것으로 요약될 수 있다(한국대학교육협의회 중앙상담교사단, 2006). 교과 통합 논술 개념을 구성하고 있는 비판적·창의적 사고력, 과정 중심 쓰기, 영역 전이, 자기주도적 학습 능력 등 4개 구인은 서로 연계된 통합적 내용임과 동시에 궁극적인 교육의 지향점이 되어야 할 바람직한 가치들이다(원진숙, 2007).

통합 논술은 인지 단계별 평가 문항으로 구성된다

교과 통합형 논술은 창의력을 비롯한 다양한 사고 능력을 효과적으로 평가하기 위해 과정 중심 평가를 선호한다. 대학 수학에 필요한 사고 과정을 나누고 이에 대응하여 단계별 문항을 구성한다. 사고 과정 평가의 전형적 모델은 '**분석적 이해-비판적 평가-창의적 적용**' 능력을 단계별로 평가하는 방식이다. 이해, 평가, 적용한 내용을 논리적으로 **표현하는 능력**에 대한 평가도 기본 요소로서 덧붙여진다.

[A대학]

〈논제 1〉 위의 세 제시문이 공통적으로 주장하는 바를 요약하시오.(200자 이내)

〈논제 2〉 각 제시문의 핵심적 주장에 대한 반론을 제시하시오.(600자 이내)

〈논제 3〉 위의 논의를 토대로 정보화 시대의 이상적인 민주주의를 구상해 보고 이를 실현하기 위한 구체적인 방안을 기술하시오.(800자 이내)

[B대학]

〈논제 1〉 제시문 (가)에서 제기되고 있는 문제는 무엇이며, 이 문제에 대해 제시문 (나)와 제시문 (다)는 각각 어떠한 해결책을 제시하고 있는지 비교하시오.(배점 30점)

〈논제 2〉 서로 다른 방식의 인간관계를 제시한 제시문 (나), 제시문 (다) 가운데 어떤 방식이 더 바람직하다고 생각하는지, 그리고 그 이유는 무엇인지 밝히시오.(배점 35점)

〈논제 3〉 제시문 (나), 제시문 (다)를 참조하여 제시문 (라)의 두 표에 나타난 한국 사회의 특징과 변화를 해석하시오.(배점 35점)

두 대학 모두 〈논제 1〉은 분석적 이해 능력을 평가하는 문항이다. A대학은 제시문의 공통 내용을 분석하여 요약하는 문항이고, B대학은 제시문 (가), (나), (다)의 핵심 내용을 파악하는 문제이다. B대학의 문제에서는 (가)에서 제기된 문제가 무엇인지, (나)와 (다)에서 제시하는 해결책이 무엇인지를 제시문 분석을 통해 이해해야 한다.

〈논제 2〉는 모두 비판적 평가 능력을 확인하는 문항이다. A대학은 각 제시문의 핵심 주장을 비판적으로 평가한 다음 그 결과를 반론하여 제시하는 형식으로 서술하도록 요구하고 있다. B대학은 (나), (다)가 제시한 해결책을 서로 비교하고 비판적으로 평가하여 자신이 옳다고 생각하는 것을 선택하도록 요구한다.

〈논제 3〉은 모두 창의적 적용 능력을 평가하는 문항이다. A대학은 비판적으로 검토한 내용을 주어진 과제에 적용하여 문제 해결 방안을 제시하도록 요구한다. B대학은 겉보기에는 (라)의 두 표를 해석하는 문제이지만, (나), (다)가 제시한 내용을 적용하여 해석하도록 요구하고 있기 때문에 창의적 적용 능력 평가가 문제의 핵심이다.(박정하, 2015).

Tip **50자×6문장=300자 요약 전략**

텍스트를 요약하기 위해서는 글에서 핵심어를 간추려 간결하게 정리하는 방법, 신구 정보 여부와 내용의 인과 관계를 고려해서 문장과 문단을 배열하는 전략 등 쓰기 과정 지식이 필요하다. 50자 내외로 한 문장을 작성하고, 6~8 문장으로 문단을 구성하면 형식적으로도 간결하고 내용적으로도 완결된 요약하기 모범 답안을 쓸 수 있다. 논술 답안에 주장, 이유, 근거 기능을 하는 문장들을 확실하게 배치하고, 적절한 연결 표지로 문장들을 자연스럽게 연결시켜서 최소 6~8개 문장으로 작성하면 된다.

평소에 문학, 사회, 윤리, 과학 등 고등학교 교과서와 신문 사설 등 논설문 텍스트를 자주 읽으면서 **주**장, **근**거, **깨**알 같은 기능성 문장 등을 구분하고 핵심 내용을 두괄식이나 양괄식의 300자 내외 글로 요약해 쓰는 연습을 하면 논리적인 글을 잘 쓸 수 있다.

❸ 논술 시험의 유형

각국 논술 시험을 비교할 때에는 중등 교육 여건이나 평가 목적을 고려해야 한다. 프랑스는 철학을 정규 과목으로 배우고 졸업 및 입학 자격시험으로 바칼로레아를 실시하므로 단독 과제형을 출제해도 평가에 큰 무리가 없다. 미국의 대학입학자격시험인 SAT에서는 25분 동안 표준화된 글을 쓰게 해서 논증적 글쓰기의 기본 능력만 측정해도 된다. 전형 필수 요건인 에세이를 통해 다양한 요소를 보완 평가할 수 있기 때문이다(박정하, 2015 참조).

조선시대의 논술, 책문 제도(박정희, 2013 참조)

책문은 왕 앞에서 치르는 전시(殿試)의 한 과목이다. 왕이 내는 문제를 '책문'(策問)이라 하고, 응시생이 작성하는 답을 '대책'(對策)이라 한다. 당면한 정치 현안에 대한 '국가정책'[策]은 어떠해야 하는가를 '묻는'[問] 시험이었다. 정치·경제·사회·문화·외교·군사 등 모든 분야에 걸쳐 국가적 문제에 대한 해결책을 묻는 형식을 띠고 있다. 책문에서 왕은 당대의 시급한 문제를 솔직하게 드러내며 절박하게 물었고, 젊은 인재는 정치적 목숨을 걸고 정면으로 답했다. "지금 가장 시급한 나랏일은 무엇인가?", "처음부터 끝까지 잘하는 정치란 어떤 것인가?", "정벌을 할 것인가, 화친을 할 것인가?"와 같이, 과거 시험의 마지막 관문이었던 책문은 관료의 길로 들어서는 조선 선비의 철학이자 정책적 대안이었으며 출사표였다.

프랑스의 대학 입학 자격시험, 바칼로레아(Baccalaureat)

중세에 시작된 바칼로레아는 나폴레옹이 1808년 고전 작가나 작품에 대한 구두시험으로 중등교육 수료를 인정하도록 제도화한 이후 200주년이 지났다. 1980년대 사회당 출신의 미테랑 대통령이 집권한 후에는 바칼로레아의 우열을 철폐해 합격 여부만으로 대학 입학이 결정된다. 과목별로 20점 만점인데 평균 10점을 넘으면 합격이다. 문제는 언론에 공개되며, 문제 자체가 교육계에 화두로 대두될 정도로 시사성과 철학성이 높다. 2010년 문제로는 "과학적 진실은 위험한가?"(상경계), "역사가의 역할은 심판을 내리는 것일까?"(상경계), "진실을 추구하는 것이 공정할 수 있는가?"(문학계), "예술은 규칙을 필요로 하지 않는가?"(이공계), "행복한가 여부는 우리에게 달려 있는가?"(이공계)라는 문제가 제시됐다(《연합신문》, 2010. 6. 18. 기사 참조). 출제와 채점은 각 학교별로 고등학교 교사가 하는데 모든 과목의 시험이 2문항 내지 5문항 정도의 포괄적인 문제를 제시하고 필기시험의 답안은 자유 작문 형태이다.

실천적 지식인의 안목에 대한 논술 시험

논술에 대한 조선의 전통은 그 사람의 인품과 폭넓은 교양, 그리고 능력의 척도였다. 바칼로레아가 지식과 가치의 논리적 전개에 초점을 맞춘 것이라면, 책문은 당시대의 문제에 대한 대책으로서 아이디어 창출을 강조하고 있다는 점에서 차이가 있다. 그러나 가치관과 더불어 자신의 사고를 창의적이고 논리적인 언어로 표현해 내야 한다는 점에서는 프랑스의 바칼로레아와 조선 시대의 책문이 유사하다. 두 시험 모두 문제는 짧지만 답안 수준은 논문에 가까울 정도로 매우 심화된 것을 요구하였다.

미국 SAT에 대한 논란을 통해 본 논술 시험의 타당성 검토(이병민, 2006 참조)

① 일부 대학에서만 논술 시험을 실시, 중등 교육과정 밖에서 이루어지는 선택적 집중 교육으로 인한 피드백 기회의 형평성 문제, 논술이 고등학교 졸업생이 갖추어야 할 기본 소양이라면 모든 학생에게 배움의 기회를 주는 것이 공평할 것.

② 짧은 시간에 평소 깊이 생각해보지 못한 주제에 대해 해결 방법이나 대안을 제시하라고 요구해서는 일반적인 수준의 대안 제시에 머무를 뿐, 출제 교수가 기대하는 독창적이고 깊이 있는 글을 쓸 수 없음.

③ 초중등 글쓰기 교육과정에 부정적인 영향, 일반적이고 종합적인 다양한 형태의 글쓰기 장르 교육이 아니라 논술 시험 양식에 맞춰 기술적으로 글을 쓰는 훈련.

④ 주관식 형태로 제시문의 논지를 파악했는지 여부를 측정하는 독해 문항이지, 논리적이고 창의적인 쓰기 능력을 측정하는 수행 평가 문항으로는 부적절함.[31]

⑤ 학생의 답안 내용이 비슷하다는 지적이 많지만, 도덕적 정당성이나 정답에 집착하는 내용 편향은 이 나이 학생들의 지적 성장과 밀접한 관련이 있음. 논술과 같은 비판적, 창의적, 논리적, 심층적 사고 교육은 대학에서야 본격적으로 시작됨(Perry, 1970).

⑥ 시험을 통해 교육 방법이나 내용을 바꾸겠다는 주장은 실증적으로 검증된 바가 없음. 논술 시험과 같은 시험은 교육이 선행되고 평가하는 것이 정당함.

---

31 미국이나 서부 유럽에서 비판적 사고(critical thinking)라고 할 때 가장 큰 특징은 스스로 생각하고 판단하는 것이다. 남에게 의지하지 않고 남의 판단을 그대로 수용하지 않고 '혼자 힘으로 판단하고 사고(think for yourself)'하는 것이 비판적 사고의 한 특징이다(Paul과 Elder, 2006)

Tip **논술 문항 비교**(이병민, 2006 참조)

한국 논술 문제

다음 (가)의 글은 현대 소비사회의 특성을 묘사하고 있다. 오늘날 (나), (다)의 삶의 방식이 (가)의 소비사회와 갈등을 빚는 이유와 양상을 서술하고, 그 갈등을 해소할 수 있는 방법을 자신의 관점에서 논술하시오.(이화여대, 2004년)

바칼로레아 철학 문제

〈인문학 관련 문항〉

- 감각을 믿을 수 있는가?
- 철학이 세상을 바꿀 수 있는가?
- 인류가 한 가지 언어만을 말하는 것은 바람직한가?

〈과학 관련 문항〉

- 이론의 가치는 실제적 효용가치에 따라 가늠되는가?
- 오류는 진리를 발견하는 과정에서 어떤 역할을 하는가?
- 자연을 모델로 삼는 것이 어느 분야에서 가장 적합한가?

(참고: EBS 지식-e 시험의 목적 http://www.ebs.co.kr/tv/show?prodId=352&lectId=10155120)

미국 SAT 에세이 문항

1. 주제가 두 개 제시되는 경우

다음 주장을 잘 고려해서, 지시에 따라서 글을 계획하고 쓰시오.

"정부는 개인의 자유를 제한해서는 안 된다."
"일부 경우 정부가 자유를 제한하는 것이 필요하다."

지시사항 위에서 제시된 주장 가운데 하나를 선택해서 논의하시오. 단 과학, 예술, 역사, 문학, 시사 또는 개인의 경험이나 관찰을 통해서 자신의 견해를 뒷받침하시오.

2. 단일문 주제가 제시되는 경우

다음 문장을 읽고 지시에 따라 에세이를 작성하시오.

"진정한 사랑은 모든 장애를 극복할 수 있다."

지시사항 여러분의 개인 경험이나 있었던 사건, 역사, 문학 또는 다른 영역에서 하나의 사례를 선택하시오. 그리고 이러한 사례를 이용하여 위의 주장에 동의하는지 동의하지 않는지 에세이를 쓰시오. 에세이는 구체적이어야 합니다.

확인질문

Chapter 01

이 장에서는 논술의 정의와 〈논술〉 교과의 탄생 배경에 대해서 알아보고, 각국의 논술 시험 운영 사례와 국내 논술 시험의 변화를 살펴보았습니다. 다음 문제를 풀면서 본문의 중심 내용을 정리하고 이상적인 논술 시험은 어떠해야 할지에 대해서 생각해 봅시다.

1. 본문 이해

❶ 논술 시험에 관련된 교육 주체들은 누구입니까?

❷ 국내 논술 시험의 변화를 통시적으로 정리해 봅시다.

❸ 각국 논술 시험의 특징을 간단히 정리해 봅시다.

2. 수행 과제

❶ 논술에 대한 본문의 정의를 참고하여, 논술에 대한 자신만의 정의를 내려 봅시다.

❷ 본문에 소개된 국내외 다양한 논술 시험 가운데 가장 이상적이라고 생각되는 유형은 어느 것입니까? 왜 그렇게 생각하는지 근거를 들어 설명하십시오.

3. 더 생각해 볼 거리

논술 시험과 관련된 국내외 뉴스를 검색해 보고 어떤 문제가 논의되고 있는지 조사해 봅시다.

제2장 통합 논술의 쟁점

◀ 현행 논술의 문제는 무엇인지, 관련 기관에서 무엇을 개선할 수 있을지 생각해 보자.

문제

개선방안

- 교육부 :
- 대학교 입학처:
- 교사 및 연구자:
- 학생 및 학부모

1 평가 도구로서 논술 시험의 타당도(박정하, 2015 참조)

중등 교육을 수료하고 졸업장을 받은 학생 중 80%가 대학에 가고 그 중 50%가 논술 능력을 인정받아 진학을 한다. 중등교육의 최종 목적이 대학 입학인 한국 사회에서는 고교 교육과정의 독자적인 목표를 수립하기가 어렵다. 그러다 보니 입시 정책을 바꿔서 중등교육 정상화를 꾀하겠다는 역발상이 사회적 동의를 얻게 되었다. 교육의 결과를 타당하게 평가하는 것이 아니라 특정 평가의 시행으로 중등교육 과정을 개선하겠다는 것이다. 논술 시험이 평가 도구로서 기능하려면 다음 [그림 2.1]과 같은 점들을 고려해야 한다.

그림 2.1 평가 도구로서 논술 시험의 타당도

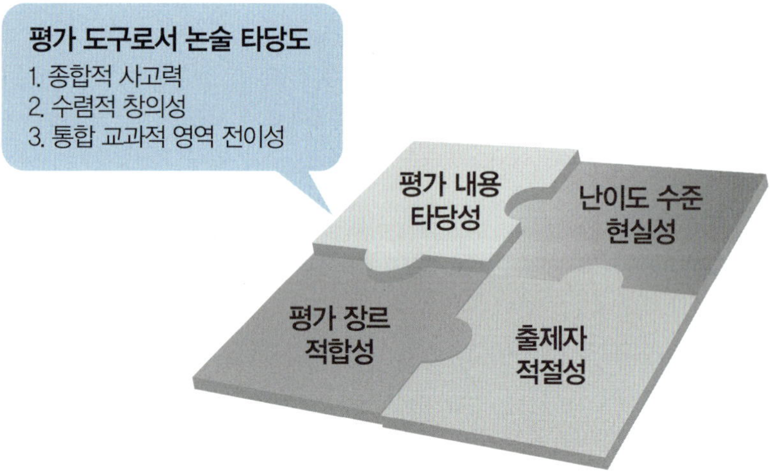

1) 평가 내용의 타당성

종합적 사고력 현재 교과 통합형 논술은 표현이나 구성 능력보다 사고력 평가에 더 비중을 둔다. 이러한 사고력 중심 평가가 타당한 이유는 첫째, 유럽과 달리 한국에서 논술은 자격고사가 아닌 선발고사이기 때문이다. 즉, 학생의 능력을 변별하여 줄을 세워야 하는 것이다. 둘째, 미국과 달리 한국에는 논술 시험 이외에 다른 주관식 논술형 평가가 거의 없다. 현행 대학수학능력시험이 교과 통합적이고 단순 지식보다 고차원적 사고 능력을 평가하려고는 하지만, 한 문제를 몇 분 심지어는 몇 초에 해결해 내야 하는 일종의 순발력 평가 시험의 성격이 짙다. 그래서 논술 시험으로 사고력 평가를 보완하려는 것이다.

수렴적 창의성 교과 통합형 논술이 중시하는 창의성은 '창의적 발상'에서의 ① _________ 창의성보다는 '창의적 문제 해결'에 필요한 수렴적 창의성이다. 즉, 배운 것을 영역을 넘어 응용하거나 적용할 수 있는 영역 전이성을 평가한다. 하지만 정해진 답이 있기 때문에 학생 스스로 문제를 발견하고 자기 나름대로 해결책을 제시하는 탐구적 성격은 적다.

교과 통합적 영역 전이성 정책적으로 '교과 통합'을 지향하지만 개별 교과 정체성을 포괄적으로 수용한 '융합 교과'는 아직 중등교육에 개설되지 않았다. 현재 영역 전이적 응용력은 개별 교과서의 주관식 탐구 활동 문제에서 다루어지고 있다. 한 교과에서 배운 것을 다른 단원이나 다른 교과, 교과 밖 문제 해결에 응용하게 하는 것이다. 이렇게 교과 통합적 영역 전이성을 특징으로 하는 탐구 활동 문제 유형을 논술 지도 문항으로 고려해 볼 수 있다.

여러 교과서 글을 제시문으로 활용하면 '교과 통합형'이 구현되는가?

A대학은 '통합 논술' 또는 '통합 교과적 논술'이라는 용어를 사용하면서 다양한 영역의 사고가 상호 연관되는 측면을 살리기 위해, 인문학적 접근과 사회과학적 측면이 서로 어우러질 수 있도록 하는 데에서 교과 통합의 개념을 찾고 있다.

B대학은 '교과 통합형 논술'의 개념을 고등학교 교육과정을 통하여 학생의 내면에서 길러지는 사고력의 통합으로 규정하고, 통합적 사고력 측정을 목표로 하는 수학능력시험의 기본 방향과도 같다고 말한다. 그리고 논술 시험에서 교과서 지문을 사용하는 것은 사교육에 의존하지 않고도 준비할 수 있음을 보여주기 위해서라고 밝히고 있다.

C대학은 '다면사고형 논술'이라는 개념을 사용하여, 학력·이해력·분석력·창의적 사고력·표현력 등의 다양한 지적 능력 등을 평가의 대상으로 밝히고 있다.

이런 내용을 살피건대 현재 학교 현장이나 사교육 시장에서 진행되고 있는 '교과 통합형 논술'에 대한 다양한 정의와 접근은, 사실은 '만두 빚기'와 같은 형국이다. 그 속과 모양, 재료가 다를지라도 '만두'로 인식될 수 있는 형체만 갖춘다면 되는 식으로 난맥상을 이루고 있다(김동환, 2007 참조).

2) ② ________ 수준의 현실성

문제가 너무 어렵다. 논술이 선발고사이다 보니 변별력을 확보하기 위해 어려운 문항의 출제가 불가피하다. 그리고 교과 과정과의 연계를 고려할 때 '범위'의 문제도 '수준' 문제만큼이나 사회적 동의를 얻기가 어렵다. 한국의 논술 시험은 고등학교 정규 교과 과정을 이수한 학생을 대상으로 한 대학 입학 자격 선발 시험임에도 불구하고 출제 범위가 거의 무제한적이다. 특히 과거 고전 논술 시험의 경우, 초중고 전 교과서에서 제목 정도만 언급된 동서양 고전과 거기서 다루어진 소재가 모두 범위였다. 그래서 논술 시험을 준비했는지 여부가 시험 결과와 크게 상관이 없거나, 정규 수업 외에 별도의 과외 학습을 부추기는 부작용이 생기기도 했다. 또 읽어야 할 책이 너무 많은 탓에 한 권이라도 제대로 읽기보다는 다량의 요약본으로 고전을 읽는 학생도 많았다. 교과 통합형 논술도 이런 면을 완전히 극복하지는 못한 것이 사실이다. 가능하면 교과서의 주관식 문항과 연계하는 등으로 논술 시험의 난이도 문제를 해결해야 한다.

3) ③ ________로서의 적합성

한국의 논술 시험 장르는 전대미문(前代未聞)의 듣보잡 장르다. 하지만 한국적 상황에서 고등학생의 대학수학능력을 준비시키기에 최적화된 장르라고도 할 수 있다. 대학 학문 공동체에서 필수적으로 요구되는 몇 가지 장르의 글을 작성할 능력이 있는지 여부를 평가하기 때문이다. 텍스트를 읽고 이해한 내용을 정리하는 글(요약), 어떤 관점에 서서 자료 텍스트의 문제점을 비판적으로 평가하고 이를 정당화하는 글(논평), 주어진 현상이나 도표를 설명하는 글(분석), 대책이나 대안을 주장하고 정당화하는 글(설득) 등은 모두 대학에서 공부할 때 기본적으로 필요한 보고서 장르에 속한다.

장르(genre)로서의 논술은 논증적 글쓰기 시험이다

장르로서의 논술은 일정한 글쓰기 형식과 구조(서론→본론→결론/문제 제기→논거 제시→결론 도출 등)를 요구하며 주로 분석력, 종합력, 창의력, 문제 해결 능력 등과 같은 높은 수준의 사고 능력을 평가한다. 문항은 대체로 단독 과제형으로 제시되며, 생활 경험, 범교과 학습 경험을 바탕으로 논의를 전개하도록 요구한다. 프랑스 바칼로레아 철학 과목 시험과 미국의 SAT 에세이 시험이 전형적인 유형이다.

양식(mode)으로서의 논술은 주관식 답안 작성 시험이다

언어 활동 양식으로서 논술은 다양한 언어 양식(듣기, 말하기, 읽기, 쓰기) 중에서 쓰기를 통해 평가를 한다는 점에서 소위 '주관식 시험'에 해당한다. 주관식 시험은 특정한 글쓰기 형식과 구조를 요구하지 않으며, 대체로 교과에서 다루는 지식의 획득 유무, 지식의 이해 정도를 평가하는 데 목적을 둔다. 프랑스 바칼로레아 계열별 전공 시험, 대학교 본고사 문항, 학교의 주관식 시험 등이 여기에 해당한다.

표 2.1 논술의 개념에 따른 평가 목표 · 내용 · 사례(이재기, 2007)

논술의 개념	평가 목표	평가 내용	평가 사례
장르로서의 시험 (논술형 시험)	– 선발을 위한 평가 (사고력 중심: 개념, 지식 구성 능력) – 피드백을 위한 평가 (국어 교과의 쓰기 영역 평가)	– 논증적 글쓰기를 통해 고등 사고 능력(분석력, 종합력, 창의력, 문제 해결력 등)을 평가 * 범교과 내용 * 표현력 중심 평가	– 프랑스 바칼로레아 철학 시험 – 미국 SAT 에세이 시험 – 1986, 1987 논술 시험 – 일부 대학의 논술 시험
양식으로서의 시험 (주관식 시험)	– 선발을 위한 평가 (개념, 지식의 이해 정도 중심) – 피드백을 위한 평가 (모든 교과 평가)	– 쓰기 양식을 통해 교과에서 다루는 개념, 지식에 대한 학습자의 이해 정도(양과 질) 평가 * 특정 교과의 개념 · 지식 중심 * 이해력 중심 평가	– 프랑스 바칼로레아 전공 시험 – 학업성취도 수행평가 문항 – 대학별 본고사 문항 – 학교의 주관식 시험 – 일부 대학의 논술 시험

4) ✎ ④ ____________의 적절성(이재기, 2007 참조)

대학수학능력 측정이 목표라면 대학 교수가, 중등교육으로 형성된 능력 평가가 목표라면 중등학교 교사가 출제하는 것이 바람직하다. 현 대학들의 출제 의도를 보면 대학 수학에 필요한 고등 사고 능력을 평가하겠다고 밝히면서도 '중등학교 교육의 정상화 유도' 또한 언급하고 있다. 비판적 사고력,

창의적 문제 해결 능력 등과 같이 대학 수학에 필요한 능력을 평가하겠지만, 중등학교 교육을 통해서 형성된 능력, 또는 형성될 수 있는 능력의 범위를 넘지 않겠다는 의도를 함축하고 있는 것이다.

문제는 논술 시험의 목적과 출제 범위를 이렇게 설정하고 있음에도, 논술 시험의 출제 주체가 대체로 교수진이라는 데 있다. 논술 시험이 중등학교 교육을 통해서 형성된 고등 사고력을 평가하는 데 있다고 한다면, 평가 주체의 한 축은 당연히 중등학교 교사가 담당해야 한다. 평가의 가장 기본적인 원칙은 가르친 사람이 가르친 내용을 평가하는 것이기 때문이다.

❷ 〈논술〉 지도 방법의 문제(김철민, 2010 참조)

현재 논술 지도는 첨삭하는 방법에 지나치게 의존하고 있다. 이러한 교수법으로는 자기 주도적인 쓰기 연습을 하기가 어렵다. 물론 사교육이 제공하는 풍부한 읽기 자료와 꼼꼼한 첨삭 수준을 공교육 재원이 따라가기도 힘들다. 공교육에서 〈논술〉 교과를 운영하려면 전문 교사 양성과 정규 교재 마련 등 〈논술〉 전문 교수법을 개발해야 할 뿐만 아니라, 범교과적 접근 방법을 찾거나 〈국어〉 교과와 연계하는 등 다각적인 노력이 필요하다.

그림 2.2 논술 지도 방법

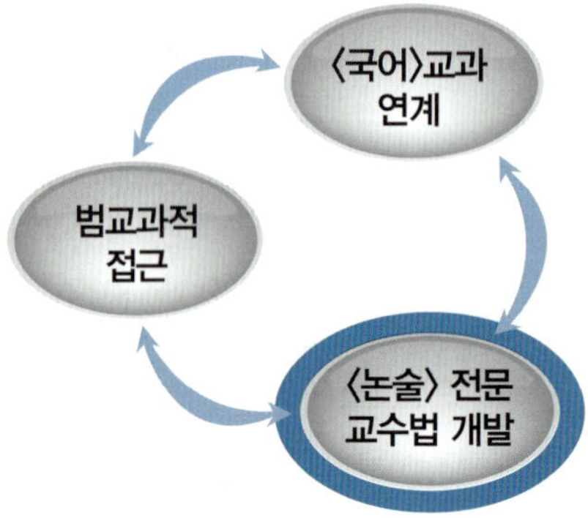

1) 〈논술〉 전문 교수법 개발

논리적 글쓰기 교육을 통해서 비판적 독해력과 종합적 사고력을 동시에 기르고자 한다면, 다면적 사고를 촉진하기 위한 사고의 패턴화 작업이 필요하다. 특히 논술 시험에서는 짧은 시간 안에 고도의 집중력을 발휘하여 '의도된 정답 + 창의적 (α)알파'의 내용을 작성해야 한다. 패턴화된 사고는 낯선 시험 상황의 긴장과 불안감을 해소하는 데 도움이 된다. 따라서 학생이 과제 활동 맥락을 메타적으로 인식하도록 하는, 전문 교수법 개발이 필요하다. 구체적인 연습에는 토론(듣고 말하기), 독서(읽기), 논술(쓰기) 등의 활동이 연계되어야 한다.

문·이과 통합 교육과 〈논술〉

2018년부터는 문과와 이과의 구분이 없어지고 모두 공통 사회와 공통 과학을 배운다. 이렇게 명실상부하게 교과과정 간 통합이 이루어진다면 '통합 논술'의 본래적 의도가 살아날 수도 있다. 2015년 미국이 K-12[32] 교육과정을 표준화한 흐름도 이러한 통합 교수요목 구성에 영향을 미치게 될 것이다. 오바마 정부는 핀란드 교육의 성공 사례를 참고하여 미국 전역의 주별 교과 교육 수준을 표준화함으로써 학교 간 수평적 평가를 용이하게 하였다.

오바마 정부의 2010 공통핵심교과기준(Common Core Standards) 발표

"새로운 교과기준 설정의 주된 목적은, 학생들이 해당 학년에 배워야 할 것을 일관성 있고 명백하게 이해하고, 대학과 직장 등 실생활에 적절하게 응용할 수 있는 살아있는 지식을 쌓으며, 나아가 국가 경쟁력을 높이는 데 있다."

(데이비드 콜먼, College Board: SAT 시행기관 CEO)

2016년부터 새 SAT 시행

공통핵심교과기준은 독서를 통한 사고력과 창의력 계발, 논리적인 추론과 사고력, 발표력 보완을 목표로 하고 있다. 이를 반영한 새 SAT에서는 단순 암기나 이해보다 폭넓은 독서를 바탕으로 한 비판적 문식성(Critical Literacy)을 측정한다. 그래서 공통핵심교육과정에는 다양하고 체계적인 글쓰기 훈련이 대폭 강화되었으며 대학 입학 이후에도 글쓰기 연계 과목으로 10학점 이상을 필수로 이수하도록 설계되었다.

2) 범교과적 접근(박정하, 2015a 참조)

논술 교육을 제대로 수행할 수 있는 단계적 커리큘럼의 장은 공교육 영역이다. 그렇기 때문에 공교육의 논술 교육은 사교육을 흉내 내는 방식으로 사교육을 대체하려고 접근해서는 안 된다. 학교 교육의 특성에 맞게 장기적, 단계적 프로그램을 구성해야 한다.

32 유치원부터 고등학교까지의 학제

단원 말미의 주관식 탐구 활동 문제를 활용하라

생각해볼 문제, 익힘 문제, 활동 문제 등의 주관식 탐구 활동 문제는 대체로 배운 지식을 복습, 확인하는 문제보다는 새로운 상황에 적용하고 활용해 보는 응용 문제들이다. 주관식 탐구 활동 문제에 대해 토론하고 생각을 글로 정리해 보면서 창의적 문제 해결 능력을 기를 수 있다. 논술 교육에서 중요한 것은 글쓰기를 어떻게 구체적으로 지도할 것인가 이전에 '어떻게 하면 집중해서 글 쓸 기회를 체계적으로 제공할 수 있을까'부터 고민하는 것이다.

공교육 논술 지도의 가시적 효과 사례(박정하: 2015a)

서울시 교육청의 경우 2005년부터 3-4년 밀도 있게 진행된 교사 연수를 통해 논술에 전문성을 가진 교사들이 상당수 배출되었다. 이들은 2009년 교육청 산하에 〈서울중등독서토론논술교육연구회〉를 창립하여 현재 활발하게 활동 중이다. 연구회 참여 교사들은 다양한 교과목을 담당하고 있는데 개별 학교에서 교과 시간 중에는 물론이고 '방과 후 학교' 방식으로 지속적으로 논술반을 운영하고 있다. 그리고 연구회 차원에서 정기적으로 내부 워크숍을 개최하는 한편, 새로 논술 교육에 관심을 가진 교사를 위한 연수도 정기적으로 개최하여 논술 교육을 공교육 안에 정착시키는 데에 기여해 왔다.

고3 학생 대상 〈논술 거점학교〉 운영

서울시 교육청의 토론대회를 맡아서 운영하는 것은 물론이고 특히 교육청 예산으로 매년 여름 방학에 입시를 앞둔 고3 학생을 대상으로 〈논술 거점학교〉를 운영해 왔다. 교육청 예산이 적절하게 지원되던 2012년까지는 매년 100명 이상의 교사가 투입되어 2000명 이상의 학생을 지도하였다. 교육청 예산이 줄어든 2013년과 14년에도 각각 69명(인문계 28명, 자연계 41명), 65명(인문계 30명, 자연계 35명)의 교사가 투입되어 각각 1643명, 1249명의 학생을 지도하였다. 〈논술 거점학교〉의 경우 고3 수험생들의 반응이 좋아서 지원자는 늘어났지만 예산 사정으로 지원자를 다 수용하지 못하는 상황이 벌어지기도 했다. 교육 결과에 대한 학생들의 평가에서는 만족스럽다는 학생이 다수였으며 사교육 학원에 비해 훨씬 밀도 있게 수준 높은 지도를 받았다는 반응도 많았다.

3) 〈국어〉 교과와 연계(최미숙 외, 2012 참조)

논술 시험에서 평가하는 것은 '이해와 표현' 능력이다. 이해 능력은 과제 맥락별 읽기 지도로, 표현 능력은 문제 해결 과정 중심의 쓰기 지도로 〈국어〉 교과에서 교육할 수 있다.

글을 읽는 목적이나 상황에 따라 상이한 읽기 방법

가. 관련 근거를 찾으며 읽는 방식	나. 내용을 찾아 정리하는 방식
다. 성찰에 중점을 두는 방식	

정보나 지식 습득을 목적으로 할 때에는 ① ____________으로, 의사 결정을 위해 읽을 때에는 ② ___________으로, 교양이나 정서 함양을 위해 읽을 때에는 특정 정보에 주목하기보다 전반적인 내용을 음미하며 ③ ___________으로 읽게 한다. 논술 문항을 읽을 때에는 제시문에 나타난 정보를 정확하게 파악하고 논제의 요구사항을 기반으로 주요 정보를 추려야 한다. 주어진 논제에 따라 훑어 읽기(scanning), 건너뛰며 읽기(skimming), 내용 이해하며 읽기(comprehension) 등의 방법을 적용시킨다.

교사 주도적인 읽기 모형과 학습자 중심적인 읽기 모형

논술의 제시문은 학생이 평소에 접하던 텍스트보다 수준이 조금 높다. 그렇기 때문에 처음에는 교사 주도적인 읽기 모형으로 시작하여 최종적으로는 학생이 스스로 읽기 과정을 주도하며 읽도록 지도해야 한다. 교사 주도적인 읽기 지도 모형에는 직접 교수법과, 직접 교수법에다가 학습자의 자발적 사고 과정을 보완한 현시적 교수법이 있다. 직접 교수법은 ④ ______________, ⑤ ______________, ⑥ ______________의 3P 단계를 통해 '능력'과 같이 가시적이지 않은 부분을 최대한 직접적으로 명료하게 가르치는 방법이다. 논술 지도는 학습자의 기본적인 독해력을 어느 정도 전제하고 있으므로 직접 교수법보다는 다음의 현시적 교수법이 더 적합하다.

그림 2.3 현시적(modeling) 교수 절차

① **교사 시범** 교사가 일방적으로 기능이나 전략을 소개하던, 직접 교수법의 설명 차원을 넘어서, 왜 특정 상황에서 이러한 읽기 전략이 필요한지, 언제 어떻게 사용해야 상황이 요구하는 목적을 달성할 수 있는지를 이해시키고 모범적으로 수행하는 과정을 보여준다.

② **교사 유도 연습** 교사가 안내하고 적절한 조언을 해 주면서 교사와 학생이 함께 연습 활동을 해 나간다. 비계(飛階)[33] 효과가 드러나도록 협력 학습으로 운영할 수 있다.

③ **강화** 앞 단계에서 학습한 내용을 정리하면서 읽기 기능과 전략이 무엇이고 그것을 왜 적용하는지 어떻게 적용해야 하는지를 학생이 충분히 이해했는지 확인한다.

④ **학생 독립 연습** 교사 유도 연습 단계에서 학습한 것과 다른 읽기 자료를 제시하여 학생이 주도적으로 배운 전략을 활용하며 읽는 연습을 한다.

⑤ **적용** 학생이 이후 유사한 읽기 자료를 읽을 때 학습한 기능과 전략을 적용해 그 효과를 체험하면서 완성된다.

33 비계(飛階, scaffolding)는 높은 곳에서 공사를 할 수 있도록 임시로 설치한 판자식 계단으로 철판에 원형으로 구멍을 뚫어 공사장의 인부들이 디디고 올라갈 수 있게 만든 것이다. 러시아의 교육심리학자인 비고츠키가 인지 발달 수준이 상이한 학습자 간 협력 학습의 가능성을 강조하는 학습 용어로 사용하면서 교육학적으로 유명해진 은유적 개념어이다.

이러한 현시적 읽기 지도 교수법을 통해서 학생들은 논술 문항을 이해하는 데 필요한, 적절한 읽기 기능과 전략을 익히게 된다. 제시문을 정확하게 독해하는 능력이 기본적으로 갖추어져 있어야 이후의 문제 해결 전략 수립과 글쓰기 과정이 수월해진다.

분석적 읽기 능력은 논술 능력으로 전이된다

대입 논술에서는 글읽기 능력과 글쓰기 능력을 주로 평가한다. 분석적 읽기 수업에서는 먼저, 읽기 전 단계에서 글 제목과 눈에 띄는 단어 훑어 보기, 단락의 첫 문장 보기 등으로 관련 배경 지식을 활성화한다. 읽기 본 과정에서는 반복되는 단어를 찾음으로써 글쓴이의 중심 생각을 파악하는 전략을 사용한다. 글의 조직을 파악하면 글 전체를 제대로 분석할 수 있으며, 세부 정보의 중요도 역시 판단할 수 있다(최혜영, 2009 참조).

'제시문 활용' 능력은 우수 답안 작성 능력과 상관이 크다.

출제자의 의도대로 제시문의 내용을 구분할 수 있다면 논술 답안을 쉽게 작성할 수 있다. 논제에 대한 주장과 근거를 제시할 때 제시문을 적재적소에 활용하는 것이 고득점 포인트이다. 먼저 문항의 요구를 한 문장으로 정리하고 유사 제시문들을 구분해 두세 묶음으로 분류한다. 제시문마다 주장과 근거, 사례 등에 숫자와 도형, 밑줄로 별도의 표시를 해 두면, 답안을 작성하면서 찬반 주장과 이유, 근거에 적합한 논거로 찾아다 쓰기가 편하다.

문제 해결 과정 중심의 쓰기 지도

효율적인 글쓰기 방법으로서의 문제 해결 전략은 계획하기, 아이디어 생성하기, 아이디어 조직하기, 표현하기, 고쳐 쓰기의 다섯 단계로 이루어진다(Flower et. al., 1989). 대개 미숙한 필자는 '계획하기'에 시간을 할애하지 않는다.

반면 능숙한 필자는 글쓰기 과정 자체를 목표 지향적인 일련의 사고 과정으로 파악한다. 그래서 글을 쓰기 전에 명확한 목표 의식을 가지고, 글의 핵심 주제를 설정하고 이를 중심으로 사고의 흐름을 전개해 나간다. 능숙한 필자는 고쳐 쓰기 단계에도 많은 시간을 할애한다. 하지만 미숙한 필자는 개요 작성 작업을 거치지 않고 순간순간 낱말들을 꿰어 맞춰서 문장을 만들기 때문에 사고의 흐름이 끊기고 글의 흐름이 애초에 목표한 바와 달라지거나 글에 통일성이 떨어지는 경우가 많이 나타난다.

자신의 쓰기 과정을 메타 인지적으로 점검하라

글쓰기를 목표 지향적인 문제 해결 과정으로 전제하는 교수법에서는 쓰기 단계별로 필요한 사고 방법이나 문제 해결 전략을 익히면 능숙한 필자가 될 수 있다고 본다. 문제 해결 과정 중심의 쓰기 지도에서 핵심은, 학습자가 자신의 쓰기 과정에 메타 인지적으로 접근하게 하는 것이다. 즉, 스스로 자신이 사용 중인 전략을 점검하고, 효율적인 쓰기 전략에 대한 장기기억을 소환해 낼 수 있어야 한다. 특히 개요 작성에 충분한 시간을 할애하여 출제자가 특정 자료들을 함께 제시한 의도를 유추해 가면서 답안의 논점을 세워야 한다.

일반적으로 쓰기 능력은 논리적인 사고력, 합리적인 의사 결정력, 창의적인 문제 해결력을 필요로 하는 고등 정신 능력이라 할 수 있다. 이 능력은 문자 언어 표현상의 유창성, 내용 생성의 능숙성뿐만 아니라, 작문의 일반적인 규칙과 관습에 대한 통달, 글을 쓰는 상황을 적절히 고려할 수 있는 사회적 인지 능력, 그리고 통합적 사고력과 통찰력 등의 하위 기능으로 구성된다.

교육인적자원부(1997), 『국어과 교육과정』, 교육인적자원부 고시 제1997-15호(별책05).

비판적 사고의 표현 연습

'글쓰기'란 대상에 대한 새로운 인식의 결과를 글로 표현하는 것이다(박진숙, 2009: 275). 다음과 같이 5-6개의 동일한 핵심어를 가지고 한 문장을 완성하라는 과제를 주었을 때, 많은 학생들이 답답함과 한계를 토로했지만, 뜻밖에도 이런 훈련이 완벽한 문장 쓰기에 도움이 된다는 반응과, 주어진 단어 때문에 자신의 관점과 다른 주제를 만들 수밖에 없었지만 이에 대해 흥미를 느끼는 학생들이 있었다. 또 이러한 식의 연습이 생각을 하도록 하고 생각의 결과를 드러내기에 좋은 방법이라는 소감도 있었다.

- 대학, 정보화, 경쟁력, 상품성, 시장, 지식

A) **정보화** 시대를 살아가는 **대학** 졸업자들은 취업 **시장**에서 **지식 경쟁력**을 갖춤으로써 더 뛰어난 **상품성**을 갖도록 강요 받고 있다.

B) **정보화 시장**에서 요구하는 **경쟁력**이란 출신 **대학**과 **지식**의 **상품성**이다.

C) 훌륭한 인재가 중요시되는 **정보화** 시대에 **대학**은 학생들에게 **지식**을 주입시켜 **경쟁력**이라는 **상품성**을 가진 하나의 상품으로 만든 뒤, 인력 **시장**에 내보내는 일을 담당한다.

D) **대학**이 **시장**에서의 **상품성** 높은 상품이 아니라 진정한 **지식**의 장이 되어야만 **정보화** 시대에서 **경쟁력**을 가질 수 있을 것이다.

위의 사례와 같이, 단어를 나열하는 순서나 내용이 전개되는 논지가 다양하게 나뉘는 것을 보면, "비판적 사고는 문제를 해석하고 이를 정확하게 파악하는 데 도움이 되는 것은 분명하지만, 그 결과를 문장으로 옮기기 위해서는 또 다른 사고 과정이 개입되어야" 함을 알 수 있다. "글쓰기의 과정이 곧 사고의 과정인 것이다. 사고는 글쓰기를 통해 구제화되고, 글쓰기는 사고를 다시 진전시키는 역할을 하는 것이다."(박진숙, 2009: 278~279)

읽기-말하기-쓰기 통합 수업 방안

'교사 전달 → 학생 수용'의 일방적인 수업 구조보다 '읽기(침묵: 내적 대화) → 토의·토론(웅성거림: 외적 대화) → 쓰기(침묵: 내적 대화)'의 상호작용 구조가 바람직하다. 이러한 수업 구조 속에서 학생들은 교육 내용을 자신의 언어로 심도 깊게 이해하고, 비판적으로 재구성하며, 활발히 표현하면서(토의·토론 및 쓰기) 논리력, 문제 해결력 같은 고차원적 사고력을 기를 수 있다(이재기, 2007 참조).

'대화' 양상의 변화에서 학생의 인지적 성숙을 관찰한 사람은 러시아의 교육심리학자 비고츠키이다. 그는 아이들에게 자기 자신과 소리 내어 대화하면서 문제를 해결하는 경향이 있음을 발견하였다. 하늘색이 없는 상황에서 파란색을 칠하고는 "여기에다가 흰색을 덧칠할까?"라고 발화하는 식이다. 그러다가 아이는 어느 순간 정보량이 제한적인 자신에 한정하지 않고 주변 사람과 대화를 나눌 때 더 좋은 결과가 나온다는 사실을 깨닫는다. 외적 대화를 나눌 대상 범위를 확장하는 순간이다. 외적 대화를 통해서 주변인의 문제 해결 전략을 익힌 학생들은, 침묵 중에 자신과 대화하면서 문제를 해결해 가는 어른으로 성장한다. 해결 방법이 떠오르더라도 발화하지 않고 머릿속으로 절차를 진행시키면서 타당성을 검토하는 것이다. 메타 인지 수준이 높아질수록 자기 안에 다양한 대화 상대를 가지게 되므로 내적 대화의 결과로 많은 문제를 원만히 해결하게 된다.

논술 전략 교육의 효용

전략적인 필자, 즉 쓰기 과제의 어려움에 유능하게 대처할 수 있는 필자는 긍정적인 자기 효능감을 가지며, 자신의 쓰기 수행에 만족하고 기꺼이 새로운 과제에 참여한다. 자기 효능감이란 어떤 수준으로 과제를 수행할 수 있는 능력에 대한 개인의 신념과 판단을 나타내는 인지적 구인으로서 특정 활동의 선택, 노력, 수행 정도에 영향을 준다. 한편 미숙한 필자는 쓰기 과제 활동에 낮은 자기 효능감을 가지며 불안감이나 두려움을 느낀다(MacArthur et al., 2015: 275, 281 참조). 따라서 교사는 어떤 학생이라도 낯선 논술 문제를 보고 당황하지 않도록 논술 장르 해결 전략을 가르침으로써 학생들의 자기 효능감 및 동기를 강화해야 할 것이다.

자기 효능감이나 동기, 논증적 표현력의 부족 문제는 유학생에게서 더욱 심각하게 나타난다. 2014년부터 유학생 대상의 한국어능력시험(Test of Proficiency in Korean)에서도 실제적 쓰기 평가를 실시하여 선다형 문항으로 이해 능력만을 측정해 온 기존 평가의 한계를 보완하고 있다. 하지만 이러한 실제적 평가 체계의 긍정적 환류 효과(wash back)가 아직 일선 교육 현장에는 미치지 않은 데다가 일부 전공에서는 한국어 능력이 입학 자격이 아닌 졸업 요건으로 바뀌면서 학부 유학생의 낮은 학업 수행 능력이 문제가 되고 있다. 학문 목적 한국어 학습자까지도 일반 목적 한국어 능력 시험인 S-TOPIK(Standard Test of Proficiency in Korean)에 응시한 결과로써 한국어 능력에 대한 인증을 받아야 하는 현행 한국어 평가 체제에서 실제적 쓰기 능력이 도표 자료 해석과 논증적 사고의 표현력을 위주로 측정되는 것은 나행스러운 일이다. 공인된 한국어 능력에 대한 요구가 가장 큰 계층이 국내 대학에 입학하고자 하는 유학생들이고 이들에게 실제적 쓰기 능력은 필수적인 학업 기술이기 때문이다.

일반적으로 쓰기 결과물은 주제 관련 내용 지식이나 수업 중 습득한 절차적 지식의 정도로 측정되므로 수업에 집중한 학생의 쓰기 결과물이 높은 점수를 얻을 확률이 높다. 그런데 특정 과제에 몰두할 때 쓰기 유용성에 대한 인식이나 결과물의 질은 개선되지만 쓰기 흥미 자체가 직접적으로 향상되는 것은 아니라는 연구 결과(MacArthur et al., 2015: 283)가 있다.

논술도 대학 입학을 좌우하는 시험이어서 많이 관심들을 가지지만 논술 수업을 들은 학생들 중에 논술 수업 자체를 즐겼다는 학생은 그리 많지 않다. 어쩌면 과도한 논술 준비가 학생들의 쓰기 동기에 부정적인 영향을 줄 수도 있다. 반대로 특정 쓰기 주제나 양식에 흥미가 많다고 해서 쓰기 수행의 질이 높아지는 것은 아니라는 연구 결과도 있다. 논술을 잘 하고 싶다는 의욕만으로 논술을 잘 쓸 수는 없다는 것과 같은 이치이다.

글이라는 매체는 개인의 사고 수준을 표현하는 수단이므로 인격의 지속적인 성숙을 위해서도 평생 즐길 수 있어야 한다. 따라서 〈논술〉 수업은 학생이 맥락에 맞게 사용할 전략들을 익혀서 필자로서의 자기 효능감을 높이도록 설계되어야 한다. 이상적인 논술 수업의 목적은, 학생의 쓰기 동기를 강화하여 자발적으로 쓰기 지식 및 전략 습득에 나서도록 유도하는 것이다. 비판적으로 독해하고 종합적으로 판단하여 논증적인 글을 써 가는 절차적 지식이 대학 이후에도 평생 글을 쓸 때 바탕이 됨을 알림으로써, 스스로 논술 주제나 양식 관련 지식을 적극적으로 수용하러 나서게 만들어야 한다.

자기 조절(self-regulation)의 메타 인지 발달 순서

Zimmerman & Kisantas(1999)는 자기 조절 전략의 네 단계 발달 순서를 소개하였다. 조절의 첫 번째 수준은 **관찰(observation)**이다. 이 수준에서 학습자는 모델을 관찰함으로써 정보를 얻는다. 교사가 몇 개의 단문을 복문으로 만드는 방법을 보여주고 학습자는 이를 관찰하는 것이 그러한 예이다. 조절의 두 번째 수준은 **모방(emulation)**이다. 학생은 모델, 즉 교사의 시연을 따라 하도록 배운다. 학생은 모델에 따라 기계적으로 과제를 수행하면서 올바른 문장을 만들기 위해 노력한다. 조절의 세 번째 수준은 **자기 통제(self-control)**이다. 이 수준에서 학생은 계획한 대로 특정한 전략을 사용하고 그 과정을 스스로 점검한다. 이 때 동기의 주요 원천은 모델과 대등해지거나 능가할 수 있다는 의식에 기반한, 학생의 자기만족적인 반응이다. 네 번째 수준은 **자기 조절(self-regulation)**이다. 이 단계에서 학생은 다양한 내외 조건에 적응하면서 과제를 수행하는 방법을 배운다. 자기 조절 수준에서 동기의 주요 원천은 쓰기에 대한 높은 자기 효능감과 흥미이다. 이 자기 조절 단계에서 필요한 것은 능숙한 수준의 기능에 도달하기 위한 과정 목표에서 결과 목표로, 즉 필자가 성취하기를 원하는 최종 목표(예를 들어, 정해진 단어 수를 초과하지 않게 요약문 쓰기)로 전환하는 능력이다.

그림 2.4 4단계 자기 조절 전략

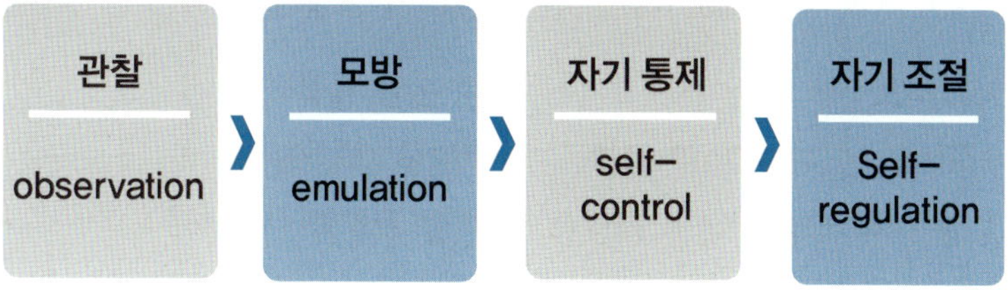

사고력 성숙의 단계

논술 채점을 해 본 교수들은 고등학생들의 이분법적 사고에 개탄한다. 하지만 대학 입학 이외에 다른 목표를 가질 수 없는 한국 논술의 평가 여건에서 학생들의 이분법적 입장 표명은 당연한 결과인지도 모른다. 일반적으로 인지적·윤리적 성장 과정은 이분법 단계(Dualism)→다수의 진리가 존재하는 단계(Multiplicity)→상대주의 단계(Relativism)→헌신의 단계(Commitment)를 거치게 된다(구자황, 2007: 378). 따라서 학생들의 판단력이 이분법 단계를 극복하고 헌신의 단계에 이르게 하려면, 체계적인 쓰기 교육을 통해서 윤리적 사고력과 논리적 표현력을 동시에 길러 줘야 한다.

확인질문

Chapter 02

이 장에서는 논술 시험의 타당성에 대해서 살펴보고, 〈논술〉 지도 방법을 알아보았습니다. 다음 문제를 풀면서 본문의 중심 내용을 정리하고 현행 논술에 대한 쟁점을 해결할 방안에 대해서 생각해 봅시다.

1. 본문 이해

❶ 논술이 평가 도구로서 타당한지를 따질 때 쟁점이 되는 것은 무엇입니까?

❷ 공교육에서 〈논술〉 교과를 지도할 때 가장 큰 문제는 무엇입니까?

❸ 〈논술〉 전문 교수법으로 본문에 소개된 것을 다시 한 번 정리해 봅시다.

2. 수행 과제

❶ 현행 논술 시험에서 가장 먼저 개선되어야 할 사항은 무엇이라고 생각합니까? 왜 그렇게 생각하는지 근거를 들어서 설명하십시오.

❷ 〈논술〉 전문 교수법을 수립하는 데 도움이 될 자료를 조사하여 발표해 봅시다.

3. 더 생각해 볼 거리

학생의 연령대나 한국어 수준별로 효율적인 〈논증적 글쓰기〉 교수 전략을 세워 봅시다.

제3장
논증적 사고 범주와 제시문 분석 연습

- 정보를 **습득**할 때 활성화되는 사고 범주에는 어떤 것이 있을지 나열해 보자.
- 정보를 **생성**할 때 활성화되는 사고 범주는 어떤 것이 있으며, 이러한 사고력은 정보를 습득할 때 활성화되는 사고 범주와 무엇이 같고 다른지 생각해 보자.

1 사고력 범주와 논제 유형의 상관

문자 생활이 보편화되면서 개인은 세계의 구성원으로서 자신의 위치를 확인하고 주체인 자신을 반성하며 공동체 구성원과 소통하기 위해서 다양한 장르의 텍스트를 생산해 왔다. 특히 학술 담론 공동체의 비판적, 논증적 사유의 결과는 활자를 매개로 후대에 전수되면서 인류 문명의 발달과 윤리성 신장에 기여하였다. 대학에서 이러한 학문 전통을 이어 가려는 학생이라면 학술 담론을 생성하는 비판적, 종합적, 논증적 사유 방법을 익혀야 한다.

1차 담론과 2차 담론

일반적으로 담론(discourse)이란 특정 사회 집단에 속한 개인들이 사고와 감정, 신념과 가치 등을 표현하여 사회적으로 유의미한 역할을 하게 하는, 특정 사회에서 공유되는 인공적 기표(artifacts)를 가리킨다(Gee, 1996: 131). 즉, 담론은 특정 양식의 발화와 소통 체계를 공유하는 공동체를 전제로 하고, 해당 담론 양식에 익숙한 사람이라야 해당 공동체의 요구를 충족시키며 담론을 생성할 수 있다. 그런데 가정에서 사용하는 일차 담론 지식은 자연스럽게 습득되지만, 학교나 직장, 종교 생활을 하는 데 필요한 이차 담론 지식은 교육을 통해서만 학습된다(Freeman, 2007: 4). 고등교육을 받고자 하는 학생에게 비판적, 종합적, 논증적 사유와 표현 역량을 강화하고자 하는 것은 이러한 이차적 학술 담론 생성 능력을 숙달시키고자 함이다.

학술 담론 공동체

대학의 교수자들은 새로운 정보를 기존 지식에 비추어 통합하는 비판적 이해력과, 읽은 내용을 해석하여 특정 쓰기 국면에 적용하는 종합적 사고력을 학술 과제 수행의 기본 능력으로 꼽는다. 이 기본 자질이 부족한 학생은 학술 담론 공동체 진입에 어려움을 겪는다(Flower et al., 1990: 224). 중등 교사들은 이들 학생의 학술 담론 공동체 진입을 돕고자 학술 과제 수행에 필요한 사고력을 길러 주려고 하고, 대학수학능력 검증을 위한 논술 시험에서도 이러한 사고력의 정도를 측정하고자 하는 것이다. 학생의 사고력 발달 수준을 6단계로 제시한 Benjamin Bloom(1956)의 인지 학습 체계와 이를 개선한 Anderson 등(2001)의 신디지털 인지 학습목표 체계를 기반으로 논술의 각 논제 유형이 목표로 하는 사고력 범주를 구분해 보자.

1) Bloom의 학습 인지 숙달 원리

1956년 Bloom이 이끌었던 미국교육심리학회는 학습에 필요한 지적 행위 유형을 지식(Knowledge), 이해(Comprehension), 적용(Application), 분석(Analysis), 종합(Synthesis), 평가(Evaluation)로 계층화하였다. 당시 학교 시험 문제의 95%가 낮은 사고 단계인 '지식의 이해'만을 측정하는 데 이의를 제기하기 위함이었다. 이후 미국 교육은 Bloom의 인지 학습목표 분류 체계를 적용하여 고차원적 사고력 배양에 주력하였다. 분류 체계에서 가장 낮은 단계인 '지식'은 정보를 단순히 암기하는 차원이다. 기억하고 있는 정보량을 단답식으로 확인하는 지식 측정 문항이 이에 해당된다. '이해–적용–분석–종합–평가'로 단계를 높여갈수록 고차원적 사고가 요구된다. 학술 담론을 생성하려면 낱낱의 지식을 꿸 줄 알아야 한다. 단일 텍스트에서 특정 지식이 어떤 역할을 하는지 다른 텍스트와는 어떤 관계가 있는지 파악할 수 있어야 한다는 말이다. 학술 담론을 생성하려면, 이해한 지식을 여러 상황에 적용하고 관계를 분석하며 전체 의견을 종합하여 그 가치를 평가할 수 있어야 한다.

표 3.1 Bloom의 구(舊) 인지 학습목표(그림 상)와 신(新)디지털 인지 학습목표 분류 체계(그림 하)

창의하기 (Creating)	새로운 패턴이나 구조, 관점을 창안 혹은 재구성할 수 있는가?
	조합, 구성, 계획, 생산, 발의, 설계, 발전, 공식화, 작성
평가하기 (Evaluating)	준거와 기준에 근거하여 새로운 입장이나 결정이 옳다고 입증할 수 있는가?
	확인, 가설 수립, 비평, 실험, 판단, 검증, 탐지, 검열, 사정(査定), 주장, 항변
분석하기 (Analyzing)	구성 요소 상호 간, 혹은 부분과 전체 간 관련성을 파악할 수 있는가?
	비교, 대조, 구별, 조직, 해체, 원인 파악, 질문, 개요 작성, 구조화, 통합, 검토,
적용하기 (Applying)	기존 정보나 절차를 새로운 방식으로 사용할 수 있는가?
	요건 충족, 수행, 설명, 예시
이해하기 (Understanding)	텍스트나 그래픽의 의미나 개념을 설명할 수 있는가?
	번역, 해석, 요약, 발췌, 추론, 환언, 등급 분류, 비교, 설명, 예시
기억하기 (Remembering)	장기기억으로부터 필요한 정보를 기억하거나 회상할 수 있는가?
	정의, 암기, 회상, 반복, 인식, 항목화, 묘사, 정정, 명명, 정체 확인, 정위(定位)

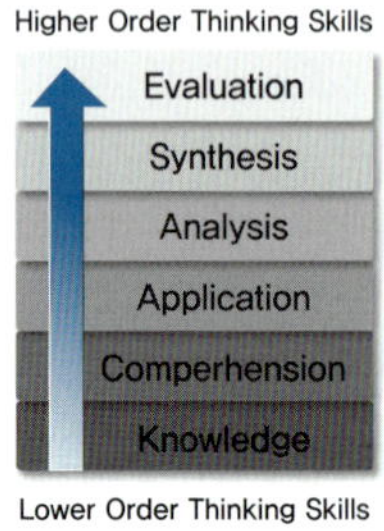

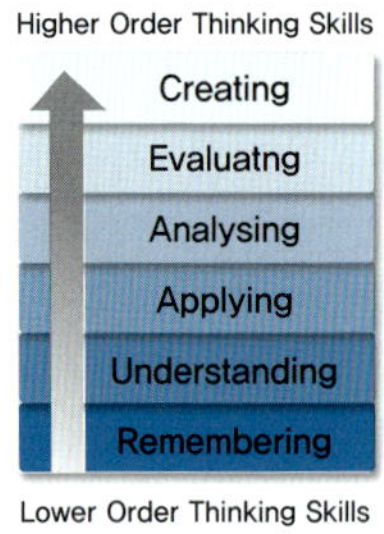

고전적 분류 체계는 Bloom의 학생이었던 Anderson에 의해 1990년대에 수정된다. 웹 2.0 기술과 유비쿼터스 환경 등 21세기 정보화 사회 여건을 반영한, [표 3.1] 하단의 새 모형에는 ✎ '① __________'이 빠지고 '② __________'가 추가되었다. 고전적 모형이 '종합'에서 '평가'로 이르는 고차원적 사고력 배양을 목표로 하였다면 신 모형은 '종합' 능력 대신 '창의하기' 역량을 강조한다. 다양한 정보를 종합하는 능력은 디지털 기기가 더 우수하고, 인간의 고유성은 기계가 흉내 낼 수 없는 창의력으로 발휘되기 때문

이다.

분류 항목이 명사형(상)에서 동사형(하)으로 바뀐 것은, 신지식의 형태가 필요한 정보를 적절히 기억해 내어 새로움을 창안해 가는 과정 중의 '③ __________'임을 표상한다. 디지털 네이티브들의 상이한 경험 양태가 뇌의 인지 작동을 명사형 구조화에서 동사형 유동화로 변경시킨 것이다. Anderson과 Krathwohl(2001: 67~68)은 "이제 전문 기술이나 특정 문제에 초점을 맞추기보다, 공대생의 직장 환경에서부터 윤리학, 기업가 정신에 이르기까지 모든 문제, 기술, 기능에 일반적으로 적용될 수 있는 개념을 가르쳐야 한다"며, 각 사고력 유형에 대한 설명을 [표 3.1]에 정리한 것처럼 상세화하였다.

신디지털 인지 학습목표는 정보화 사회 여건을 반영하여 기존 산업화 시대의 분류 체계를 수정한 것이므로, 현 고등교육 수업의 목표로 삼기에 합당하다. 따라서 중등교육 수료자가 대학 입학에 적합한 논리적 사고력과 표현력 정도를 갖추었는지를 측정할 논제 유형을 구분하기에도 적합하다고 할 수 있다.

2) 논술 문항의 논제 유형

통합 논술에서는 화제에 대한 배경지식이 얼마나 풍부한가가 답안의 수준을 가리는 척도였다. 중등 교과서에 이름만 인용되어도 논술 제시문으로 출제되곤 했으므로 논술 시험을 잘 치려는 90년대 학생은 필독 도서의 내용을 요약본으로 암기해야 했다. 하지만 현 교과 논술은 암기된 지식의 정도를 선다형으로 측정하는 대학수학능력 시험의 한계를 보완하는 게 목적이므로, 단순 지식의 기억 정도를 묻는 논술 문항은 거의 출제되지 않는다.

그림 3.1 학습 인지 유형과 논제 유형 간 상관

학습 인지 유형	논제 유형	논제
이해	내용 요약형	· (가)의 견해를 바탕으로 (나)를 요약하시오 · (가)를 (나)의 원리를 중심으로 요약하시오 · 필자가 말하고자 한 바를 간추려 적으시오 · 자료의 개념/본질/의미를 기술하시오
분석	대상 설명형	· (가)의 관점에서 (나)를 참조하여 (다)의 두 사례를 비교 분석하시오 · 제시문들을 각각 요약하고 두 유형으로 분류한 뒤 타당성을 논하시오 · (가)와 (나)의 행위 의미가 가진 공통점과 차이점에 대해 논하시오 · 양적 자료를 분석하여 질적 이론의 관점과 연결하시오 · 원인/결과/영향을 설명하시오
적용	의견 제시형	· 문학 텍스트의 메시지를 파악하여 비문학 텍스트 해석에 적용하시오 · 구체적 자료를 적용하여 일반적 개념/현상/문제/의미를 설명하시오 · (가)의 관점에서 (나), (다)를 비교하고 자신의 견해를 논술하시오 · 도표 자료의 경향을 다른 제시문과 관련지어 해석하시오 · (가)를 근거로 (나)를 비판하시오
종합	의사 결정형	· 판단하고 근거를 제시하시오 · 결정하고 이유를 논술하시오 · 다양한 유형의 자료를 통합적으로 분석하고 이를 바탕으로 자신의 입장을 밝히시오
평가	가치 판단형	· (가)를 적절한 기준으로 분류하고 (나)의 논지를 활용하여 비판하시오 · (가)를 다양한 관점에서 해석하고 이를 바탕으로 (나)를 평가하시오 · 과거 사건을 다른 관점에서 생각하고 오늘날에 대한 영향을 옹호하시오 · (가)의 관점에서 (나)를 논평하고 (다)의 차이에 주목하여 (라)의 생각을 반론하시오
창의	문제 해결형	· (가)의 관점에서 (나)를 비판하고 대안을 제시하시오 · 해결 방안/대책을 자신의 관점에서 논술하시오 · (가)와 (나)를 활용하여 (다)에 대한 자신의 의견을 서술하시오 · 가장 문제적인 두 연령층을 찾아 그 이유를 설명하고 개선 방안을 논하시오

2014년 대학교육협의회에서 발간한 〈논술 지도의 원리와 실제 Ⅳ〉에 따르면, 교과 논술의 논제 유형에는 요약, 분석, 적용, 평가, 논술형 등 총 다섯 가지가 있다. 이 가운데 요약형, 분석형, 적용형은 제시문의 개수나 성격에 따라 각각 단일 제시문 요약형, 복수 제시문 요약형; 제시문 비교 분석형, 자료 단순 해석형; 제시문 적용 설명형, 자료 적용 설명형 등으로 구분된다.

복수 제시문 요약형은 각 제시문을 요약하여 분류하는 근거를 밝히는 데 목적이 있다. 반면 비교 분석형은 각각의 제시문을 요약하기보다 대별되는 두 집단의 속성을 밝히는 데 목적을 둔다. 마찬가지로 자료 단순 해석형이 자료 자체의 해석에 목적을 둔다면, 제시문 및 자료 적용 설명형은 자료를 해석하여 논제의 요구를 해결할 근거를 찾는 유형이다. 그러므로 자료를 분석하거나 해석할 때 설명의 근거가 될 수 있도록 자료를 타당하게 해석하는 능력이 필요하다. 표나 그래프에서는 x, y 변인명과 경향성, 이상점(outlier)이 시사하는 바를 따져 봐야 한다. 자료 적용 설명형은 도표나 그림 자료 제목에 대한 설명을 논제에 드러내는 경우가 많으므로 논제를 꼼꼼히 읽도록 한다. 최근에는 메시지를 표상하는 데 그림이나 사진 등 다양한 매체가 활용되므로 평소에 여러 매체를 접하고 이해하는 연습이 필요하다.

그림 3.2 논술 문항의 논제 유형

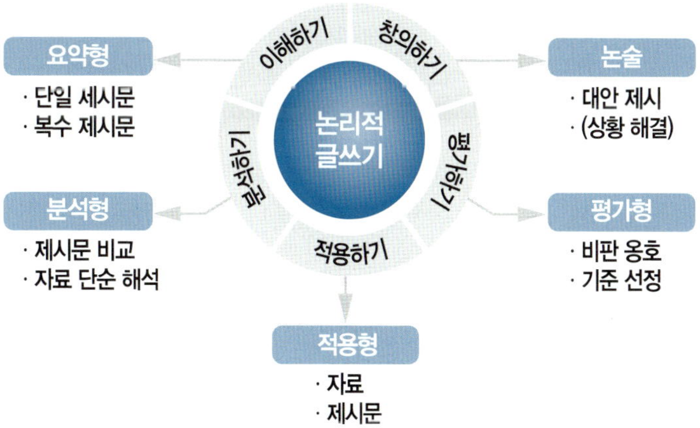

고등 사고력 측정 문항에 해당하는 평가형은 비판·옹호형(찬성, 반대형)과 기준 선정 평가형으로, 논술형은 대안 제시형과 상황 해결형으로 구분된다.[34]

① 요약형

요약형 논제에서는 제시문의 화제 및 핵심 내용을 파악했는지, 제시문 간 관계 맥락을 이해했는지 여부를 묻는다. Bloom의 분류 체계에 따르면 이해하기 사고 범주에 해당한다. 학술 담론의 생성은 선행 연구의 성과와 한계를 이해하는 데에서 출발하므로 읽은 내용을 잘 요약하는 능력은 대학수학능력의 기본이 된다. 요약할 자료의 수준을 심화시켜 가며 텍스트의 내용을 자신의 표현으로 정리하는, 환언(paraphrasing) 연습을 꾸준히 해야 한다.

요약을 잘 하려면 신문 사설이나 교과서 등 비문학 텍스트를 자주 읽고 정리하는 연습을 한다. 본문 단락이 어떤 기능성 문장들로 구성되었는지 분석하는 습관을 들이는 것이다. 예를 들어 주장 문장은 노란색, 근거 문장은 연두색, 사례나 보충 설명 문장은 주황색 형광펜 등으로 구분하며 읽고, 요구되는 분량에 따라 주장 문장만 모으거나 근거 문장까지를 포함시켜 자신의 표현으로 요약하는 연습을 꾸준히 하면 논술 기초 능력을 기를 수 있다.

② 분석형

분석형 논제에서는 제시문에 대한 이해를 바탕으로 논점을 세워서 비교 분석할 수 있는가를 묻는다. 분석형 논제를 해결하려면 비교 대상의 유사점을 파악해야 하고 차이점을 대조시킬 근거를 찾아야 한다. Bloom의 분류 체계에서 분석하기 사고 활동과 유사하다. 분석적 사고력을 기르려면 평소 대상에 대해 범주적으로 사고하는 훈련을 하도록 한다. 예를 들어, 문명과 ① ________ ; 전통과 ② ____________ ; 수단과 ③ ____________ ; 공리주의적 목적론과 ④ _________ ; 귀납적 경험주의와 ⑤ _________ ;

34 〈논술 지도의 원리와 실제 Ⅳ〉(2014)에서는 '상황 해결형' 논제를 주어진 실험 상황의 문제 해결 과정을 수리적으로 논증하는 것이라 분류한다. 이 책에서는 수리적 논증 과정은 논외로 하였다.

절대주의와 ⑥ ________ ; 개인, ⑦ ________, 정부; 카이로스(kairos), ⑧ ________ ; 미메시스, 알레고리, ⑨ ________ 등 두 개 이상의, 위계 수준이 유사한 범주 체계를 대입해 대상을 여러 관점에서 해석해 보는 것이다. 여타 교과나 언어 영역을 공부할 때 제시문 분류에 적합한 범주 개념들을 골라 정리해 두는 것도 좋다. 함께 분석형 논제에 속하는 자료 단순 해석형은 제시문이 도표, 그래프 등 자료 형태이기 때문에 시각 자료로부터 핵심 내용이나 배경, 관점, 함의 등을 비교, 분석할 근거를 찾아야 한다.

③ 적용형

하위 유형으로는 제시문 적용 설명형과 자료 적용 설명형이 있다. 제시된 조건을 활용하여 개념, 현상, 문제점, 제시문 간 관계 등을 설명하는 문항이 출제된다. Bloom은 적용하기 사고 범주를 '이해하기'와 '분석하기' 사이에 위치시켰지만 논제 유형에서 적용형은 분석형 논제보다 고차원적인 사고가 요구된다. 먼저 논제의 요구대로 제시문을 분석해야 맥락에 맞게 적용할 수 있기 때문이다. 제왕적 제시문 및 복합 자료에 대한 이해와 분석 결과를 적용하여, 생소해 보이는 제2, 제3의 똘마니 개념이나 현상을 설명해야 한다.

④ 평가형

하위 유형으로는 비판·옹호형(찬성, 반대형)과 기준 선정 평가형이 있다. 제시문을 종합적으로 이해한 뒤 특정 입장에 대해 찬성, 반대하거나 조건에 알맞은 평가를 내리는 문항이다. 많은 대학들이 요약, 적용형과 함께 평가형 논제를 융합해서 출제한다. 제시문의 입장을 정확하게 파악해야 비판, 옹호, 평가의 논거를 펼칠 수 있으므로 제시문의 관점이나 전제 조건이 가지고 있는 문제점을 세심하게 분석해야 한다. 반대 편 입장의 단점이 옹호 측 입장의 장점이 되거나, 반대 편 입장의 장점이 옹호 측 입장의 단점이 될 수 있다. 따라서 어느 입장을 선택해야 반론을 잘 논박하고 자기 주장의 타당성을 효과적으로 입증하겠는지를 꼼꼼히 따져 봐야 한다.

제1 자료에서 기준을 찾아 제2 자료를 평가해야 하는 경우, 출제자의 의도대로 평가 기준을 선정하는 것이 중요하다. 기발한 논거를 제시하기보다는 제시문의 내용과 핵심을 활용하도록 유의한다. 출제 단계에서부터 완성해야 할 답안의 조립 형태가 정해져 있고 각 위치에 끼워 넣어야 할 단락 조각의 크기나 성격도 거의 정해져 있다. Bloom의 평가하기 분류 체계에 해당한다. 평가하기 사고 범주 문항에서는 타당하게 선정된 준거와 기준에 근거하여 분석 대상이 가진 입장이나 결정이 옳거나 그르다고 입증할 능력이 있는지 여부를 중시한다.

⑤ 논술형

하위 유형으로는 대안 제시형과 상황 해결형이 있으며, 다른 유형보다는 답안이 열려 있는 편이다. 제시된 내용이나 논거를 바탕으로 논제의 조건을 충족시키면서 자신의 견해나 해결 방안을 논리적으로 서술해야 한다. 논술형 논제를 잘 해결하기 위해서는 일정 수준 이상의 요약, 분석, 적용 능력이 필요하다. 문제 상황에 대한 대안이 적합한지 여부는 실용성, 실제성, 신뢰도, 환류 효과, 타당성 등 평가 문항 검토 원리에 준해서 검토해 보도록 한다(Brown, 2006: 40~49). Bloom의 신학습 인지 분류 체계에 따르면, 논술형 논제는 최상위 창의하기 범주에 해당한다. 창의하기 사고 범주에서는 기존 정보를 종합하여 새로운 패턴, 구조, 관점을 창안하거나 재구성할 능력이 있는지 여부를 중시한다.

현 교과 논술의 5개 논제 유형은 Bloom의 신인지 학습목표 범주 능력과 대응되며 이렇게 범주화된 사고력을 중심으로 쓰기 연습을 하면 논증적 사고력을 수준별로 기를 수 있다. 논술에서는 보통 어느 한 쪽이 일방적으로 옳다고 보기 어려운 내용을 평가하라고 하게 마련이다. 따라서 반론에 대한 고려 등으로 두 입장을 균형 있게 다룰 필요가 있다.

❷ 장르 활동 체계에 의한 제시문 분석

특정 상황에서 어떻게 행동해야 하는지에 대해 형성된 공감대를 장르 인식이라고 한다. 대표적 장르 연구자인 Miller는 장르를, 반복되는 상황 속에서 실현되는 구체적인 형식 요소들의 결합이며, 그 형식의 재생산을 돕는 수사적 행위라고 정의 내린다(Miller, 1994: 31). 이렇게 장르를, 반복되는 상황에서 특정 행동의 사회적 동기를 유지하고, 전형화된 행동에 수사적 전략을 제공하는 것으로 정의한다면, 논제에 따라 접근 방식이 전형적으로 달라지는 논술 시험 역시 장르라고 볼 수 있다. 학생은 물론 교사들도 논제 유형에 따른 접근 방법이 정해져 있다고 믿기 때문이다. 그러므로 제반 의사소통 수난 및 상황을 분석하는 데 사용되는 **장르 활동 체계(Genre Activity System)** 이론으로부터 논술 제시문 분석 방법을 배워 보자.

논술 장르 활동 체계

논제는 답안의 제약 조건을 드러냄으로써 학생이 어떻게 활동해야 하는지를 지시한다. 학생이 작성한 답안지는 수험장에서 수합되어 채점 공간으로 이송된 후 컴퓨터 스크린을 바라보는 교수들의 판단을 거쳐 수험자의 대학 입학 여부를 가리는 점수 파일로 수렴된다. 엑셀 파일 내 점수 고저에 따른 합격 또는 불합격 동시서는 중등교육 이수자를 진학, 재수, 취업 등의 다양한 맥락으로 진입시킨다. 이러한 관계를 그림으로 표상하면 [그림 3.3]와 같다.

제시문 분석

제시문을 분석하려면 기준이 필요한데 분석 기준을 찾아낼 출처도, 분석해야 할 대상도 제시문이므로 제시문을 제대로 이해하는 것이 중요하다. 일반적으로 제시문들은 두세 개의 대등한 입장이나, 왕초 제시문과 똘마니 제

그림 3.3 활동 체계 내 논술 장르 집합

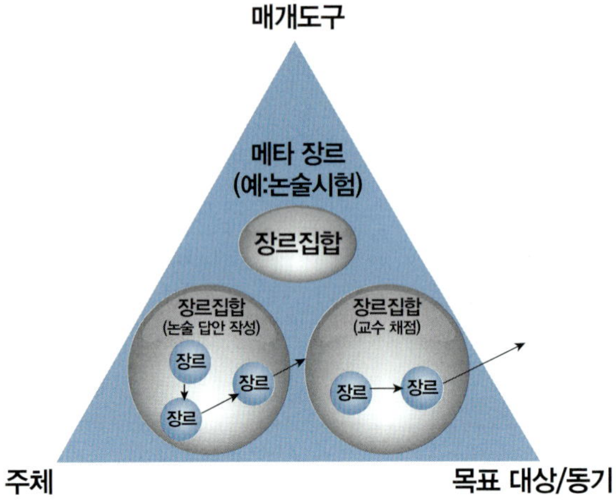

시문으로 구분된다. 제시문이 어떤 시공간 구역에서 무엇을 목적으로 어떤 핵심 개념을 공유하며 모였는가를 파악하면 제시문 집합이 준수하는 규범이나 역할 배분 관계가 드러난다.

왕초 제시문으로부터 전체 제시문을 포괄하는 출제 의도를 찾았으면 다음으로 제시문 간 관계(찬-반, 주장-사례, 주장-근거)를 분석한다. 원칙, 원리를 설명하는 제시문이 있는가 하면 구체적인 현상, 대안, 전망, 원인, 결과, 본질 등을 적은 제시문이 있다. 핵심 논지(주장, 주제)를 쉽게 드러내지 않으려는 출제진의 의도 때문에 제시문은 미괄식 구성이 많다. 그러니 제시문은 처음은 물론 마지막 부분도 꼼꼼히 읽도록 한다. 제시문을 읽을 때 [그림 3.4]의 논술 제시문 분석 기준을 대입하여 논증에 사용할 분석 틀을 찾고 이해한 바를 자신의 표현으로 정리하여 여백에 적어 두자. 이렇게 다양한 관점으로 분석된 내용은 논술 답안을 창의적으로 작성하는 데 도움이 된다.

그림 3.4 논술 제시문 분석 기준

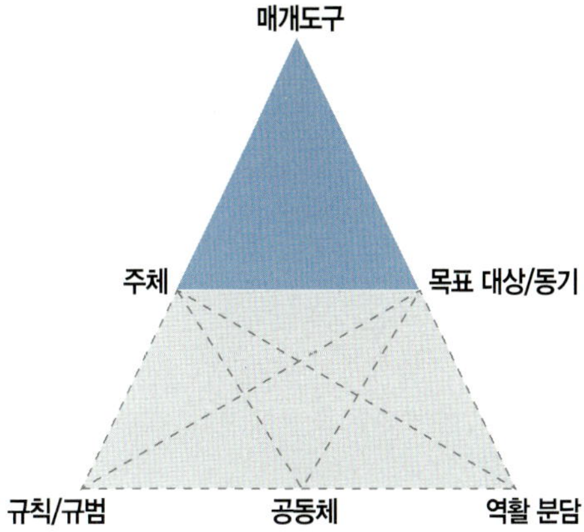

① 각 제시문의 **목적**
② 제시문이 대변하는 **공동체**의 성격
③ **주체**의 관점
④ 제시문들을 **매개**하는 **도구**적 개념
⑤ 제시문이 진제하는 **규칙/규범**
⑥ 각 제시문에 **분배된 역할**

① **목적** 제시문이 작성된 동기나, 제시문에서 화제로 삼고 있는 목표 대상을 찾아본다.

② **공동체** 제시문이 유통되는 공동체가 시공간적으로 어떠한 정치, 사회, 문화적 맥락에 속해 있는지 분석한다.

③ **주체** 문학 작품일 경우 등장인물이나 화자의 태도, 주장을 명사형으로 정리한다.

④ **매개 도구** 제시문에 반복적으로 출현하는 개념을 찾아 유의어나 반의어를 찾아본다.

⑤ **규칙/규범** 각 제시문이 진제하고 있는 규칙이나 규범에 오류가 없는지 살펴본다.

⑥ **분배된 역할** 각 제시문에 분배된 위상이 등가적인지 혹은 인과적, 종속적인지를 구분한다.

표 3.2 제7차 〈사회 문화〉 교육과정의 주요 주제와 내용(김평원, 김성우, 2011: 168~170)

	주요 주제	소주제	주요 개념과 내용
1	사회과학 연구 방법과 대상	사회과학의 연구 대상/방법/사회과학 연구와 윤리	자연 현상, 사회·문화 현상, 보편성, 특수성, 당위와 존재, 가치 함축, 몰가치성, 학문 세분화, 학문 통합화, 間학문 연구, 실증주의, 해석학, 객관성, 법칙 발견, 자료 수집 방법, 양적 조사, 탐구 자세, 가치 중립, 사실 문제/가치 문제, 연구 윤리
2	사회학	사회학의 이론적 시각	갈등론, 기능론, 상징적 상호작용론, 거시론, 미시론, 명목론, 실재론
3	개인의 사회화	사회화의 개념 사회화 기관	사회화의 개념/수단(학습, 보상, 처벌)/과정/기관/종류, 청소년기 특성
4	일탈과 사회 통제	일탈 행동 개념 이론적 시각	일탈 개념, 규범, 일탈의 상대성, 아노미/차별적 교제/낙인 이론
5	사회 계층	계층과 계급/계층의 차원/계층 이론/계층 구조와 사회 이동/빈곤 문제	계층(다원론), 계급(일원론), 지위불일치, 불평등 형태, 기능론적/갈등론적 계층론, 계층 구조, 사회 이동
6	가족	가족의 형태 및 기능/가족 문제/결혼과 가족 형태 변화	가족 형태, 핵가족, 확대 가족, 부계제, 가부장제, 모계제, 가족의 기능, 친족의 기능, 가족주의, 가족 문제, 친족의 특징, 미래 가족
7	사회 구조의 토대	사회 구조의 개념과 이론/지위와 역할/사회적 상호작용 유형	지위, 귀속 지위, 성취 지위, 역할, 역할 행동, 역할 갈등, 협동/경쟁/갈등, 개인과 사회 구조의 관계, 사회 구조, 사회 제도(가족, 종교, 교육, 정치, 경제 제도 등)
8	사회 집단과 사회 조직	사회 집단과 조직의 개념/유형	사회 집단 의미/기능, 내집단/외집단, 공동사회/이익사회, 1차집단/2차집단, 준거집단, 사회조직 의미/기능, 공식조직/비공식조직, 관료제, 탈관료제, 네트워크형 조직, 팀제, 자발적 결사체
9	인구 문제	인구 문제	인구 증가, 저출산, 성비 불균형, 노인 인구 증가, 인구의 편재
10	농촌 사회와 변동	농촌 사회의 의미, 특성, 문제	1차산업, 인구 저밀도, 전통/관습 중시, 보수적/폐쇄적, 농업노동력 감소, 이촌향도, 농촌 청년, 혼인 문제, 농산물 개방에 따른 위기

	주요 주제	소주제	주요 개념과 내용
11	도시화와 도시 발전	도시화의 의미, 특성, 문제	2/3차산업, 인구 고밀도, 빈번한 이동, 계약관계 중시, 개인주의적, 도시 인구 증가, 도시 영역 확대
12	지역 개발과 지역 격차	지역 사회와 지역 개발/지역 갈등과 지역 격차	지역 사회, 지역 개발, 거점 개발/균형 개발/광역 개발, 주민 입장 존중/주민 능력 활용 개발, 지역 격차, 지역 사회와 국가 균형 발전
13	사회 변동과 사회 발전	사회 변동의 의미/사회발전과 근대화/과학과 기술 혁신/정보화	근대화, 산업화, 물질주의, 인간소외, 고독한 군중, 빈부 격차, 후진국의 선진국 종속, 과학기술, 정보화, 정보 사회 낙관론/비관론, 대중 사회, 정보 사회 대응, 세계화
14	사회 문제와 사회 운동	사회 운동의 유형/이론/현대 사회와 환경 문제/민족과 통일 문제	사회 문제 정의와 분류/원인, 일탈, 가치관 변화, 자원 문제, 환경 문제, 자연관, 빈곤 문제, 노사 문제, 가치관 혼란, 아노미, 청소년 문제
15	사회 복지	사회 복지의 개념/역사/정책	사회 복지 개념/역사, 사회보장, 사회보험/공적 부조/사회복지 서비스, 사회복지 이념, 복지병, 신자유주의, 생산적 복지, 양/질적 삶의 질
16	문화	문화의 의미, 특성, 기능, 구성 요소	문화의 정의, 구성 요소(물질문화/비물질문화), 속성(공유성, 학습성 등), 기능, 문화 창조 능력(상징체계/학습 능력 등)
17	문화를 보는 관점	자문화 중심주의 문화적 사대주의 문화적 상대주의	보편성/특수성/상대성, 총체론/상대론/비교론, 문화상대주의/자문화중심주의/문화사대주의/문화제국주의, 문화진화론/체계론
18	현대 사회의 문화	하위 문화와 반문화/내중 문화, 청소년 문화/지역 문화	대중 문화, 대중 매체, 획일화, 대중 조작, 하위 문화, 반문화, 지역 문화, 청소년 문화
19	문화 변동	문화 변동 요인/문화 변동 양상/전통 문화의 계승과 발전	문화 변동, 발견/발명/전파, 내재적/외재적 변동, 문화 병존/융합/동화, 문화 진화/개혁, 문화 지체/기술 지체, 문화 정체성, 아노미, 전통 문화

자료 3.1 4단 연구 보고서 구조

제목(진하게, 크게)

학번 이름(진하게)

〈차 례〉

Ⅰ. 도입

연구가 필요한 사회, 문화적 배경
문제 제기
본문 내용 구조의 전반적 개괄

Ⅱ. 연구 대상 소개

연구 대상 선정 범위 및 제한 이유
연구 대상이나 분석 방법과 관련된 이론 및 선행 연구 인용
연구 절차의 개괄적 소개

Ⅲ. 연구 대상 분석 및 논의

연구 대상에 대한 논리적 분석 및 해석
가능한 반대 주장에 대한 재반박

Ⅳ. 마무리

본문의 핵심 내용 요약 정리
본 연구의 의의
본 연구의 한계 및 추후 연구 방향에 대한 의견 제시

자료 3.2

5단 실험 조사 보고서 구조(IMRDC)

Ⅰ. 도입(Introduction)

문제 현상 기술

선행 연구(seed text)에서 착안한 가설과 검증 방법 제시

Ⅱ. 연구 방법(Method)

Ⅲ. 연구 결과(Result)

조사나 실험 연구 결과 제시

Ⅳ. 논의(Discussion)

가설의 검증: 자신이 세운 가설의 설명력, 예측력, 발견력 입증(선행 연구 인용)

기존의 다른 가설보다 우월한 점 입증

자신이 세운 가설의 문제점에 대한 보완 및 해결책

Ⅴ. 결론(Conclusion)

Tip

각 장의 제목은 개별 보고서 주제에 맞게 적절한 내용을 담아 고쳐 써야 한다.

자료 3.3 〈국어 논리와 논술〉 중간 연구 보고서 예시

자료 적용 설명형 논제 풀이를 위한 눈사람 모형 개발

국어국문학과 최신혜

1. 자료 적용 설명형 풀이 '전략'의 필요성

대학은 학교가 원하는 인재상에 부합하는 학생을 선발하기 위해 논술고사를 실시한다. 그래서 막연하게 학생의 주관이나 가치관을 묻는 문제보다 제시문에 기초한 논증적 글쓰기 문제를 출제한다. 일반적으로 제시문은 '독해가 필요한 지문'과 '해석, 분석이 필요한 자료'로 분류할 수 있다. 즉, 언어로 된 형태의 제시문과, 도표, 그래프, 그림, 만화, 설문 조사 결과 등 도식화된 자료 형태의 제시문 유형으로 대별된다.

최영신(2013)에 따르면, 서울 및 수도권 27개 대학의 2008-2013학년도 인문계 논술고사를 분석한 결과 총 512개 제시문 중 77개가 해석 및 분석을 요구하는 시각 자료 형태로 출제되었다. 최근 들어 그래프, 도표, 통계표 등의 출제 빈도는 더 늘어나는 추세이다. 이는 대학이 논술고사를 통해서 독해력뿐만 아니라, 자료의 종합적인 분석, 결론 도출, 의미 설명 등 다양한 능력을 복합적으로 평가하고자 하기 때문이다. 특히 종합적 사고 능력은 대학이 학생에게 요구하는 주요 자질이기 때문에, 앞으로 자료 형태는 더 다양해지고 이에 대한 해석 및 분석을 요구하는 출제 경향 역시 지속될 것이다.

자료 적용 설명형은 실제 난이도에 비해 학생들의 체감 난이도가 유난히 높은 편이다. 이는 수능 위주로 진행되는 중등 교육과정 때문이다. 수능 언어 영역에서 고득점하려면 제한된 시간에 문제 풀이에 필요한 정보를 빠르게 파악해야 한다. 그래서 (논술 전형을 준비하는 소수를 제외하고는) 대부분의 학생이 객관식, 암기식 문제 풀이에 집중한다. 제시문 내용을 바탕으로 글을 쓰는 데 어려움을 느끼는 학생이 많은 것은 이러한 공부 방법 때문이다.

물론 수능 제도를 근본적으로 바꿔서 교육의 패러다임을 바꾸는 것이 가장 좋은 해결 방법이다. 하지만 당장 내년에 논술 시험을 치러야 하는 학생들은 현행 논술 제도에 적응해야 한다. 학생들이 알고 싶어하는 것은, 현행 논술 제도를 이용하여 어떻게 대학에 갈 수 있는지, 이러한 쓰기 연습이 대학 진학 후에도 도움이 될 것인지 여부이다.

현재 논술 교육은 정규 교과 수업 이외의 시간에 기출문제 풀기 위주로 진행된다. 그래서 학생들은 논술 수업을 '어려운 글을 이해하는 수업' 정도로 받아들인다(김지운, 2008 : 141~143). 수업 시간 후 학생이 혼자 글을 쓸 때 적용할 수 있는 틀이나 가이드라인을 제시해 주지 않기 때문에, 교육 효과는 한 편의 글을 쓰고 부족한 부분을 확인하는 데 그치고 평소 쓰기 습관까지 개선하기는 어렵다. 그 결과 학생들은 '글쓰기 실력은 배워서 느는 게 아니다, 타고나야 하는 것이다.'라는 편견과 두려움에 사로잡히게 된다.

학생이 논제 풀이 '전략'을 배워서 직접 활용할 수 있는 논술 교육 방안이 필요하다. 권대근(2005)은 쓰기 교육에 있어서 전략의 필요성을 강조했다. 마인드맵 기법과 같이, 미리 쓸 내용을 정리하는 전략을 배우면 글을 잘 쓴다는 것이다. 이 보고서에서 전략은 과정 열거나 알고리즘이 아닌 그림으로 구상되었다. 시각 신경이 글보다 이미지에 더 민감하게 반응하므로 학생들이 쉽게 익히고 기억할 수 있게 하기 위함이다.

이 전략에서는 그림을 그리는 과정이 곧 글의 개요를 세우는 과정이다. 단순한 도식이지만, 이 무형을 활용한 수업에서 학생은 읽은 내용을 가지고 무엇을 어떻게 써야 하는지에 대한 막연한 두려움에서 벗어날 수 있다. 또한 읽기와 통합된 쓰기 과정을 거쳐서 짜임새 있고 완성도 높은 글을 쓰게 될 것이라 기대한다.

2. 선행 연구 분석 및 전략의 구성 방향

자료 적용 설명형 문제를 풀기 위해서는 우선 제시된 자료를 정확하게 이해해야 한다. 자료의 의미를 제대로 읽어낼 수 있어야 글감을 찾고 자기 글의 구조를 짤 수 있다. 논술에서 요구하는 읽기 능력은 자료에 대한 이해력을 포함하여, 의미 구성에 필요한 내용을 추출하는 능력까지 포함한다. 김선정(2006)은 읽기 전략이 곧 작문 전략이 될 수 있다고 본다. 읽기 성취도는 글을 쓰기 위해서 자료를 재구성하는 능력과 상관이 있기 때문이다. 논술 교육에서는 학생이 자료에서 파악한 주요 정보나 키워드를 텍스트의 구조와 의미 구성에 활용하도록 가르쳐야 한다.

최혜영(2009)도 논술에서 읽기-쓰기 통합 지도를 강조했다. 기존에는 수험자에게 글을 쓰는 기술과 내용을 채울 수 있는 배경지식이 있는지가 채점에서 큰 비중을 차지했지만, 문제 안에 다양한 제시문과 자료가 삽입되면서 추세가 변했다. 이제는 학생이 가진 배경지식의 양 자체보다 문제에서 제시된 정보를 다루는 능력, 즉 읽기 능력이 중요해졌다.

결과 중심 교육에서는 말 그대로 투입 대비 산출로 드러나는 '결과물'을 중시하기 때문에, 효과는 대개 일회적이다. 하지만 교육의 효과는 지속적이어야 하고, 폭넓게 활용되어야 한다. 따라서 읽기와 쓰기 통합 교육은 결과가 아닌 과정 중심으로 진행하는 것이 바람직하다. 과제를 단순히 반복 수행하기보다 교육적 효과가 예상되는 교수법에 따라 직접적인 지도가 필요하다(양정호, 2008).

자료 적용 설명형 논제에서는 자료의 내용이 곧 글의 재료가 되기 때문에, 여타 논제 유형을 풀 때보다 읽기의 중요성이 더 크다. 그래서 쓰기 위한 읽기, 즉 글감 마련을 위한 읽기 과정에서 학생이 생각해야 할 핵심 요소를 이미지 모형으로 가르치고자 한다. 이는 자료의 지엽적인 부분에 치중하다가 정작 중요한 내용을 빼먹는, 즉 논술 수행의 본말전도를 예방하기 위함이다. 또한 최대한 단순하고 친숙하게 만들어서 학생이 핵심 사항을 오랫동안 기억할 수 있게 하고, 이를 뼈대 삼아 거기에 살을 붙여가는 과정을 통해서 글을 짜임새 있게 완성하는 과정을 보이고자 했다.

3. 전략 소개 및 활용도 분석

자료 적용 설명형 문제를 풀 때 반드시 명심해야 할 핵심 요소는 다음 4가지이다.

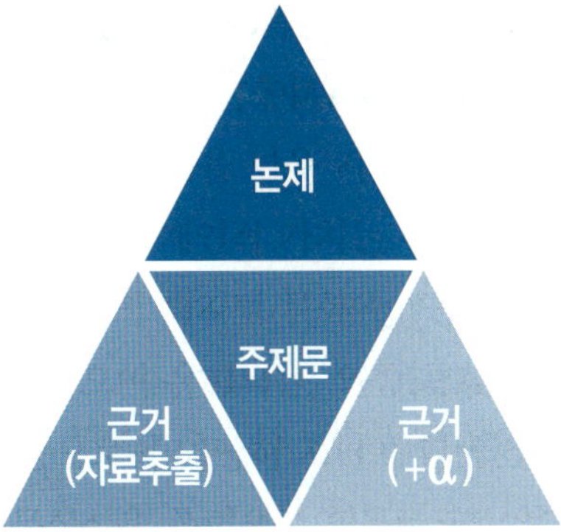

첫째는 논제다. 김혜영(2005)에 따르면 논제란 논술 문제 또는 논술 제목의 준말로, 출제자의 출제 의도와 요구하는 바의 핵심을 담고 있는 부분이다. 논술 문제를 풀 때 가장 먼저 해야 할 일은 논제 파악이다. 논제는 제시문의 내용을 짐작할 수 있게 하고 독해의 방향을 안내해 주는 길잡이 역할을 한다. 따라서 논제에 제시된 핵심어나 키워드를 놓치지 말아야 한다. 논제에서 주로 언급된 키워드에 눈에 띄게 동그라미 표시를 해 두는 습관을 들이는 게 좋다.

둘째는 주제문이다. 주제문은 글 전체의 무게 중심을 잡아주는 역할을 한다. 주제문은 평가에서도 큰 비중을 차지한다. 평가자는 답안에 주제문이 잘 쓰였는가를 보고 필자의 자료 이해도뿐만 아니라 분석력, 요약력, 조직력, 논리력 등을 한꺼번에 평가할 수 있다.

주제문을 완성했다면 세 번째로 그것을 뒷받침할 근거가 필요하다. 최혜영(2009)은 논술문을 작성할 때 반드시 논리적 사고를 통해 근거를 제시해야 함을 강조한다. 논술에 있어서 논리적 사고란 믿을 만한 근거를 제시하여 주장의 정당성을 타당하게 입증하는 것이다. 글이 논리적이기 위해서는 주장에 대한 근거가 확실하고 충분해야 한다. 논거의 타당성이 결여된 글은 설득력을 가질 수 없다.

자료 적용 설명형 문항에서는 두 개 이상의 자료에 나타난 경향성을 종합하여 문장 형태의 근거로 표현할 수 있어야 한다. 자료의 유형은 표, 그래프, 차트 등으로 다양하게 나타날 수 있지만, 대부분의 경우 독립변수(x)에 따른 종속변수(y)의 변화 양상에 대한 정보[y=f(x)]를 얻을 수 있는 자료들이 제시된다. 그러므로 경향성을 염두에 두고 자료에서 주장을 뒷받침할 만한 중심 근거를 찾아내야 한다.

하지만 자료에서 추출한 경향성 서술만으로는 충분하지 않다. 논술 유형의 이름대로 자료를 적용하여 자신의 말로 설명해야 하기 때문이다. 주제문에 살을 입힐, 자료에 대한 필자의 해석 및 분석 내용, 즉 논지에 대한 필자 고유의 논리적인 근거가 필요하다. 자료 적용 설명형 논술 답안을 작성하는 데 빠져서는 안 되는 네 가지 핵심 요소를, 눈사람 그림으로 시각화해 보면 아래와 같다.

글을 눈사람의 몸에, 그리고 글의 각 구성 요소를 눈사람의 신체 부위에 대응시켜 보자. 이 때 눈사람의 머리, 몸통, 팔, 다리가 모두 있어야 활동적인 눈사람이 완성되듯이, 글을 쓸 때도 4가지 핵심 요소를 유기적으로 포함시켜야 비로소 글의 구조가 완성된다.

논술에서 가장 먼저 고려해야 할 논제는 눈사람의 머리에 대응시킬 수 있다. 자료 적용 설명형은 제시문에 대한 이해를 바탕으로 논제와 연관된 답을 제한하는 경향이 있으므로 논제에서 요구하는 바에 집중하는 것이 모든 문제 풀이의 첫 단계이다.

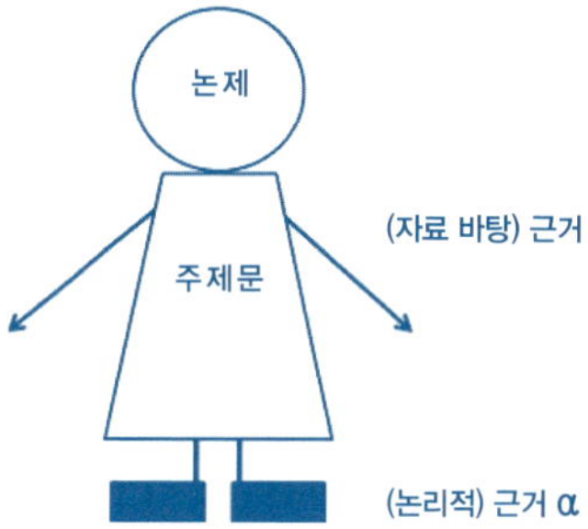

둘째, 주제문은 논제의 요구사항을 충족시켜 작성해야 한다. 눈사람의 몸통이 눈사람 몸에서 중심을 차지하듯이, 주제문도 글의 중심축이다. 하지만 아무리 머리와 몸통이 중요하더라도, 팔 다리가 없다면 생기 넘치는 눈사람이 될 수 없듯이, 글에서도 주제문을 뒷받침하는 근거가 없다면 완성도가 떨어진다.

위 모형을 활용한 교수 학습 과정에서는 학생들에게 눈사람과 글의 대응 관계를 이해시키고 기억할 수 있게 하는 것이 중요하다. 일차적으로 교사는 눈사람을 그리면서 학생의 주의를 환기하고 관심을 모은다. '논제, 주제문, 근거'의 중요성에 대해 장황하게 설명을 늘어놓은 후 눈사람 모형을 제시할 경우 학생들은 지루함을 느껴 집중력이 떨어질 수 있다. 그러므로 이미지를 통한 흥미 유발 및 관심 유도가 먼저다. 그러고 나서 그림 그리는 과정이 곧 답을 쓰는 과정이 된다는 점을 강조하면서, 기억해야 할 핵심 사항들을 눈사람의 각 부분에 대응시켜서 설명하는 것이 바람직하다.

몇 가지 기준에 따라 전략 및 모형을 수업에 활용하는 가치의 정도를 논해볼 수 있다. 우선 전략을 사용할 수 있는 대상의 폭에 따라 활용도의 높고 낮음이 결정된다. 특정 전략을 사용할 수 있는 대상의 범위가 넓을수록, 즉 여러 장르의 글에 폭넓게 통용되는 전략일수록, 활용도가 높다. 눈사람 모형은 단순해서 비교적 쉽게 기억할 수 있다는 점에서 어떤 맥락의 쓰기 과제에도 어렵지 않게 적용할 수 있다. 즉, 논증적인 글을 써야 하는 상황이라면, 언제 어디서든지 학생은 그림을 그리면서 학습한 전략을 기억해내고 쉽게 쓰기 계획을 세울 수 있다.

논제 유형의 적용 범위에 따라서도 전략의 활용도를 판단할 수 있다. 눈사람 모형은 자료 적용 설명형 답안 작성에 최적화된 모형이다. 자료에서 추출한 경향성을 화살표 모양으로 눈사람의 '팔'에 대응시키고 필자 개개인의 논리적인 근거를 '다리'에 대응시켰기 때문에, 경향성이 없는 읽기 자료를 분석할 때에는 굳이 눈사람 모형으로 설명하지 않아도 된다.

왼쪽 그림처럼 근거의 출처를 구분하지 않고 모형을 단순화시키면 활용 가능 범위가 훨씬 넓어진다. 논제 유형에 상관없이 모든 논술 문제는 타당한 논제 파악, 명료한 주제문, 충분한 근거 제시, 이 세 가지를 요구한다. 따라서 가장 우선시되어야 할 논제, 글의 중심이 되는 주제문, 주제문에 살을 붙여주는 근거를 '머리–몸통–팔/다리'로 단순하게 대응시켜서 활용할 수도 있다.

4. 모형 개발의 의의와 한계

지금까지 자료 적용 설명형 풀이 '전략'을 구성하게 된 배경에서부터 전략 소개, 활용 가능성 등에 대해 논해 보았다. 자료 적용 설명형에서는 이해력이나 표현력 중 하나가 특출 나게 좋다고 해서 높은 점수를 받을 수는 없다. 학생들은 지금까지 공부해 온 습관과 수능 중심으로 편향된 교육 과정의 영향 때문에 쓰기와 읽기를 분리시켜 생각하는 경향이 있다. 그래서 자료를 읽고 나서도 무엇을 가지고 어떻게 써야 할지 막막해하는 경우가 많다. 이러한 문제의식에 기반하여 이 글에서는 학생들이 쓰기에 필요한 읽기를 하도록 유도하는 모형을 구상하였다. 논증적인 글에 반드시 들어가야 할 요소들을 눈사람 이미지를 통해 명료하게 각인시킴과 동시에 눈사람을 그리는 과정이 곧 논술문을 계획하는 과정이 되는 절차를 통하여 논증적인 글의 기본 구조와 계획 과정을 이해시키고자 하였다.

눈사람 모형을 활용한 수업을 진행할 경우 반드시 눈사람 그림을 먼저 그려 보인 후 눈사람의 신체 각 부분을 논술문 구성에 대응시켜 설명해야 한다. 눈사람을 그릴 때 가장 먼저 그리는 머리가 곧 문제를 풀 때 가장 먼저 보아야 하는 논제에 해당한다. 그리고 눈사람에서 중심에 해당하는 몸통이 곧 논술문에서는 주제문이라고 볼 수 있기 때문에, 주제문 작성에 특히 심혈을 기울여야 한다. 하지만 팔과 다리가 없으면 생동감이 없듯이, 아무리 주제문을 잘 썼다 해도 논술문에는 반드시 근거가 필요하다. 자료 적용 설명형 논제에서는 자료에서 추출한 증가 혹은 감소의 경향성을 근거로 활용해야 하며, 이와 더불어 필자 자신의 논리적인 근거도 함께 창의적으로 제시할 수 있어야 한다.

눈사람 모형의 활용도는 높은 편이다. 모형 자체가 단순하고 친근하기 때문에 초급 수준의 필자도 그림을 그리면서 쉽게 논증적인 글의 개요를 구성하고 쓰기 과정에 착수할 수 있다. 경향성 추출이 가능한 자료가 포함된 문제를 풀기에 최적화된 모형이지만, 눈사람의 팔과 다리를 '근거' 일반으로 단순하게 생각할 경우 보다 광범위한 논제 유형에 적용할 수도 있다.

눈사람 모형의 한계는 세부 내용 구성에 필요한 '순서'를 알려주지 못한 점에 있다. 즉, 눈사람 그리기를 통해서 어떠한 요소를 고려하며 읽고 써야 하는지는 알 수 있으나, 그러한 요소들을 조합하여 어떤 순서로 단락을 구성하고 문장을 만들어야 하는지는 확인할 수 없다. 눈사람 모형은 논증적인 글의 요소를 파악하는 단계에 적용 가능하다. 눈사람 모형을 통해 어떤 것을 고려해야 하는지를 익혔다면, 그 다음에는 앞서 파악한 요소를 적절한 순서에 따라 배열하는 교수 학습 단계가 필요하다. 그러므로 추후 연구에서는 주제문과 근거문을 구체적으로 배열하는 단계에서 적용시킬 수 있는 모델을, 알고리즘의 형태로 만들 필요가 있다.

표 3.3 논술 고득점 전략

일반 답안 (아래 감점 요인을 벗어난 답안)	고득점 답안 (일반 답안을 넘어선 답안)
1. 논제 요구 미충족 2. 순차적 요약, 내용 중복 3. 선언적 서술, 근거 미제시 4. 제시문 오독, 일방적 해석 5. 부정확한 문장, 나쁜 필체 6. 완결되지 않은 글	1. 논제 요구 충족 – 내용, 구성, 분량 2. 제시문 간 관계 파악 – 공통 지향성, 심층적 의미 구분 3. 논리적 서술 – 논증, 사례, 반론, 타당성, 설득력, 4. 제시문의 정확한 이해 – 핵심 단어, 쟁점, 중심 문장, 환언 5. 정확하고 간결한 문장, 깨끗한 필체 6. 한 편의 독립적인 글 7. 일관성 있는 서술(용어 일치, 일반→구체) 8. 영역 전이적 사고 – 분석적/다각적 사고

확인질문

Chapter 03

이 장에서는 논제 분석에 필요한 사고력을 범주화하기 위해서 Bloom의 학습 인지 분류 체계에 대해 알아보았고, 제시문 분석에 필요한 장르 활동 체계를 살펴보았습니다. 다음 문제를 풀면서 본문의 중심 내용을 정리하고 각종 논제나 제시문 분석에 알맞은 창의적 모형을 만들어 봅시다.

1. 본문 이해

❶ Bloom의 학습 인지 분류 체계에 어떤 변화가 있었는지, 왜 그러한 변화가 생겼는지 정리해 봅시다.

❷ 논술 문항의 논제 유형과 Bloom의 신디지털 인지 학습목표를 연결해 봅시다.

❸ 장르 활동 체계 삼각형의 구인을 그리고 나서, 장르 활동 체계 내 6개 요인이 제시문 분석에 어떻게 적용되는지 설명해 봅시다.

2. 수행 과제

❶ 한국대학교육협의회나 EBS-i 사이트에 들어가서 논술 기출 문제를 검색하고 각 논제 유형의 대표적인 예시 문항들을 골라 풀어 봅시다.

❷ 유형별로 논술 문제를 푸는 이상적인 과정을 모형화해 봅시다.

❸ 새로 개발한 쓰기 모형을 적용하여 다양한 논술 문제를 풀어보고 모형에서 부족한 부분을 수정해 봅시다.

3. 더 생각해 볼 거리

[자료 3.1]과 [자료 3.2] (80~81쪽)의 '보고서 구조'를 참조하여 모형 개발 및 적용 과정에 대해 연구 보고서나 실험, 조사 보고서를 작성해 봅시다.

제4장
요약형 논제

◀ 요약형 논제의 제시문에는 어떤 유형의 자료가 더 많은지 순서를 매겨 보자.
사실 정보 전달형 (　　) 사건 사고 보고형 (　　) 주장 설득형 (　　)

◀ 제시문에서 어떤 기능의 문장들이 주제를 뒷받침하는지 생각해 보자.
배경 설명, 반론 검토, 가정, 정의, 사례, 전제 …

❶ 요약형 논제의 정의

요약하기 능력은 지식을 습득하기 위한 기본 자질이다. 제시문을 이해한다는 것은 글에서 핵심 주장이나 근거, 깨알 같은 기능성 문장들을 구분하여 저자의 입장이나 관점을 정확하게 파악하는 것이다. 또한 여러 편의 제시문에서 공통 요인을 추출해 하나로 꿰는 능력 역시 학업에 필요한 기본 자질이다. 논술 출제자는 여러 자료들을 모아 두고 숨은 관계를 찾게 한다. 장차 대학에 들어와서 자료들을 요약하고 논평할 기본 자질을 갖추었는지 확인하기 위함이다. 요약하기 능력은 타인의 주장을 경청하는 윤리적인 태도와도 연결된다. 새로운 주장을 펼치기에 앞서, 자신의 관심 분야에서 먼저 문제를 제기하고 입장을 표명한 선행 연구자들이 어떤 주장을 펼쳤는지 알아보는 것이 대학에서 학업을 시작하는 출발점이다.

그림 4.1 논증 단락 구성 요인

논증적인 단락 글은 [그림 4.1]과 같이 '주장-근거-다양한 기능성 문장'으로 구성되어 있다. 그렇다면 요약하라고 제시된 글에서 답안 분량에 따라 무엇을 순차적으로 선택해 간추려야 할까? 다음 제시문에서 핵심 주장, 근거, 깨알 같은 기능성 문장들을 구분해 보자.

① 국민의 복지와 복리 증진을 위해 힘쓰는 것은 국가의 의무이다. ② 국가는 국민을 보호하기 위해 존재하며, 국민은 태어날 때부터 죽을 때까지 국가의 보호를 받을 권리가 있다. ③ 이런 권리에 따른 기본적인 국민의 의무가 근로와 납세의 의무이다. ④ 국가는 국민이 일하여 세금을 내지 않으면 유지, 운영될 수 없다.

⑤ 국가는 다양한 신분과 직업, 소득 수준에도 불구하고, 모든 국민을 평등하게 보호할 의무가 있다. ⑥ 민주주의 사회에서는 국민이 국가를 위해 존재하는 것이 아니라, 국가가 국민을 위해 존재한다. ⑦ 이런 민주주의 사회에서는 국민을 돌보고 보호하는 것이 국가의 기본적인 의무이며, 그런 국가의 의무를 다할 수 있도록 국민은 세금을 낸다.

⑧ 국가는 국민에게 세금을 부과할 때, 일정 소득에 못 미치는 국민에게는 납세 의무를 면제해 주고, 국민의 소득에 따라 적게 버는 사람에게는 적게, 많이 버는 사람에게는 많게 누진적으로 부과함으로써, 국민 각자가 노력한 만큼의 소득을 보장하고 소수의 사람이 부(富)를 독차지하지 않도록 한다. ⑨ 그리하여 빈부의 차에 의한 새로운 신분 제도의 형성을 막는다.

– 고등학교 〈법과 사회〉 교과서–

• 핵심 주장	:	①	③	⑦	⑧
		↑	↑		↑
• 근 거	:	②	④		⑨
		↑			
• 깨알 같은 기능성 문장	:	⑤⑥			

Tip 주장, 근기, 기능성 문장을 구분하는 방법

- 주장 : "–어야 한다"와 같이 글쓴이의 판단, 평가, 해석이 담겨 있다.
- 근거 : 누구라도 반대할 수 없는 객관적 사실로서, "–기 때문이다"나 "–는 것이다"를 붙여서 주장을 뒷받침하거나 상세하게 설명하는 역할을 한다.
- 기능성 문장 : 주제와 관련된 **배**경 설명, **반**론 검토, 시간, 인물이 제시된 구체적이고 일회적인 **사**례, 핵심 어휘에 대한 **정**의, 특정 공간, 반대 상황 **가**정 등 주장과 근거를 제외한 나머지 깨알 같은 기능들이 모두 여기에 속한다.

❷ 출제 의도 및 평가 기준

'요약형' 논제는 대체로 '제시문을 요약하시오', '제시문 (가)의 필자가 말하고자 한 것을 간추려 적으시오', '제시문 (가)의 논지를 요약하시오'와 같이 표현된다. 논술 시험의 여러 문항 중 첫 번째 문제로 출제된다. 한 편의 긴 글이나 여러 편의 토막글에서 필요한 정보를 추출하는 능력은 분석적, 비판적, 창의적 사고력을 기르기 위한 전제 조건이다. 최근 논술에서는 명시적으로 '요약하라'는 논제보다, 요약한 내용을 바탕으로 분석, 적용, 평가 등의 논제를 해결하라는 경우가 더 많다. 요약하기 논제의 평가 기준은 대체로 다음과 같다.

✓ 주제나 입장을 정확하게 파악하였는가?
✓ 핵심어, 주장, 근거가 요약 내용에 포함되었는가?
✓ 문장을 **그대로 옮겨 쓰지 않고** 새롭게 작성하였는가?
✓ 글자 수 제한과 정서법을 지켰는가?

❸ 요약하기 방법

세금의 기능에 대한 앞 글에서 상대적으로 길이가 긴 문장 ⑧은 사례를 나열하는 귀납적인 방법으로 주장을 한다. 이 제시문을 가지고 1) 문단별 **주**제 파악 2) 논리적 **재**구성 3) 핵심 **근**거 배치 4) 한 편의 글로 완**성**하기 등 요약하기 논제를 해결하는 데 필요한 **주-재-(근)-성** 단계를 익혀 보자. 논제가 요구하는 글자 수 분량에 따라 1) 2) 4) 단계는 필수적으로, 3) 단계는 선택적으로 적용한다.

1) 문단별 주제 파악하기

요약하기 1단계는 제시문을 문단별로 나누어 이해하는 것이다. 앞의 제시문처럼 세 문단이라면 세 개 주제를 뽑아낸다. 문단마다 주제 문장에 밑줄을 긋고 여백에 자기 말로 요약해 둔다. 주제 문장은 문단의 처음이나 마지막에 한 문장으로 제시되는 것이 일반적이지만 양괄식이나 중괄식으로 혹은 여러 문장에 나뉘어 제시되기도 한다. '나 주제임'이라고 이마에 써 붙인 한 문장을 선택하거나 혹은 여러 문장에 분산되어 있는 주장들을 모아 한 문장으로 정리한다.

첫 번째 문단의 주제 문장은 ① 국민의 복지와 복리 증진을 위해 힘쓰는 것은 국가의 의무, ③ 국민의 의무가 근로와 납세의 의무라는 것이다. 이로부터 국가의 의무는 국민의 복지와 복리 증진에 힘쓰는 것이고, 이러한 권리를 누리는 대신 국민은 근로와 납세의 의무를 져야 한다는 주제를 뽑아낼 수 있다.

두 번째 문단의 주제 문장은 ⑦ 민주주의 사회에서는 국민을 돌보고 보호하는 것이 국가의 기본적인 의무이며, 그런 국가의 의무를 다할 수 있도록 국민은 세금을 냄이다. 이 주장을 뒷받침하기 위해 ⑤ 국가는 다양한 신분과 직업, 소득 수준에도 불구하고, 모든 국민을 평등하게 보호할 의무가 있다는 상세한 설명과, ⑥ 민주주의 사회에서는 국민이 국가를 위해 존재하는 것이 아니라, 국가가 국민을 위해 존재한다는 수사적 대주를 보여 준다. ⑦처럼 앞 문단과 중복되는 주장에서는 이미 추출한 핵심 어휘가 맞는지 확인해 본다.

세 번째 문단은 두 개 문장으로 구성되었으므로 두 문장의 경중을 재 봐야 한다. 길게 서술된 문장 ⑧의 핵심을 요약하면, 국가가 수행해야 하는 역할, 즉 노력에 따른 소득을 보장하고 소수에게 부가 편중되지 않도록, 국가는 소득에 따라 차등적으로 세금을 부과함이고 ⑨는 세금 정책이 기대하는 효과 가운데 하나, 즉 빈부의 차에 의한 새로운 신분 제도의 형성을 막음을 소개하고 있으므로 일관된 전체 주제는 문장 ⑧에 담겨 있다.

2) 논리적으로 재구성하기

요약하기 2단계에는 소주제문들 사이의 논리적인 위계를 고려하여 주제문의 제시 순서를 재구성한다. 내용을 구조화하는 원칙에는 시·공간적 구성, 인과·병렬적 구성, 연역·귀납적 구성 등 다양한 방식이 있으나 대체로는 일반적인 것에서 구체적인 것으로 전개한다.

앞의 제시문을 재구성하기 위해서 다음 핵심 주장들의 위계를 비교해 보자.

㉮ 국가는 국민의 복지와 복리 증진에 힘써야 하고, 국민은 근로와 납세의 의무가 있다.

㉯ 민주주의 국가는 모든 국민을 평등하게 보호할 의무가 있다.

㉰ 노력에 따른 소득을 보장하고 소수에게 부가 편중되지 않도록, 국가는 소득에 따라 차등적으로 세금을 부과한다.

㉮는 국가와 국민의 의무 비교, ㉯는 민주 국가의 전제, ㉰는 세금 정책의 목표를 설명한다. 이 가운데 가장 포괄하는 대상이 넓고 일반적인 내용은 '전제' 문장이다. 이 문장의 핵심어를 뒷문장의 주어로 사용하면 접속사를 따로 쓰지 않아도 문장 간 결속력이 높아진다. 따라서 ㉯ 문장의 핵심어인 '국가'와 '국민'을 '비교하는 ㉮ 문장이 중간에 오게 된다. 마지막으로 ㉰는 국가와 국민의 의무가 실현된 사례로서 가장 구체적이다. 이렇게 각 문장의 경중을 가늠해 볼 때 이 글의 주장을 요약하는 내용은 ㉯–㉮–㉰의 순서로 재구성된다.

3) 핵심 근거 선택하기

요약하기 3단계에는 2단계에서 논리적으로 재구성한 주제 내용을 뒷받침할 근거 문장들을 찾아 알맞은 자리에 배치한다. 핵심어 및 주장과 밀접한 문장을 찾고, 깨알 같은 기능성 문장에 담긴 부연 설명들은 무시한다. 구체적인 시공간이나 예시 등의 지엽적인 설명이 있는 문장은 핵심 주장이 아니기 때문에 요약할 때는 삭제해야 한다.

㉯ 민주주의 국가는 모든 국민을 평등하게 보호할 의무가 있다. ㉮ 국가는 국민의 복지와 복리 증진에 힘써야 하고, ② 국민은 태어날 때부터 죽을 때까지 국가의 보호를 받을 권리가 있다. 국민의 의무는 근로와 납세이다. ④ 국가는 국민이 일하여 세금을 내지 않으면 유지, 운영될 수 없다. ㉰ 노력에 따른 소득을 보장하고 소수에게 부가 편중되지 않도록, 국가는 소득에 따라 차등적으로 세금을 부과한다.

㉮ 문장에서 '국가의 의무'는 '② 국민은 태어날 때부터 죽을 때까지 국가의 보호를 받을 권리가 있다.'로 뒷받침되고, '국민의 의무'는 '④ 국가는 국민이 일하여 세금을 내지 않으면 유지, 운영될 수 없다.'로써 뒷받침된다.

요약형 논제는 글자 수 조건에 따라 1차적으로 핵심 주장만, 2차적으로 핵심 주장을 뒷받침하는 근거 문장까지를 요약 대상 문장으로 포함시킨다. 하지만 근거 문장들을 뒷받침하기 위한 기능성 문장이나 인용문은 내용의 중요도 수준에서 3순위이므로 과감하게 무시한다. 가령 앞의 제시문에서, ⑤ 국가는 다양한 신분과 직업, 소득 수준에도 불구하고, 모든 국민을 평등하게 보호할 의무가 있다. ⑥ 민주주의 사회에서는 국민이 국가를 위해 존재하는 것이 아니라, 국가가 국민을 위해 존재한다는 문장은 핵심 주장이나 근거를 상세히 설명하거나 재진술하는 내용이므로 요약 내용에 포함시키지 않는다.

4) 한 편의 글로 완성하기

요약하기 4단계에는 핵심 내용을 간추려 답안을 완성한다. 글은 아무리 적은 분량이어도 도입과 마무리가 있어야 완성된다. 일반적으로 요약형은 여러 제시문을 함께 요약하라는 논제가 일반적이므로, '제시문 (가)는 ~에 대해 말하고 있다.'와 같이 제시문 기호를 주어로 전체 내용을 포괄하면서 시작하는 것이 좋다. 마지막 문장도 제시문을 순차적으로 요약하였다는 인상을 주지 않도록 해당 제시문에서 밝힌 주장의 의의와 한계를 부각하도록 한다. 각 문장들을 논리적으로 연결하고 내용을 객관적으로 진술하기 위해서, 적절한 연결어미를 사용하거나 문맥에 필요한 단어나 내용을 첨가, 대체한다. 앞의 제시문을 요약해 보자.

제시문은 민주주의 국가와 국민의 의무에 대해 말하고 있다. 국가는 모든 국민을 평등하게 보호할 의무가 있으므로 국민의 복지와 복리 증진에 힘써야 한다. 국민은 요람에서 무덤까지 국가의 보호를 받을 권리가 있기 때문이다. 하지만 국가는 국민이 일하여 세금을 내지 않으면 유지, 운영될 수 없다. 그래서 국민도 근로와 납세의 의무를 져야 한다. 국가는 소득에 따라 차등적으로 세금을 부과함으로써 소수에게 부가 편중되지 않도록 하여, 모든 국민을 평등하게 보호할 의무를 준수한다.

4 기출 논제 분석과 답안 검토

국민대 2013 수시 논술고사

(가)와 (나)가 자연스럽게 이어지도록 한 단락으로 요약하시오.

(가)

자신을 이해하는 것은 다른 사람의 입장에서 자신을 바라보는 것으로서, 자신을 '자기 입장'에서 분리시켜 놓음으로써 가능하다. 가장 좋은 방법은 다른 사람의 눈을 통해 자기를 바라보는 것이다. 타인의 눈에 비친 자기의 모습이 어떠할까를 상상하면서 자기의 행동 동기를 이해하거나 반성하게 된다.

무인도에서 혼자 살아온 사람이 있다고 가정해 보자. 그 사람은 자기 성격, 자기 감정이나 행동의 장단점, 자기 정신의 아름다움이나 추함 등에 대해 전혀 판단할 수 없을 것이다. 이는 마치 거울이 없는 사람이 자기 얼굴이 어떻게 생겼는지를 알 수 없는 것과 마찬가지이다.

자신을 바라보는 타인이 없다는 것은 자신을 투영시킬 수 있는 거울이 없다는 것과 같다. 자신이 사회로 편입되는 순간 그는 거울을 가지게 된다. 거울은 그가 함께 생활하는 타인의 표정이나 행동 안에 들어 있다. 거울은 그의 행동을 인정하거나 비난하며, 이를 통해 그는 자기가 가진 충동이나 정신 세계를 판단할 수 있게 된다.

(나)

자신이 선택하는 우정이 아무리 절대적인 것이라 하더라도 우리는 그것이 결코 단순치 않다는 것을 알고 있다. 친구를 선택하는 데에는 우리의 모든 천성이 참여하지만 그 중 몇몇 부분은 은밀한 가운데 개입한다. 이 은밀한 부분을 빛에 밝혀 볼 필요가 있다.

참된 벗은 감춰진 유사성에 의해 가까워지고, 범속한 벗은 표면상의 유사성에 의해 가까워진다. 많은 사람들은 하는 일이 같거나 취미가 같으면 흔히 친구라고 생각하게 된다. 그러나 이런 외관상의 유사성이 때때로 반감만 자아내게 하는 반면에, 상대방의 행위가 자기와는 거리가 멀다고 생각되는데도 그런 사람 쪽으로 마음이 기울어지는 수가 있다.

이 경우 그들이 우리에게 불러일으키는 공감에는 하등 우연적인 원인은 없다. 그러나 그 이상의 것이 있다. 진실한 우정의 밑바닥에 깔린 욕구에는, 자기 혼자의 힘으로는 본래의 고귀한 자기 모습을 지닐 수 없기 때문에, 남이 보여주는 모습에 의해 자기를 확대하려는 영혼의 갈망이 깃들어 있다. 평범한 사람은 현재의 생활 이외의 생활은 상상도 하지 못한다. 그리하여 그 현재의 생활에서 자기의 모든 것을 짐작한다. 그러므로 그들은 친구를 자기의 동류 속에서 택한다.

이와 달리 한 인간이, 어느 정도 내면적으로 풍요해지면 자기가 지금까지 해 온 일은 자기 천성의 전부를 나타내고 있지 않으며, 또한 자기가 현재 애써 발휘하려는 여러 가지 능력 속에는, 자기가 아직 나타내지 못한 다른 여러 가지 자질이 깔려 있다는 것을 절실히 느끼게 마련이다. 그 자질은 다른 자기의 내용이 될 수 있었을지도 모르는 것이다.

이러한 그 자신의 환상에 보답해주는 것이 친구의 인격이다. 인간은 친구를 통하여 자기를 완성하게 된다. 그들은 이를테면 우리가 실천에 옮길 수 없었던 모든 활동에 있어서의 대리인이다. 그들과 함께 있을 때 우리는 자기 경험에 그들의 경험을 더하는 시간을 갖는다. 그러므로 우리는 현재의 자기 또는 그렇게 될 수 없었던 자기에 의해, 즉 우리의 유연성과 향수에 의해 친구를 택한다.

가장 풍성하고 가장 즐거운 우정은 어느 모로 보나 정반대의 입장에 있는 듯이 보이는 두 사람이 나중에 자기들이 한 형제였다는 것을 알아차리게 되는, 저 옛날 연극과 같은 것이다. 그것은 서로 상대방을 아는 것을 의미한다.

제시문 (가), (나)를 다시 읽으면서 문장마다 일련번호를 붙인다. 이어서 문단마다 주제와 근거, 깨알 같은 기능성 문장들을 표시하고, 단일 제시문 요약 단계(주-재-근-성)를 적용하여 필요한 내용에 밑줄을 그어 보자. 근거를 정리할 때 제시문의 문장을 그대로 쓰지 말고 자신만의 표현으로 정리한 문장을 쓰는 것이 독창적인 답안을 작성하는 비결이다.

(가) 주제	타인의 시선을 거울삼아 자신의 내면을 더 잘 이해할 수 있다.		
주장			
근거	제1단락	제2단락	제3단락
기능성 문장			

(나) 주제	친구를 통하여 자신의 숨겨진 본성을 드러내 폭 넓은 인생을 경험할 수 있다.					
주장						
근거	제1단락	제2단락	제3단락	제4단락	제5단락	제6단락
기능성 문장						

제시문 분석

제시문 (가)는 고등학교 〈사회 문화〉 교과서에서 발췌한 글이다. 자신을 이해하는 방법 중 하나가 거울 역할을 하는 타인의 시선을 통해서라고 설명하고 있다. 타인의 눈에 비친 자기 모습을 통해서 자신의 행동과 정신세계를 이해하고 반성할 수 있다는 것이다.

제시문 (나)는 보나르·스탕달의 『우정론·연애론』의 일부분이다. 진실한 우정을 추구하는 사람은 친구의 모습을 바라보면서 자기가 못다 이룬 꿈을 실현하는 친구의 인생을 격려하고 즐거워한다는 내용이다. 표면적인 유사성에 기초한 범속한 벗과, 이면적인 유사성에 기초한 진실한 벗을 대조시키고 있다. 어느 정도 내면이 풍요해진 평범하지 않은 인간은 친구의 인격을 통해 자기를 완성한다고 보았다. 친구의 경험을 공유함으로써 자기를 확대하려는 영혼의 갈망이 특정한 우정 관계를 형성하는 데 은밀하게 개입한다는 것이다.

공통 화제 파악 및 주-재-근-성[35]

2013년 국민대 수시 논술 시험에서는 "두 제시문을 자연스럽게 이어지도록 한 단락으로 요약하는 것"이 논제의 요구였다. 이렇게 여러 제시문을 하나로 요약하려면 단일 제시문 요약 단계(주-재-근-성)를 적용하기에 앞서 개별 제시문들 사이에 어떤 맥락 관계가 형성되어 있는지를 파악해야 한다. 무질서하게 나열되어 보이는 제시문 사이의 맥락을 파악하는 가장 좋은 방법은 공통 화제를 발견하는 것이다. 공통 화제는 논제에 명시적으로 제시되는 경우도 있고 제시문을 빠르게 훑어 읽으면서 찾아야 하는 경우도 있다.

공통 화제를 발견하였다면 이에 근거하여 제시문 사이의 맥락을 유추한다. 논증 **단락이** '주장–근거–깨알 같은 기능성 **문장'으로** 구성되는 것처럼, 논증적인 **글은** '주장–근거–깨알 같은 기능성 **단락'으로** 구성된다. 단일 문단에서 주제와 근거, 기능성 문장들을 구분했던 것처럼 각각의 제시문도 주제 글, 근거 글, 기능성 글로 기능을 구분할 수 있다. 요약형 논제에 이어지는 적용형이나 평가형 논제를 해결할 때, 전체 주제나 분석 기준을 제시하는 제왕적 제시문이 어느 것인지, 요약 글 전체의 주제를 뒷받침할 근거 단락이 어느 것인지 구분할 수 있으면 요약형 논제는 절반 이상 해결된 셈이다.

공통 화제	타인의 역할
주장	벗은 자기를 이해하고 완성하는 데 중요한 역할을 한다.
근거	– 자신을 이해하는 가장 좋은 방법은 타인의 시선을 통해서이다. – 친구를 선택할 때 자신의 천성(유연성, 향수)이 투영된다. – 참된 벗은 이면적 유사성에 의해, 범속한 벗은 표면적 유사성에 의해 가까워진다. – 참된 우정에 공감하는 바가 더 큰 이유는, 자기 본성의 고귀한 모습이 친구의 삶을 통해 확장되는 것을 보는 기쁨 때문이다. – 자신에게 없는 모습을 친구를 통해 봄으로써 자기를 확대할 수 있다. – 인간은 친구를 통하여 자기를 완성하게 된다.

35 1) 문단별 주제 파악 2) 논리적 재구성 3) 핵심 근거 선택 4) 한 편의 글로 완성

그림 4.2 요약하기 문항의 제시문 간 구조

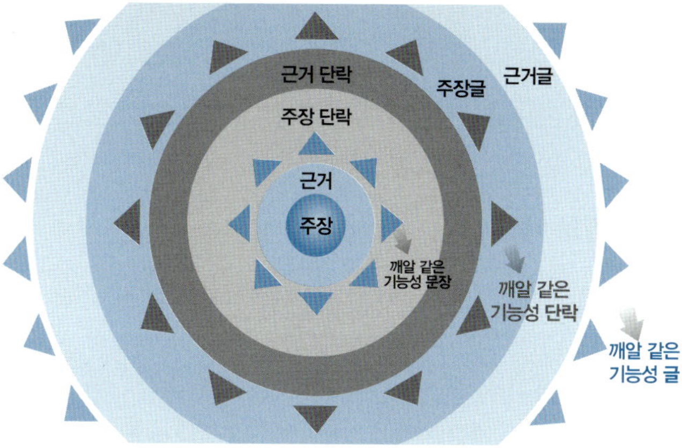

동료가 작성한 요약문을 읽고 조언을 해 주자.

A 요약 사례와 검토 내용

자신을 이해하기 위한 가장 좋은 방법은 타인을 통해서 나를 투영해 보는 것이다. 이런 맥락에서 우리는 현재 우리의 모습과 비슷한 부류의 친구를 사귀는 것이다. 또 친구는 부족한 나를 완성시키기도 하므로 우리의 유연성과 향수를 통해 친구를 택한다. 이런 과정을 통해 나중에 서로 상대방을 아는 것은 가장 풍성하고 가장 즐거운 우정이라 할 수 있다.

위 요약문은 공통 화제를 정확하게 파악하지 못하고 있다. 제시문에서 주제와 중심 논거를 제대로 찾지 못하고 인상적인 부분을 선택하여 편집하였다. 특히 세 번째 문장인 "또 친구는 부족한 나를 완성시키기도 하므로 우리의 유연성과 향수를 통해 친구를 택한다."는 무엇을 말하는지 요점이 불분명하다. 요약을 할 때에는 한 문장 안에서 연결된 여러 정보의 흐름이 논리적으로 타당한지를 늘 점검해야 한다. 한 문장에서 '친구를 선택하는 이유'와 '우징의 효과'를 원인과 결과로 연결하다 보니 논리적인 설득력이 떨어진 것이다. 또한 요약하기 과제에서 '유연성', '향수' 같은 비유적 표현을 직접적인 내용 전달의 어휘로 사용하는 것은 부적절하다. 즉, 위 요약문은 제시문의 내용을 정확하게 파악하지 못하여 요약문 자체가 무엇을 말하는지 명료하지 않게 되었다. 위의 사례는 요약하기가 잘못된 글이다.

B 요약 사례와 검토 내용

자신을 이해하는 행위는 타인의 시선을 필요로 한다. 타인의 시선은 거울로 작용하여 개인이 스스로의 행동을 판단하도록 한다. 개인과 타인의 이러한 관계는 우정의 경우에도 적용된다. 인간은 우정을 통해 자아를 완성한다. 벗과의 유사성에 '나'를 비추어 보고, '나'가 지니지 못했지만 본성적으로 공감하는 벗의 모습으로부터 배움과 기쁨을 얻는 것이 그 방식이다. 즉, 자신과 관계 맺고 있는 타인의 존재를 이해하고 교류할 때 개인은 스스로를 온전히 완성할 수 있다.

위 요약문은 A 사례에 비해서 논지 파악이 잘 이루어졌고, 뒷받침 문장의 논거들도 타당하며 논리적이다. '자신을 이해하는 방법'과 '자기 완성'의 근거가 '타인의 시선과 우정'에 있음을 잘 연결시켰다. 문장의 내용 흐름도 주장을 뒷받침하는 논거들로 연결되어 논리적이다. 또한 '자신'과 '타인' 등 첫 문장과 끝 문장의 핵심 어휘들을 연결하여 결속력을 갖추었다. 위의 사례는 잘된 요약형 논술문이다.

Tip

요약형 논제의 핵심은 관찰자적 시점을 유지하는 것이다. 따라서 "나는 ~"이라는 주어로 주관성을 드러내기보다 "〈제시문 가〉는 ~"이라거나 사물, 사건 주어를 써야 한다. 또한 제시문의 내용을 자신의 말로 바꾸어서 간결하게 전달하도록 유의한다. 요약문의 마무리는 해당 제시문에서 의의나 기대 등을 포함하고 있는 문장의 내용을 써서 한 편의 글을 완성하기에 적합한 무게로 마치도록 한다.

5 요약형 논제 지도 방안

1) 요약형 논제의 제시문 선정

요약형 논제를 만들려면 먼저 어떤 글이 요약형 논제의 제시문으로 적합한지를 판단해야 한다. 어떤 경우에 요약이 필요할까. 필자의 주장과 관점이 명료하게 드러나지 않는 경우와 제시문 자체가 논리적으로 명확하지 않은 경우에 요약이 필요하다.

화제에 대한 필자의 관점이 독특하거나 근거로 제시된 내용이 어려운 글을 읽을 때, 주장이나 관점을 명료하게 정리해야 한다. 자신의 주장을 드러내기보다 다른 사람의 관점을 비판하는 데 주력하는 글에서도 주장하는 내용을 파악하기가 쉽지 않으므로 요약이 필요하다.

문학이나 역사적인 텍스트는 문장 자체가 논리적으로 명료하지 않아 논점 파악이 어렵다. 이러한 글에는 주장보다 관련 사례와 해석이 주로 서술되어 있으므로 구체적인 사례를 종합하여 필자가 주장하는 바를 귀납적으로 수렴해야 한다.

요약하기 연습에 좋은 제시문 자료는 중·고등 교육과정의 교과서이다. 기초 단계에서는 선명한 주장과 뒷받침 문장으로 이루어진 비문학 지문을 선택해 연습하고, 심화 단계에서는 주장이 명료하지 않은 문학이나 수필 지문을 제시문으로 선정하는 것이 좋다. 다양한 유형의 제시문을 꾸준히 요약하는 연습을 함으로써 독해력과 이해력을 길러야 한다.

2) 요약형 논제 만들기

요약형 논제를 만들 때에는 다음과 같은 방식으로 지시문을 작성한다.

✓ 제시문(의 논지 / 핵심 내용)을 요약하시오.

제시문에서 요약하고자 하는 초점을 부각하기 위하여 단순히 '요약하시오'라고 하기보다 '논지'나 '핵심 내용'을 요약하라고 밝히는 것이 좋다. 제시문이 여러 개일 경우에는 공통된 키워드를 중심으로 요약하라고 요구할 수 있다. 또한 요약형 논제에서는 분량을 정확하게 제시해야 한다. 대체로 간단한 단일 제시문일 경우 200자 안팎으로 분량을 제한하고, 긴 제시문이나 복수 제시문일 경우 300자 안팎으로 분량을 제한한다. 이 때 '한 문장 50단어' 전략으로 답안 문장의 내용과 개수를 계획할 수 있다.

〈생활과 윤리〉 교과서에서 발췌한 다음 자료로 요약형 논제의 모범 답안을 작성해 보자.

다음 제시문의 논지를 요약하시오.(200자 ± 20자)

한국의 선조들은 이념상 남녀 문제를 '음양의 조화'라는 상호 보완적인 관계에서 인식하였다. 하지만 무분별한 성적 탐닉으로 말미암아 인생을 그르치는 경우를 막고 순결을 지키게 하기 위해서 결혼 전의 이성 교제를 엄격하게 제한했다. 현대 사회에서도 이런 관행이 남아 있어서 많은 부모들은 한창 공부해야 할 시기에 처해 있는 청소년기 자녀가 이성 교제에 몰두하는 것을 걱정한다. 하지만 이전처럼 자녀의 이성 교제를 무조건 반대하기보다는 건전한 만남이 되도록 신경을 쓴다.

이성 교제는 같음과 다름을 동시에 고려하는 것이어야 한다. 상대가 나와 같은 인간이기 때문에 같음을 존중해야 하지만, 상대가 나와 성(性)이 다르기 때문에 그 차이점을 이해하고 배려해야 한다. 지나치게 같음을 추구하다 보면, 그 차이를 망각할 가능성이 높고, 그 반대로 차이를 의식하다 보면, 자칫 차별로 이어질 수도 있음을 유념하면서 이성 친구를 대하도록 해야 한다.

인격적인 만남은 또한 규칙이나 예절을 지키는 것과도 관련이 있다. 인격 존중 차원에서 청소년은 상대와 약속한 것을 성실하게 지키려는 노력을 기울여야 한다. 또한 부모에게 허락을 받고 공개된 장소에서 만나는 것도 중요하다. 그렇게 할 때, 부모의 걱정을 덜어 드릴 수 있을 뿐만 아니라, 이성 친구와의 건전한 관계를 이어 갈 수 있다.

3) 단일 제시문 요약하기 활동

문단별 주제 파악 제시문의 문장마다 ①, ②, ③, ④, … 번호를 매겨 가며 단락별로 주장 문장에 밑줄을 긋고, 근거, 기능성 문장들을 구분한 뒤, 활동지에 문장의 일련번호를 순서대로 적는다. 그러고 나서 주장 문장들을 훑으며 전체 주제 문장을 작성해 본다. (291쪽 단일 제시문 요약형 활동지 활용)

논리적 재구성, 핵심 근거 선택 주제 문장들의 위계를 비교하여 일반적인 것(○○)에서 구체적인 것(ㅇㅇㅇ)으로 문장의 순서를 재구성한다. 그러고 나서 재구성한 논리의 흐름을 뒷받침할 만한 근거 문장들을 찾아 주제 문장들 사이의 필요한 부분에 끼워 넣는다. (293쪽 요약형 답안지 윗 부분 활용)

○
→
ㅇ
→

Tip

과거와 현대 부모의 가치관이 상반됨을 설명한 첫째 단락처럼 대조적인 견해를 요약할 때 '_V_은/는 N1과 달리 N2는 ~' 표현을 쓰면 효과적이다. (자녀의 혼전 이성 교제에 엄격했던 선조들과 달리 현대의 부모들은~)

한 편의 글로 완성 글의 흐름이 논리적인지, 주장에 대한 근거 문장의 위치가 적절한지를 점검하면서 필요한 연결어미, 접속사, 어휘 등을 첨가하여 최종 요약문을 완성한다. (293쪽 요약형 답안지 아랫 부분 활용)

4) 요약형 논제 평가 기준

논제마다 평가 기준을 알면 답안을 더 잘 작성할 수 있다. 무엇이 평가되는가를 알고 쓰는 경우와 그렇지 않은 경우 글의 개요를 작성할 때 중점을 두는 사항이 달라진다. 요약형 논제에서는 주제와 핵심어를 잘 파악하였는지가 중요하다. 특히 제시문의 내용을 왜곡하지 않아야 하므로 요약하는 사람의 개인적인 의견이나 주관적 표현은 쓰지 말아야 한다. 동일한 답안을 대량으로 평가할 채점자의 피로도를 고려할 때 가급적이면 제시문의 문장을 그대로 쓰지 말고 자신만의 표현으로 바꿔 환언(paraphrasing)하는 것이 요약형 논제를 독창적으로 작성하는 비결이다.

교사가 미리 작성해 둔 평가표에 따라 학생들이 서로 답안을 검토하는 과정을 반복하면서 학생들 스스로 요약하기 평가 준거를 내면화하는 효과를 거둘 수 있다. 하지만 논술문 작성 능력이 고르지 않은 학생들끼리만 평가를 하게 하면 바르지 않은 평가 결과로 인해 평가의 신뢰도가 떨어지거나 긍정적인 환류 효과를 기대할 수 없게 될 수도 있다. 따라서 학습자 간 평가 활동에 이어서 교사의 평가를 덧붙여 올바른 논술 지도가 이루어지도록 학습 절차를 구성해야 한다.(110쪽 요약형 평가 활동지 활용)

Tip

화제(topic)와 주제(theme)의 차이

'화제'는 핵심어와 비슷한 단어로서 주로 명사형으로 파악된다. 반면 '주제'는 화제에 대한 필자의 입장을 드러낸 것으로 보통 문장형으로 표현된다. 복수 요약형 논제에서는 공통 화제를 잘 찾아야 하고, 각 제시문 안에서는 전체 단락의 주장을 아우르는 주제를 잘 파악해야 한다.

테마(theme)와 레마(rheme)의 차이

체계기능언어학자(systemic functional linguist)인 Halliday(1985)는 절(clause)이 메시지로 조직되는 원리를 보여주었다. 그는 절의 주어를 theme로, 그 주제에 대한 언급을 rheme라고 칭하였다. 예컨대, '인격적인 만남은 규칙이나 예절을 지키는 것과 관련이 있다.'에서 '인격적인 만남'은 theme이고 문장의 나머지 부분은 rheme에 해당한다. 이렇게 주어부와 서술어부로 분석된 절은 각각 '메시지로서의 절'이 된다. 테마와 레마의 구분을 통해서 텍스트가 어떻게 개념화되고 조직되는지 관찰할 수 있으며, 명확한 문장 구조와 힘 있는 문단 전개를 가르치는 방법으로 광범위하게 사용될 수 있다(MacArthur. et al. 2015: 478 참조).

문단과 단락의 차이

둘 다 paragraph로 번역될 수 있지만, 문단이 들여쓰기로 표시된 형식적 구분이라면 단락은 주제 면에서 달라지는 내용적 구분이다. 보통은 형식적 문단 표지가 내용적 단락 구분과 일치하지만, 주제 환기를 위한 배경 소개나 관련 사례를 언급하는 기능성 문단인 경우 주장이나 근거를 제시하는 단락에 의미상 종속되기도 한다. 관련 내용의 도표를 제시하고 도표에 대한 설명 등을 덧붙여서 도표 이전의 단락과 주제 면에서 달라지지 않는다면, 도표 이후 문단을 들여쓰지 않는 것이 원칙이다.

자료 4.1

요약형 평가 활동지

글쓴이 이름	주제					
1. 주제를 잘 파악하였는가?	6	5	4	3	2	1
2. 핵심어가 잘 선택되었는가?	6	5	4	3	2	1
3. 주장하는 내용이 논리적으로 잘 연결되었는가?	6	5	4	3	2	1
4. 두괄식 등으로 계획된 단락 내 구조가 있는가?	6	5	4	3	2	1
5. 분량, 정서법, 맞춤법을 잘 지켰는가?	6	5	4	3	2	1
잘 한 점 : 개선할 점:	평가 (/ 30) 평가자 이름 ________					

글쓴이 이름	주제					
1. 주제를 잘 파악하였는가?	6	5	4	3	2	1
2. 핵심어가 잘 선택되었는가?	6	5	4	3	2	1
3. 주장하는 내용이 논리적으로 잘 연결되었는가?	6	5	4	3	2	1
4. 두괄식 등으로 계획된 단락 내 구조가 있는가?	6	5	4	3	2	1
5. 분량, 정서법, 맞춤법을 잘 지켰는가?	6	5	4	3	2	1
잘 한 점 : 개선할 점:	평가 (/ 30) 평가자 이름 ________					

확인질문

Chapter 04

이 장에서는 요약형 논제의 특징과 논제 해결 방법, 요약형 논제를 출제하고 평가할 때 유의할 사항에 대해서 살펴보았습니다. 다음 문제를 풀면서 본문의 중심 내용을 정리하고 학습자 수준에 맞는 요약형 논제를 출제할 방안에 대해서 생각해 봅시다.

1. 본문 이해

❶ 요약형 논제는 어떤 능력을 측정하기 위한 시험입니까?

❷ 요약하기 논제를 해결하는 절차는 어떻게 구성됩니까?

❸ 요약문을 작성할 때 제시문에서는 어떤 기능성 문장들을 가져다 써야 합니까?

2. 수행 과제

❶ 교과서 지문을 활용하여 요약형 논제와 제시문을 만들어 봅시다.

❷ 자신이 만든 문항의 모범 답안을 작성해 봅시다.

❸ 자신이 만든 요약형 논제가 분석형, 적용형, 평가형, 논술형 문항 가운데 어느 문항과 연계될 수 있을지 생각해 보고 심화 문항의 논제와 제시문을 만들어 봅시다.

❹ 연계된 심화 문항의 모범 답안을 작성해 봅시다.

3. 더 생각해 볼 거리

학습자의 연령대별로 요약하기 활동을 꾸준히 할 수 있는 과제 활동을 개발해 봅시다. 글자 수만 줄이는 단순 요약이 아니라 자신의 표현으로 바꿔 정리하는 환언(paraphrasing) 활동이 되도록 기획해야 합니다.

☑ 추가 자료

기출 문제 : 인하대학교 2014학년도 수시 1차 인문계열

다음을 요약하시오.(300자±50자, 20점)

현대 민주 국가에서 시민들은 자유를 누릴 수 있는 권리를 갖는다. 근대 이전 사회에서 대다수의 사람들이 왕이나 귀족의 지시와 결정에 따르거나 자신들의 태생적 신분에 따라서 살아야 했던 것과는 달리, 이성적 존재로서 시민들은 자신들의 삶의 조건을 스스로 결정할 수 있는 자유를 보장받는다. 시민들은 정치에 참여할 수 있는 권리를 가진다. 민주국가에서 시민은 공동체적 삶의 기준으로 법을 만들 수 있고, 이를 집행하는 대표자를 선출할 수도 있다. 시민의 의견과 일치하는 방향으로 정치가 이루어지려면 많은 사람이 적극적으로 참여해야 한다. 시민의 정치 참여는 민주주의에서 정통성 확보에 필수적이기 때문이다.

민주주의의 중요한 전제 조건인 국민들의 정치 참여는 오늘날 언론을 통해 이루어지고 있다. 민주적 정치 참여가 이루어지기 위해서는 정치적 결정에 관련된 다양한 정보와 의견이 자유롭게 유통되어 국민들이 올바른 선택을 할 수 있는 여건이 마련되어야 한다. 그러기 위해서 언론의 자유가 보장되어야 한다. 왜냐하면 권력에 의해 통제되는 언론은 국민들에게 다양하고 풍부한 정보를 자유롭게 전달하지 못하고, 그 결과 국민의 알 권리가 제대로 충족될 수 없기 때문이다. 결국 정부의 통제나 영향으로부터 자유로운 언론이 민주 사회의 근간이 된다는 것이다.

한편 다수에 의해 선택된 합법적인 권력이라 하더라도 전횡과 권력 남용의 우려가 있기 때문에 시민들에게 권력을 감시하고 비판할 자유가 주어져야 한다. 즉, 국가 권력의 남용을 막기 위하여 다양한 제도가 마련되었더라도 이를 따르지 않는 국가 권력을 비판할 수 있는 힘이 없다면 그 제도는 소용이 없다. 따라서 국가 권력의 자의적 행사를 막기 위해 건강한 시민 세력이 골고루 발전해야 한다. 언론은 민주주의 사회에서 국가의 권력 남용을 견제할 수 있는 중요한 사회 세력 중 하나이다. 언론은 국가의 정책을 국민에게 알리기도 하지만, 국가의 정책이 잘못 입안되거나 잘못 집행될 때 문제점을 지적하는 비판적인 기능도 한다. 국민은 언론을 통해 국가 권력이 어떻게 행사되고 있는지를 감시하고 견제할 수 있다. 이 때문에 민주주의를 표방하고 있는 모든 국가들은 언론 자유의 보장을 법에 명시해 놓고 있다.

그러나 실천의 차원에서 언론의 자유를 무한정 허용할 수는 없다. 언론의 활동은 원칙적으로 자유롭지만 그 자유에는 반드시 책임이 수반된다. 언론 매체는 진실 추구를 통해 사회적 감시의 기능과 사회적 가치를 설정하는 기능을 수행해야 하는데 만일 이러한 역할을 수행하지 못했다면 언론은 자유에 따른 책임을 다하지 못한 것이다. 언론 매체가 자유에 대한 책임을 다하지 못하는 것도 문제가 되지만 그 자유를 남용하는 경우도 큰 문제가 된다. 언론 매체를 통해 전달되는 정보는 그 특성상 사회 구성원들에 미치는 영향력이 매우 크기 때문이다. 잘못된 정보가 전달되거나 엉뚱하게 재해석되어 유통되면 시민들이 의사 결정하는 것을 방해하고, 사회 전반에 부정적인 영향을 미치게 된다. 이 때문에 언론 보도를 규제하는 제도적 장치들이 마련되어야 한다.

고등학교 〈도덕〉, 〈생활과 윤리〉, 〈법과 정치〉 발췌 수정

이름 ____________

제5장
분석 평가형 논제

- 논술 문항을 개발할 때 고려해야 할 사항에 대해서 이야기해 보자.
  학습자 수준, 출제 의도, 대학별 논술 유형, 제시문 자료의 저작권, …
- 논술 문항의 출제구성표에 써 넣어야 할 내용에 대해서 생각해보자.
  평가 목적, 지시문, 제시 자료 설명, 모범 답안, 화제, 채점 체계, 분량, 시간, …

논술 문항 출제 방법

대학교 입학처 자료실이나 한국대학교육협의회, EBS-i 사이트에 들어가면 각 대학 기출 문제를 비롯하여 모의 논술 문제와 연습 문항, 출제 의도, 모범 답안들이 게시되어 있다. 교과 논술이 자리를 잡으면서 각 대학은 자기 학교 인재상에 부합하는 학생을 선발하기 위해 논술 유형의 체계를 정립하였고, 그러한 논술 유형을 잘 예시할 수 있는 최근 자료를 공개한다. 관련 기관의 이러한 정보 공개 추세는 사교육 부담을 줄이자는 사회적 합의에서 비롯된 것이다. 교육부는 논술 사교육 과잉을 막기 위하여 각 대학별 논술 문항 내용이 중등 교과과정 안에서 출제되었는지를 사후 감찰함으로써 출제 범위를 한정한다.

일부 대학은 7월과 8월에 선착순 지원한 학생을 대상으로 모의 논술을 실시하고 무료로 조언을 해 주므로 관심 대학의 모의 논술에 응시해 보는 것도 학생들에게는 좋은 경험이 될 것이다. 이러한 여건을 고려해 볼 때 논술 장르에 대한 기본 지식과 자발적 의지만 있다면 누구나 혼자서도 논술을 준비할 수 있다.

그런데 문제는 현재 공개되어 있는 논술 기출 문항을 풀 수준에 미치지 못하는 학생이다. 논증적인 글에 대한 배경지식이 없고 문어적 쓰기 지식이 부족하여 논술 답안을 작성한다 해도 자신이 쓴 글에서 어떤 점이 부족한지를 스스로 파악하지 못하는 학생에게는 전문 교사의 도움이 필요하다. 논술 초보자에게 쓰기 동기를 심어 주고 '해 보니까 된다, 할 수 있다'는 자기 효능감을 높여 자발적으로 논술 문제에 접근하게 하려면 학습자 수준을 고려한 단계적 접근 전략이 있어야 한다. 이 때 교사의 조언은 답안의 서열을 매기기 위함이 아니라 학생이 다음 번 논술 과제에 착수할 때 이전보다 나은 수준에서 시작하도록 자신감을 주기 위해서 제공되어야 한다.

논술 연습의 단계를 조절하는 기본적인 변인은 제시문 수준이다. 현행 교과 논술이 출제 범위를 중등 교육과정으로 제한하고 있으므로 가급적이면 교과서나 EBS 연계 교재를 다양하게 활용하여 초급 수준의 제시문을 구성하도록 한다. 이 장에서는 2015년 2학기 연세대학교 〈국어 논리와 논술〉 수업 절차를 토대로 논술 문항 개발과 수정 과정을 살펴볼 것이다. 그리고 이 논제로 글을 써 본 고등학생들의 답안 첨삭 사례를 예시하고자 한다.[36]

Tip

공적 출판을 목적으로 문항을 개발한다면 제시문의 저작권에 신경을 써야 한다. 국제 표준 저작권 기준은 작가 사후 50년이지만 미국과 FTA를 맺으면서 70년으로 늘어났다. 그래서 1962년 이전 사망한 작가의 텍스트 자료는 자유롭게 사용할 수 있지만 1963년 이후 사망한 작가부터는 사후 70년까지 저작권을 보호해 주어야 한다. 신문 기사의 경우 저작물로 보호되는 신문기사를 전체적으로 요약하여 사용하는 것은 저작권자의 허락을 받아야 하지만, 기사 제목만 또는 제목과 함께 100~200자 초록을 사용하는 것은 양해될 수 있다. 교과서 지문도 다양한 출판사에서 부분적으로 발췌해서 교육 목적으로 사용하는 것은 가능하다. 논술 제시문의 도표, 그래프 등 통계 자료는 통계청 자료를 활용하도록 한다. 통계청 사이트에서 교과서에 실린 도표의 제목으로 자료를 검색하면 관련 자료를 간편하게 얻을 수 있다. 교과서에 실린 도표의 관련 자료이므로 중등 교육과정을 벗어나지 않은 것으로 볼 수 있다.

36 2015년 2학기에 연세대학교에서 〈국어 논리와 논술〉 수업을 들은 많은 학생이 스스로 심혈을 기울여 만든 연습 문항들을 본 교재에 싣고 싶어했지만 제시문에 인용된 자료의 저작권 문제를 해결할 수 없어서 다 싣지 못한 것에 대해 양해해 주기 바란다. 제5장의 내용은 국어국문학과 김한슬 학생이 초고를 작성하였다.

1 논술 문항 초고

아래 제시문을 읽고 문제에 답하세요.

제시문 (가)

인간은 자신의 외부에 존재하는 것에 의미를 부여하면서 세계를 이해한다. 평범한 클로버 잎에도 잎사귀가 몇 개인지에 따라 행운의 의미를 부여하거나 다른 사람에게 네 잎 클로버를 선물함으로써 행운을 빌어주기도 한다. 이처럼 본래의 특징과 무관하게 사물에 부여된 다른 의미를 상징이라고 한다. 언어, 그림, 기호 등은 모두 상징에 해당하며, 상징은 인간이 다른 사람에게 의사를 전달하고 문화를 습득할 수 있도록 기능한다. 이 중에서 언어는 생각이나 느낌을 나타내기 위해 인간이 사용하는 음성이나 문자, 몸짓과 같은 수단으로 기능한다. 일부 동물이 소리 신호를 내어 제한된 범위에서 의사를 전달하는 경우도 있지만, 추상적인 관념까지 표현할 수 있는 언어를 구사할 수 있는 능력은 인간의 고유한 능력이다. 따라서 언어 구사 능력을 지닌다는 점은 인간과 동물을 구분하는 중요한 기준이 된다. 이처럼 인간은 언어를 이용하여 문화를 후세에 전달하고, 이를 바탕으로 고도로 발달한 문화를 향유할 수 있게 되었다.

제시문 (나)

한 사회의 구성원들이 그 공동체를 유지하고 발전시켜 나가기 위해서 반드시 필요한 것은 사회 구성원 간의 의사소통이다. 인간은 사회적 의사소통의 수단인 언어를 사용하여 사회적 관계를 형성·유지하고 사회를 발전시킨다. 이 과정에서 언어는 사회를 이루며 살아가는 인간의 삶의 모습을 반영하게 된다.

언어는 지역마다 다르다. 이렇게 사람들이 사용하는 말이 지역에 따라 다른 것은 언어가 사회적 산물이기 때문이다. 또한 같은 지역에 살더라도 성별, 나이, 계층, 직업, 사회적 신분이나 지위, 학력 등에 따라 사용하는 언어의 양상이 다르게 나타나게 된다.

"이제 달라질 거야." 이렇게 외치면서 그는 이제부터 침대를 '사진'이라고 부르기로 하였다.

"피곤하군. 사진 속으로 들어가야겠어." 그는 이렇게 말했다. 그러고는 아침마다 한참씩 사진 속에 누운 채로 이제부터 의자를 뭐라고 부를까를 고심했다. 그러다가 의자를 '시계'라고 부르기로 했다.

그러니까 그는 자리에서 일어나 옷을 입고, 시계 위에 앉아 양팔을 책상 위에 괴고 있었다. 그러나 책상은 이제 더 이상 책상이 아니었다. 그는 책상을 '양탄자'라고 불렀다.

그러니까 남자는 아침에 사진 속에서 일어나 옷을 입고, 양탄자 옆에 놓인 시계 위에 앉아, 무엇을 무엇이라고 부를 수 있을지를 고심했다.

–페터 빅셀, '책상은 책상이다'에서–

제시문 (다)

1. 언어와 사고의 관계를 연구한 사피어(E. Sapir)에 의하면, 흔히 생각하듯이 우리는 객관적인 세계에 살고 있는 것이 아니다. 우리는 언어를 매개로 하여 살고 있으며, 언어가 노출시키고 분절(分節)시켜 놓은 세계를 보고 듣고 경험한다. 워프(B. Whorf) 역시 사피어와 같은 관점에서 언어는 우리의 행동과 사고의 양식을 결정하고 주조(鑄造)한다고 말한다. 사피어와 워프의 말에 비추어 한국어의 경우를 생각해 보자. 한국어에서는 초록, 청색, 남색을 '푸르다'고 한다. '푸른 숲', '푸른 바다', '푸른 하늘' 등의 표현이 그러한 경우로, 한국 사람은 이 다른 색들에 대한 한 가지 말을 쓰고 있다. 사피어와 워프에 따른다면 이러한 현상 때문에 한국 사람은 숲, 바다, 하늘을 한 가지 색깔로 생각하게 된다. 언어가 사고를 결정하는 것이다.

2. 어떤 색깔에 해당되는 어휘가 없다고 해서 그 색깔을 인식할 수 없는 것은 아니다. 해당 어휘가 있으면 인식하기가 쉽고 또 오래 기억할 수 있겠지만 어휘가 없다고 해서 인식이 불가능한 것은 아니다. 그 밖에도, 우리가 분명히 어떤 생각을 갖고 있으되 그 생각을 표현할 적당한 말을 갖고 있지 못할 뿐이기니 말을 잊이시 표현에 곤란을 느낄 뿐인 경우가 얼마든지 있다. 문법의 경우를 보아도 그렇다. 예를 들어 프랑스어의 명사나 형용사에는 남성을 나타내는지 여성을 나타내는지를 변별해서 사용하도록 해주는 문법적 장치가 있다. 이에 비해 한국어는 그러한 장치를 갖고 있지 않은데 그렇다고 해서 한국어를 쓰는 사람들이 이성(異性)을 구별하지 못한다고 할 수는 없다. 이러한 경우들을 볼 때, 인간의 사고가 언어에 의해 많은 제약을 받고 있는 것은 사실이지만 그 점이 얼마나 중요한지는 확실히 알 수 없다.

제시문 (라)

그리스의 철학자 에피쿠로스(B.C. 341–270)는 "우주는 무한하며, 그래서 우리가 모르는 생명체가 사는 곳도 수없이 많을 것"이라고 주장했으며, 로마의 시인 루크레티우스(B.C. 94–55)는 "우주 어딘가 우리 지구와 같은 곳이 있어 사람이나 동물이 살고 있을 것"이라고 기록하였다. (중략) 과학적인 외계 문명 탐사 작업은 1960년 미국 국립 전파 천문대의 드레이크에 의해 처음 시도되었다. 드레이크는 전파 망원경으로 지구로부터 10광년 정도 떨어진, 태양 정도의 나이와 질량을 지닌 별들로부터 방출되는 인공적인 전파를 조사하였으나 별다른 성과를 얻지는 못하였다. 그럼에도 불구하고 과학자들은 파이오니아호나 보이저호와 같은 우주선에 지구의 정보를 담은 레코드를 실어 보내고 아레시보의 300m 전파 망원경을 이용해 외계로 지구인의 메시지를 송출하는 등 외계 문명을 찾기 위해 지속적으로 노력하고 있다.

최근에는 외계 생명체를 찾는 또 다른 방법으로 태양계 밖 외계 행성을 찾는 연구가 한창 진행되고 있다. 지상의 대형 천체 망원경과 우주 망원경은 이 분야에 획기적인 진보를 가져다주어 현재까지 수백여 개의 외계 행성들이 발견되었다. 그리고 조만간 지구와 유사한 환경을 지닌 행성도 찾을 수 있을 것이라 기대된다. <u>이 행성들 중에는 지구의 인류처럼 지적인 외계 생명체가 존재하는 행성도 있지 않을까?</u>

〈문제 1〉 제시문 (가), (나), (다)의 '공통 키워드'와 각 제시문의 특성을 잘 드러내는 '개별 키워드'를 찾고, 이를 이용하여 각 제시문의 주장을 간단하게 요약하세요. (500자 내외)

〈문제 2〉 제시문 (라)에서 '지적인 외계 생명체가 존재한다.'고 가정할 때, 외계 생명체와 의사소통이 가능한가에 대한 자신의 입장과 그 근거를 제시문 (가), (나), (다) 중 두 가지 이상의 제시문을 활용하여 하나의 완성된 글로 논술하세요. (1000자 내외)

Tip

논술 문항을 출제할 때에는 문항 표지를 작성해야 한다. 표지에는 모집 계열을 밝히고 수험번호와 성명을 적을 칸을 마련하며 수험자 유의사항을 적어 두어야 한다. 수험자 유의사항에는 시험 시간, 필기구 종류, 답안 작성 방법 등의 정보를 제공한다.

수험자는 제일 먼저 논제의 요구부터 파악해야 한다. 논제를 읽으면 답안을 작성할 때 무엇을 이행해야 할지 목표를 정할 수 있고 그러한 목표 의식을 가지고 제시문을 읽으면 필요한 정보를 보다 쉽게 정리할 수 있다. 이 때 논제를 자기 편한 대로 재해석하거나 핵심 요구 사항을 건너뛰어서는 안 된다. 예를 들어 '제시문 (가)와 (나)의 차이점을 서술한 뒤 한 쪽의 입장에서 다른 쪽을 비판하고 문제 해결 방안을 제시하라'는 논제가 있다면 '차이점 분석', '선택', '비판', '해결책 제시' 등을 모두 이행해야 한다.

또한 다음과 같이 논제에 〈조건〉이 붙어 있다면 이를 꼼꼼히 확인해야 한다.

1. 서론과 결론은 쓰지 말고 본론에 해당하는 부분만 작성할 것.
2. 찬성과 반대 중 한쪽만 선택하고 이를 답안 첫 문장에서 밝힐 것.
3. 자기 주장의 논거를 두 가지 제시하고 자기 주장의 문제점과 해결책도 서술할 것.
4. 논거는 반드시 (가)~(마)에서 찾되, 제시문의 문장을 그대로 옮기지 말 것.

(인하대 2012학년도 수시 1차 논제 [문항 1-나] 참조)

답안을 작성하다가 틀리면 원고지 사용법에 따라 줄을 긋고 그 위에 고쳐 쓰거나 V 표시를 하고 부족한 내용을 첨가해야 한다. 거의 모든 대학이 수정액이나 수정 테이프 사용을 금지하는데 이는 수정 테이프 자국이 표지가 되어 부정 채점이 일어날 가능성을 방지하기 위함이다. 하지만 원고지 사용법에 따라 잘못 쓴 것을 고치자니 답안이 지저분해 보이겠고 그대로 두자니 내용이 마음에 안 들 때 학생은 당황하게 된다. 이러한 쓰기 인지 부담을 줄여서 학생이 가진 논술 역량을 최대한 발휘하게 하려면 연필로 답안을 작성하게 하거나 볼펜 글씨를 지울 수 있는 기능성 필기구를 준비시켜야 할 것이다.

2 학생 답안 및 평가

〈문제 1〉 제시문 (가), (나), (다)의 '공통 키워드'와 각 제시문의 특성을 잘 드러내는 '개별 키워드'를 찾고, 이를 이용하여 각 제시문의 요지를 요약하세요. (500자 내외)

각 제시문은 '언어'에 대해 이야기하고 있다. 하지만 언어가 갖는 기능에서는 다소 상이한 ~~관점을 논한다~~(입장에 서 있다). 먼저 (가)의 경우는 언어에 의미를 부여해 '상징성'을 갖는 인간의 고유한 특성을 논한다. 동물과 인간이 구별될 수 있는 요소는 고도의 언어를 구사할 수 있는 능력과 이를 후세에 전파할 수 있는 능력이다. 이러한 능력은 수준 높은 문화를 향유하게 하고 질적으로 더 높은 사유를 가능케 할 수 있다.

한편 (나)는 언어의 특성으로 '의사소통' 기능에 대해 역설한다. 이러한 의사소통은 구성원들의 결집력을 높이고 공동체 발전에 기여하는 수단이 된다. 지역마다 언어가 다르게 나타나는 것은 고유한 특수성이라고 역설한다. 반면 상호 의사소통을 무시한 채 살아간다면 고립되어질 수밖에 없다는 점을 인지해야 할 것이다.
(이중 피동)

제시문 (다)-1은 언어가(에 내재된) '사고를 지배'할 수 있는 능력에 대해 논한다. 실제로는 모두 같지 않은 색이라도 언어의 사유체계에 종속되면 단편적으로(단일하게) 사고할 수 있다는 입장이다. 반면 2는 언어만으로 인간의 인식체계를 결정하는(단정하는) 것은 '편향된 가치관'이라는 주장이다. 물론 언어는 인식의 구별점을 제공한다는 점에서 이롭지만, 인식을 지배하지는 못한다는 주장이다.

(598자)

〈**문제 1**〉의 답안은 문항의 요구대로 '언어'라는 공통 키워드를 찾아서 두괄식으로 제시하고 있다. 수험자는 '언어가 갖는 기능'을 기준으로 각 제시문의 키워드를 추출해 내었다고 명시한다. 개별 키워드는 각각 '상징성', '의사소통', 그리고 (**다**)에서 '사고를 지배'와 '편향된 가치관'이다. 이때 '상징성'이나

'의사소통', '사고를 지배'는 언어의 기능적 측면에서 볼 때 타당할 수 있으나, (다)의 2번 글에서 찾아낸 '편향된 가치관'이라는 키워드는 언어의 기능과는 관련이 없다는 점에서 적절하지 않다.

이러한 키워드들은 출제자가 의도한 것과 다소 차이가 있다. 먼저 (가)를 보면, 이 제시문은 표면적으로는 수험자가 작성한 키워드와 같이 '상징성'을 중심어로 삼고 있는 것처럼 보인다. 하지만 여기에서의 상징은 결국 언어와 동일한 의미에서 사용된 용어이다. 즉, (가)의 주장은 '언어(상징)를 이용하여 인간은 문화를 향유할 수 있다.'는 것이다. 따라서 여기에서 찾아낼 수 있는 (가)의 키워드는 '언어와 문화' 또는 '문화'이다.

(나)의 경우에도, '의사소통'이 언어의 기능이라고 보는 것은 타당하지만, 상징과 마찬가지로 언어의 특성을 보여주기 위해 내용된 말이다. 제시문 중에서 '이 과정에서 언어는 사회를 이루며 살아가는 인간의 삶의 모습을 반영하게 된다.'라는 문장이 주제문이 되는데, 이때 (나)의 키워드는 '언어와 사회' 또는 '사회/사회성'이 되는 것이다. 그렇지만 (가)와 (나)의 개별 키워드를 찾고 그 근거를 서술한 것은 수험자 본인이 설정한 '언어가 갖는 기능'에 대한 관점에서 벗어나지 않기 때문에, 출제자의 의도와 다르더라도 어느 정도 타당성을 갖춘 것으로 보인다.

하지만 수험자가 (다)의 개별 키워드를 선정하는 과정에서, 서로 상이한 1, 2번 글의 공통점을 우선적으로 명시하지 않은 것은 감점 요인이 된다. 수험자는 두 글이 서로 다르다는 것을 인식하여 각각의 개별 키워드를 찾아내어 서술하였지만, 이는 결국 '언어와 사고' 또는 '사고'라는 하나의 화제에서 나올 수 있는 상이한 주장이다. 그러나 (다)에 대한 답안에서 1번 글에 대한 개별 키워드와 그 근거 서술은 비교적 타당하다고 보인다. 이때 2번 글에 있어서도 자신의 기준에 부합하는 적절한 키워드를 찾아낼 수 있었다면 더 좋은 점수를 받을 수 있었을 것이다.

〈문제 2〉 제시문 (라)에서 '지적인 외계 생명체가 존재한다.'고 가정할 때, 외계 생명체와 의사소통이 가능한가에 대한 자신의 입장과 그 근거를 제시문 (가), (나), (다) 중 두 가지 이상의 제시문을 활용하여 하나의 완성된 글로 논술하세요. (1000자 내외)

'의사소통'이라 함은, 제시문 (나)에서 논하듯 언어를 사용해 사회구성원을 생성하고, 제시문 (가)에서 논하듯 문화를 향유할 수 있는 '수단적' 의미를 갖는다. 따라서 (라)의 지적인 외계 생명체가 존재한다고 하더라도 의사소통은 불가능할 것이다. 만약 가능하다고 했다면, 실질적인 연구를 시작한 1960년 미국 국립 전파 천문대를 기점으로 그들이 출현하지 않았겠는가. 그들은 의사소통을 하지 못하거나, 인간과의 의사소통을 원하지 않았기 때문이라고 해석할 수 있겠다.

활동 의 존재가 확인되
아직까지 외계인과의 의사소통 사례가 보고되지 않은 이유는, ◀ 외계인에 대한 이러한 단정의 근거가 부족합니다.
가설을 세워 볼 수 있다.

이는 제시문 (나)를 통해 근거를 제시할 수 있다. '지적 외계 생명체' 자체가 존재했다는 가정을 해본다면 이미 과거에 그들만의 언어가 형성되었을 것이다. (나)에 따르면 지역마다 고유의 언어가 존재한다. 또한 지역 이외에도 지적수준의 차이로 다양하게 나타난다. 하물며 인간도 방언이나 국적의 차이로 의사소통이 가능하지 못한 일이 발생하는데 외계 생명체와는 더욱 불가능할 것이다. (나)의 첨언된 글에서 보는 바와 같이 언어 자체를 동일하게 구사·사용하더라도 그 의미를 달리한다면 의사소통이 불가능해질 것이라는 예시를 보여준다. 지적 외계 생명체와는 의사소통이 더 불가능하다는 것을 내포한다.

제시문 (나)로써 이러한 가설에 근거를 제시하고자 한다.
◀ 주어가 없습니다.
불가능한 경우가 있는데 시공간적으로 완전히 동떨어져 있는
의 의사소통
◀ 주술 호응 오류
지구인 사이의 소통도 이렇게 어렵다면
미루어 짐작할 수 있다.

한편 (가)에서는 인류 역사와 함께해 온 동물조차도 인간과 제대로 의사소통할 수 없다고 주장한다. 외계 생명체가 아무리 '지적'이라도 인간과 오래 떨어져 생활하였기 때문에 불가능하다는 주장에 힘을 보탤 수 있다. 또한 인간은 (가)에서처럼 상징적인 언어의 사용 빈도가 높다. 외계 생명체에게 "돼지꿈을 꾸었다." 라고 말하면 그 안에 함축된 말을 외계 생명체는 이해할 수 없으며 이로써 의사소통은 더욱 어려워질 것이다.

의사소통이
주장을 뒷받침하는 내용이다.

마지막으로 (다)-1에서 보듯이 인간도 ∧ 다양한 어휘를 하나의 단어로 귀결시키는데, 지
어휘 제약에 의해 / 단일화

적 외계 생명체라고 이러한 ~~귀결을 하지 않는다고~~ 보장할 수 없다. 따라서 이러한 근거들
변이가 없다고

로 ∧ 지적 외계 생명체와 인간의 의사소통은 불가능하다고 할 수 있겠다. (942자)
미루어 볼 때

Tip

마지막 단락의 '귀결'은 '어떤 결말이나 결과에 이름'을 나타내는 말이므로 문맥에 적합한 어휘로 대체해야 한다. 밑줄 친 부분은 논리적 불일치가 있는 곳으로 문장 구조를 수정할 필요가 있다.

〈문제 2〉의 답안은 우선 정해진 답이 없다는 점에서, 수험자가 문제에서 요구한 조건을 모두 충족시켰는지 자신이 선택한 입장에 대한 근거를 타당하게 서술했는지를 중심으로 보고자 한다. 수험자는 '지적 외계 생명체와의 사소통이 불가능하다'는 입장이다. 이러한 주장을 두괄식으로 첫 문장에 바로 제시하고 있지는 않지만, 자신이 이러한 주장을 선택한 근거를 다른 제시문들에서 찾아서 제시함으로써 그 타당성을 높이고 있다. 이 답안의 장점은 문제에서 제시한 두 가지 이상의 제시문을 근거로 활용하라는 요구에 (가), (나), (다) 모두를 사용하고 있다는 점이다. 수험자의 답안은 인간의 언어, 즉 개별 문자를 통한 의사소통만을 전제로 하고 있는데, 이러한 기준에서는 지적 외계 생명체와 의사소통이 가능하지 않을 것이라는 주장은 타당하다고 볼 수 있다. 그러나 이러한 답안은 제시문에서 제공하는 정보에 토대를 둔 것에 그쳤기 때문에, 정해진 답안이 없는 이 문항에서 다른 답안과 차별성을 찾을 수 없다는 한계가 있다. 그러므로 예상되는 반론에 대한 재반박을 답안에 함께 기술했더라면 단순히 제시문의 내용을 정리하여 옮기는 데 그치지 않고, 보다 적극적으로 자신의 입장을 창의성 있게 전달할 수 있었을 것으로 보인다.

3 논술 문항에 대한 피드백과 반영

1) 동료 학생의 피드백

김한슬씨께

(나) 제시문 본문과 첨언된 글이 구분되었거나 연관성 있게 제시됐다면 좋았을것 같아요!

(다)의 1과 2는 다소 상이한 주장인데 논제에는 별다른 구분(비교·대조)하라는 말이 없어서 조금 아주 조금 당황했습니다.

(라)의 과학 지문은 문과생들에게(...저에게) 어려웠는데 논제 자체가 요약이나 발전형 문제가 아니라. 전제상황을 미리 제시해 주셔서 안전(?)하게 풀 수 있었어요. 좋은 제시문이었다고 생각합니다! 시간이 모자라지는 않았는데 시험이라고 생각하니 떨려서 생각이 제대로 적히지 않았다는 것은 제 개인적인 부족 부분인것 같습니다. 잘 풀었습니다. 좋은 문제 감사드립니다.

2) 피드백의 반영

제시문 (나)의 본문과 첨언된 페터 빅셀의 글은 고등학교 〈독서와 문법〉 교과서의 다른 단원에 실려 있는 글이다. 그렇기 때문에 텍스트 간 긴밀성이 다소 떨어지는 문제가 있다. 두 가지 글 모두 언어와 사회의 관련성을 다루고 있는 글이지만, 제시문으로서 완결성을 가지기 위해서는 위의 조언 내용에 따라 보완할 필요가 있다.

제시문 (다)의 상이한 내용이 아무런 언급 없이 나오게 된 이유는 출제 과정에서 시간 관계상 한 문제를 삭제했다는 데 있다. 수정 이전의 문제는 총 세 문제로 조언에서 지적해 준 바와 같이, "본 제시문의 상이한 두 주장을 비교 · 대조하고, 한 가지 입장을 선택하여 다른 입장을 평가하라"는 유형의 문항을 출제하였다. 그러나 수정 이후 별다른 방향 제시 없이 서로 반대되는 두 주장을 하나의 제시문으로 묶어서 기술하였기 때문에, 수험자의 혼란을 야기한 것으로 보인다. 따라서 해당 제시문과 문제의 출제 의도를 보다 명확히 전달할 수 있도록 안내 사항을 추가하여 수정하고자 한다. 논술 문항의 초고를 수정한 부분은 다음 페이지에 파란색으로 표시하였다.

4 수정된 논술 문항

20**학년도 수시모집대비 모의 논술시험 (인문계열)

시행일 : 20**년 12월 1일 화요일

수험번호		성명	

유의사항

1. 시험 시간은 100분, 문항은 3문항임.
2. 답안에 제목을 달지 말고, 본론만 작성할 것.
3. 답안에 수험 번호, 성명 등 자신을 드러내는 정보나 특별한 표시를 드러내지 말 것.
4. 제시문의 문장을 그대로 옮겨 적지 말 것.
5. 띄어쓰기를 포함하여 각 문제별로 제시된 분량 이내로 서술할 것.
6. 답안을 정정할 때 원고지 사용법에 따를 것.(수정액, 수정 테이프 사용 불가)
7. 흑색이나 청색 필기구만 사용할 것.
8. 답안을 구상할 때 문제지의 여백이나 문제지 내의 연습장만 사용할 것.

아래 제시문을 읽고 문제에 답하세요.

제시문 (가)

인간은 자신의 외부에 존재하는 것에 의미를 부여하면서 세계를 이해한다. 평범한 클로버 잎사귀 수에도 행운의 의미를 부여하거나 다른 사람에게 네 잎 클로버를 선물함으로써 행운을 빌어주기도 한다. 이처럼 본래의 특징과 무관하게 사물에 부여된 다른 의미를 상징이라고 한다. 언어, 그림, 기호 등은 모두 상징에 해당하며, 상징은 인간이 다른 사람에게 의사를 전달하고 문화를 습득할 수 있도록 기능한다.

이 중에서 언어는 생각이나 느낌을 나타내기 위해 인간이 사용하는 음성이나 문자, 몸짓과 같은 수단으로 기능한다. 일부 동물이 소리 신호를 내어 제한된 범위에서 의사를 전달하는 경우도 있지만, 추상적인 관념까지 표현할 수 있는 언어를 구사할 수 있는 능력은 인간의 고유한 능력이다. 따라서 언어 구사 능력을 지닌다는 점은 인간과 동물을 구분하는 중요한 기준이 된다. 이처럼 인간은 언어를 이용하여 문화를 후세에 전달하고, 이를 바탕으로 고도로 발달한 문화를 향유할 수 있게 되었다.

제시문 (나)

한 사회의 구성원이 그 공동체를 유지하고 발전시켜 나가기 위해서 반드시 필요한 것은 사회 구성원 간의 의사소통이다. 인간은 사회적 의사소통의 수단인 언어를 사용하여 사회적 관계를 형성·유지하고 사회를 발전시킨다. 이 과정에서 언어는 사회를 이루며 살아가는 인간 삶의 모습을 반영하게 된다.

언어는 지역마다 다르다. 사람들이 사용하는 말이 지역에 따라 다른 것은 언어가 사회적 산물이기 때문이다. 또한 같은 지역에 살더라도 성별, 나이, 계층, 직업, 사회적 신분이나 지위, 학력 등에 따라 사용하는 언어의 양상이 다르게 나타나게 된다.

> "이제 달라질 거야." 이렇게 외치면서 그는 이제부터 침대를 '사진'이라고 부르기로 하였다.
>
> "피곤하군. 사진 속으로 들어가야겠어." 그는 이렇게 말했다. 그러고는 아침마다 한참씩 사진 속에 누운 채로 이제부터 의자를 뭐라고 부를까를 고심했다. 그러다가 의자를 '시계'라고 부르기로 했다. 그리고 시계 위에 앉아 양팔을 책상 위에 괴고 있었다. 그러나 책상은 이제 더 이상 책상이 아니었다. 그는 책상을 '양탄자'라고 불렀다.

그러니까 남자는 아침에 사진 속에서 일어나 옷을 입고, 양탄자 옆에 놓인 시계 위에 앉아, 무엇을 무엇이라고 부를 수 있을지를 고심했다.

위의 글은 페터 빅셀의 '책상은 책상이다'라는 글의 일부이다. 만약 일상생활을 할 때 이 주인공과 같이 자신만의 언어를 사용한다면 의사소통에 많은 어려움이 생길 것이다. 언어란 일종의 기호로서 사회적 약속인데 주인공은 그 약속을 깨뜨려 버렸기 때문이다.

물론 언어의 내용과 형식 사이에 필연적인 관련성은 없다. 그러나 언어 기호의 내용과 형식이 일단 한 사회 안에서 약속으로 굳어지면 아무나 마음대로 바꿀 수 없는데, 이를 언어의 사회성이라고 한다. 언어 공동체에 속하는 구성원들은 공통의 언어를 사용하여 서로 소통하므로, 원활한 의사소통을 위해서는 모두가 알고 있는 언어 규범을 지켜야 한다.

제시문 (다)

1. 언어와 사고의 관계를 연구한 사피어(E. Sapir)에 의하면, 흔히 생각하듯이 우리는 객관적인 세계에 살고 있는 것이 아니다. 우리는 언어를 매개로 하여 살고 있으며, 언어가 노출시키고 분절(分節)시켜 놓은 세계를 보고 듣고 경험한다. 워프(B. Whorf) 역시 사피어와 같은 관점에서 언어는 우리의 행동과 사고의 양식을 결정하고 주조(鑄造)한다고 말한다. 사피어와 워프의 말에 비추어 한국어의 경우를 생각해 보자. 한국어에서는 초록, 청색, 남색을 '푸르다'고 한다. '푸른 숲', '푸른 바다', '푸른 하늘' 등의 표현이 그러한 경우로, 한국 사람은 이 다른 색들에 대해 한 가지 말을 쓰고 있다. 사피어와 워프에 따른다면 이러한 현상 때문에 한국 사람은 숲, 바다, 하늘을 한 가지 색깔로 생각하게 된다. 언어가 사고를 결정하는 것이다.

2. 어떤 색깔에 해당되는 어휘가 없다고 해서 그 색깔을 인식할 수 없는 것은 아니다. 해당 어휘가 있으면 인식하기가 쉽고 또 오래 기억할 수 있겠지만 어휘가 없다고 해서 인식이 불가능한 것은 아니다. 그 밖에도 우리가 분명히 어떤 생각을 갖고 있으되 그 생각을 표현할 적당한 말을 갖고 있지 못할 뿐이거나 말을 잊어서 표현에 곤란을 느낄 뿐인 경우가 얼마든지 있다. 문법의 경우를 보아도 그렇다. 예를 들어 프랑스어의 명사나 형용사에는 남성을 나타내는지 여성을 나타내는지를 변별해서 사용하도록 해주는 문법적 장치가 있다. 이에 비해 한국어는 그러한 장치

를 갖고 있지 않은데 그렇다고 해서 한국어를 쓰는 사람들이 이성(異性)을 구별하지 못한다고 할 수는 없다. 이러한 경우들을 볼 때, 인간의 사고가 언어에 의해 많은 제약을 받고 있는 것은 사실이지만 그 점이 얼마나 중요한지는 확실히 알 수 없다.

제시문 (라)

그리스의 철학자 에피쿠로스(B.C. 341–270)는 "우주는 무한하며, 그래서 우리가 모르는 생명체가 사는 곳도 수없이 많을 것"이라고 주장했다. 로마의 시인 루크레티우스(B.C. 94–55)도 "우주 어딘가 우리 지구와 같은 곳이 있어 사람이나 동물이 살고 있을 것"이라고 기록하였다. (중략) 과학적인 외계 문명 탐사 작업은 1960년 미국 국립 전파 천문대의 드레이크에 의해 처음 시도되었다. 드레이크는 전파 망원경으로 지구로부터 10광년 정도 떨어진, 태양 정도의 나이와 질량을 지닌 별들로부터 방출되는 인공적인 전파를 조사하였으나 별다른 성과를 얻지는 못하였다. 그럼에도 불구하고 과학자들은 파이오니아호나 보이저호와 같은 우주선에 지구의 정보를 담은 레코드를 실어 보내고 아레시보의 300m 전파 망원경을 이용해 외계로 지구인의 메시지를 송출하는 등 외계 문명을 찾기 위해 지속적으로 노력하고 있다.

최근에는 외계 생명체를 찾는 또 다른 방법으로 태양계 밖 외계 행성을 찾는 연구가 한창 진행되고 있다. 지상의 대형 천체 망원경과 우주 망원경은 이 분야에 획기적인 진보를 가져다 주어 현재까지 수백여 개의 외계 행성들이 발견되었다. 그리고 조만간 지구와 유사한 환경을 지닌 행성도 찾을 수 있을 것이라 기대된다. 이 행성들 중에는 지구의 인류처럼 지적인 외계 생명체가 존재하는 행성도 있지 않을까?

〈문제 1〉 제시문 (가), (나), (다)의 '공통 키워드'와 각 제시문의 특성을 잘 드러내는 '개별 키워드'를 찾고, 이를 이용하여 각 제시문의 요지를 요약하십시오. (25분, 500자 내외)

〈문제 2〉 제시문 (다)의 상이한 두 주장을 비교·대조하고, 한 가지 입장을 선택하여 다른 입장을 평가하십시오. (25분, 500자 내외)

〈문제 3〉 제시문 (라)의 밑줄 친 부분과 같이 '지적인 외계 생명체가 존재한다.'고 가정할 때, 외계 생명체와 의사소통이 가능한가에 대한 자신의 입장과 그 근거를 제시문 (가), (나), (다) 중 두 가지 이상의 제시문을 활용하여 한 편의 완성된 글로 논술하십시오. (50분, 1000자 내외)

5 출제 의도 및 자료 출처

본 문항은 프랑스의 바칼로레아 문제를 한국의 대입 논술 시험에 어떻게 적용할 수 있을까 하는 생각에서 비롯되었다. 참고한 문제는 **'언어는 상호 소통을 위한 수단일 뿐인가?'**(프랑스 바칼로레아 2005년 인문계)이다. 한 문장으로 출제되는 바칼로레아 형식의 문제를 그대로 논술 시험에 적용한다면, 기존의 논술 유형에 익숙해 있던 학생들이 적잖이 혼란을 겪을 것이다. 그렇기 때문에 이 문항에서는 기존의 형식을 유지하되, 각 제시문과 문제들 간의 연관성을 높여서 단계적으로 문제를 해결할 수 있도록 수정하였다. 이러한 과정을 거친 후 최종적으로는 바칼로레아처럼 학생들이 한 편의 완결된 글로 자신의 생각을 구조화하여 표현할 기능을 학습하는 데에 목표를 두였다.

2015 교육과정에 따르면, 2018년부터 '문·이과 통합형 교육과정'이 시행된다. 그렇게 되면 교육과정의 영향을 받는 대입 논술 시험의 유형도 필연적으로 달라질 수밖에 없을 것이다. 따라서 본 연구에서는 인문계 학생을 대상으로 하는 시험에 과학 영역 제시문을 함께 수록하는 방식으로 배경지식의 통합을 시도하였다. 학생들은 언어의 다양한 본질이 담긴 제시문 (가), (나), (다)의 글을 읽고 나서 제시문 (라)를 활용하여 어떻게 언어의 본질을 '의사소통의 본질'과 연결시킬 수 있는지 생각해 봐야 한다. 이러한 과제는 인문학적인 지식을 과학에 대입하며 통합적으로 사고할 계기가 될 것이다. 이는 개정된 교육과정의 목표와도 부합하는 것으로 대학에서는 이러한 유형의 논술 시험을 통해 통합형 인재를 선발할 수 있을 것이다.

제시문의 출처는 고등학교 교과서와 대학수학능력시험 지문이다. 교과서는 국어, 사회, 과학 교과서로 다양한 과목에서 공통된 주제를 가진 글을 발췌하여 일부 수정하였다. 제시문 (가)는 〈사회 문화〉 교과서(지학사)에서 발췌한 것이고 제시문 (나)는 〈독서와 문법〉 교과서(미래엔)의 서로 다른 부분에서 각각 발췌하여 수정한 것이다. 또한 제시문 (다)는 1994년 수능 2차 언어 영역 기출문제이며 제시문 (라)는 〈지구과학 I〉 교과서(교학사)에서 발췌하였다.

〈문제 1〉은 '요약형 논제'로 복수의 제시문에서 개별 키워드와 공통 키워드를 찾아내서, 이를 중심으로 전체 내용을 요약해야 한다. 학생들은 이 문제를 해결하면서 전체 제시문을 아우르는 공통점과 각 제시문 간의 차이점을 분석해 내야 한다.

〈문제 2〉는 비교 분석형 논제로서 공통 주제에 대한 상반된 입장을 파악하고 한 관점에서 다른 논지를 평가하는 것이다. 제시문 (가), (나), (다)는 공통적으로 '언어'에 대해 설명하고 있지만, 각각 '언어와 문화', '언어와 사회', '언어와 사고'라는 다른 특성을 나타낸다. 과학 지문인 제시문 (라)에 접근하기 이전에 인문 계열 학생들에게 친숙한 제시문들을 〈문제 1〉과 〈문제 2〉를 통해 먼저 요약하고 비교해 보게 함으로써, 〈문제 3〉을 푸는 데 필요한 사전 지식을 정리하게 하였다.

〈문제 3〉은 '적용형 논제'와 '평가형 논제'를 통합한 유형의 문제이다. 자신의 입장을 선택한 다음, 제시문에서 그 근거를 찾아 서술해야 하므로 궁극적으로는 '논술형 논제'라고 볼 수 있다. 정해진 답이 없기 때문에 차별화된 답안을 작성하려면 창의력과 논증력이 필요하다. 다른 제시문과의 연결고리를 발견하여 '외계 생명체 연구의 역사'라는, 과학 교과서에서 제기한 문제에 답을 해야 하므로 종합적 사고 활동도 필요하다. 즉, 이러한 유형은 창의적이며 통합적으로 사고할 수 있는 인재를 선발하고자 하는 대학의 의도에 맞춘 것으로, 이를 해결한 학생은 그러한 인재라고 볼 수 있을 것이다.

❻ 논술문 작성 모형 및 전략

1) 개요 구성 - Framing

논술문의 개요 작성 과정을 FBI 모형으로 도식화할 수 있다. 어떤 유형의 논제이든 먼저 글자 수를 고려하여 개요를 구성해야 한다. 이때 요구되는 글자 수에 따라 내용 비율을 조정해야 하는데, 한 문제에서 요구하는 글자 수가 1,000자를 넘어가는 경우가 드물기 때문에 반드시 써야 하는 내용과 중요한 내용을 중심으로 답안을 작성하도록 한다. 이때 한 문장을 50자 정도로 상정하여, **(전체 글자 수) ÷ (50자)**를 계산하면 완성된 답안에 몇 개 문장이 필요한지 대략적으로 알 수 있다. 예를 들어 **〈문제 1〉**과 같이 글자 수가 500자 내외로 정해져 있다면, 답안은 10문장 내외로 작성하는 게 좋다. 이런 수식을 따르면 글자 수 제한 규정을 어겨서 감점 받는 것을 피할 수 있으며, 구조적으로도 완결성을 갖춘 답안을 작성할 수 있다. 본 문항에서는 **〈문제 1, 2〉**의 경우 10문장 내외, **〈문제 3〉**은 20문장 내외로 답안을 구성하는 것이 바람직하다.

2) 개요 작성 - Building

답안의 문장 수를 계산한 다음에는 건물의 뼈대를 만들 듯이, 답안의 기초로 삼을 주요 내용을 선정해야 한다. 이때 **Framing** 과정에서 계산해 둔 예상 문장 수를 활용한다. 개요 작성 과정은 전체 시험 시간에서 10~15% 정도 투자하는 것이 좋은데, 시작 단계에서 꼼꼼히 계획을 세워야만 답안을 작성하는 동안 방황하지 않고 시간을 효율적으로 사용할 수 있다. 개요를 작성하는 과정은 실제 답안을 완성하는 과정만큼 중요한 단계이다. 여기에서는 완전한 문장 형태가 아닌, 단어나 구와 같은 형태로 자신이 쓰고자 하는 내용의 키워드만을 간략하게 기술하도록 한다.

구체적으로 개요를 작성하기 위해서는 먼저 문제를 잘 읽어야 한다. 수학 문제를 풀 때 문제의 조건을 모두 사용해야 하듯이, 논술에서도 주어진 조건을 하나라도 빠뜨리지 않도록 점검하는 과정이 필요하다. 예를 들어 〈문제 1〉의 답안을 작성하기 위해 필요한 조건은 ① 전체 제시문의 '공통 키워드', ② 각 제시문의 '개별 키워드', ③ 각 제시문의 '요지'이다. 따라서 앞서 계산한 10문장을 형태적으로 배분할 때 이러한 세 가지 조건을 반드시 포함시켜야 한다. 필요한 문장을 계산하면 ① 공통 키워드-1문장 ② 3개 제시문의 개별 키워드-3문장 ③ 각 제시문의 요지-3문장 등으로 나눌 수 있다. 남은 3문장은 ③단계 요지를 뒷받침하거나 종합하는 내용에 할애할 수 있을 것이다.

3) 답안 완성 - Improving

뼈대를 탄탄히 만들었다면 본격적으로 답안을 작성한다. 이 과정은 앞서 구성한 개요에 '살을 붙이는(improving)' 작업으로, 짤막하게 메모해 두었던 내용을 문장 형태로 조직하는 활동이다. 논제마다 유형이 다르더라도 개요를 짜임새 있게 구성하고 필요한 문장 수에 적합한 내용을 미리 구상해 두었다면 답안 완성은 그리 어렵지 않을 것이다. 체계적인 과정을 거쳐 구성된 개요가 적절한 표현 능력과 합쳐질 때 논리적이면서도 창의적인 답안이 만들어진다.

7 수정된 모범 답안

〈문제 1〉 제시문 (가), (나), (다)의 '공통 키워드'와 각 제시문의 특성을 잘 드러내는 '개별 키워드'를 찾고, 이를 이용하여 각 제시문의 주장을 요약하십시오. (500자 내외)

제시문 (가), (나), (다)의 공통 키워드는 '언어'이다. 각 제시문들은 언어를 세계와 어떻게 연관 지을 수 있는가에 대해서 상이한 관점을 제공하고 있다. 먼저 제시문 (가)에서는 '언어와 문화'에 대해서 이야기한다. 여기에서는 인간이 상징을 통해 세계를 이해하며, 상징적 수단인 언어를 통해 문화가 전승되고 향유된다고 본다. 다음으로 제시문 (나)는 '언어의 사회성'에 대해 서술하고 있다. 언어는 사회가 정한 약속이며 구성원들의 원활한 의사소통을 위해 반드시 필요하다. 언어에는 사회가 반영되므로 지역이나 계층을 기준으로 다른 양상이 나타날 수 있는데, '책상은 책상이다'에서처럼 개인이 임의로 바꿀 수 있는 것은 아니다. 마지막으로 제시문 (다)에는 '언어와 사고'에 대한 두 가지 상반된 견해가 나타난다. 1번 글에서는 언어가 사고를 결정한다고 보는 반면, 2번 글은 언어가 반드시 사고를 결정하는 것은 아니라고 본다. 두 글에서는 모두 예시를 주장의 근거로 활용하고 있지만, 이를 통해 언어와 사고의 관계에 대한 서로 다른 입장을 보여준다는 점에서 차이가 있다. (545자)

〈문제 2〉 제시문 (다)의 상이한 두 주장을 비교·대조하고, 한 가지 입장을 선택하여 다른 입장을 평가하십시오. (500자 내외)

언어가 사고에 절대적 영향을 미치지 않는다는 입장

제시문 (다)는 언어가 사고에 미치는 영향을 어떻게 보느냐에 따라 두 입장으로 구분된다. [1]은 언어가 분절시켜 놓은 세계관을 매개로 인간의 행동과 사고 양식이 규정되므로 언어가 사고를 직접적으로 결정한다고 여긴다. 하지만 [2]에 예시된 바와 같이 언어권별로 특수한 범주적 어휘가 없는 나라에서도 일상에서 동일한 대상과 감성을 사유하고 표현할 수 있다. 따라서 언어가 인간의 사유나 소통에 미치는 영향력이 크지 않다고 보는 [2]의 입장이 옳다. 인간과 동물 사이에 종을 초월한 언어적 소통은 불가능하지만 같은 인간 종족 안에서는 사용하는 언어가 다르더라도 행동이나 사고 양식의 대략적 소통에 장애를 가져올 만큼 큰 문제가 생기지는 않는다. 문제는 미세한 색깔의 분류나 명사의 성별과 같이 미시적인 사유 형성에 미치는 언어의 영향인데, 이러한 언어적 차이가 일상적 소통에 문제가 될 만큼 결정적인 변인은 아니다. (483자)

언어가 사고에 절대적 영향을 미친다는 입장

제시문 (다)는 언어가 사고에 미치는 영향을 어떻게 보느냐에 따라 두 입장으로 구분된다. [2]는 언어권별로 특수한 범주적 어휘가 없는 나라에서도 일상에서 동일한 대상과 감성에 대해 소통할 수 있으므로 언어가 사고에 지배적인 영향을 미치는 것은 아니라고 주장한다. 하지만 인간이 생존을 넘어 공감을 목적으로 소통하려고 할 때 언어의 차이가 사고에 미치는 영향은 지배적이다. [1]에 예시된 바와 같이 특정 색깔 어휘의 다양성은 그 언어 문화권의 가치관과 결부되어 있다. 인간은 언어가 분절시켜 놓은 세계관을 매개로 사유하고 행동하기 때문이다. 현대인은 타인과 공감하기 위하여 소통한다. 공감의 층위가 고차원적일수록 미세한 감정의 차이가 전달되느냐 여부는 설득을 성공으로 이끄는 데 중요한 변인이 된다. 따라서 문화 전달의 매개로서 언어가 지닌 본래적 기능을 고려할 때 언어가 인간의 사유나 소통에 미치는 영향력이 절대적이라고 보는 [1]의 입장이 옳다. (500자)

〈문제 3〉 제시문 (라)의 밑줄친 부분과 같이 '지적인 외계 생명체가 존재한다.'고 가정할 때, 외계 생명체와 의사소통이 가능한가에 대한 자신의 입장과 그 근거를 제시문 (가), (나), (다) 중 두 가지 이상의 제시문을 활용하여 한 편의 완성된 글로 논술하십시오. (1000자 내외)

'지적인 외계 생명체와 의사소통이 가능하다'는 입장

제시문 (라)의 물음과 같이, 지적인 외계 생명체가 존재한다면 인간과 의사소통이 가능할 것이라고 본다. 하지만 의사소통의 방식은 한국어나 영어와 같이, 현재 인간이 사용하고 있는 수단인 개별 언어와는 달라야 한다. 왜냐하면 제시문 (나)를 통해 알 수 있듯이 언어는 한 사회가 정한 약속이기 때문이다. 공동체를 유지하고 발전시키기 위해서는 사회 구성원들 간의 의사소통이 필요한데 만약 '지적인' 외계 생명체가 존재한다면 그들 나름의 의사소통 수단을 벌써 갖추고 있을 것이다.

그런데 제시문 (나)에 따르면 지역이나 계층 등에 따라 언어는 다양한 양상을 보인다. 그러므로 현재 인류의 문자 언어로 외계 생명체와 직접적인 의사소통을 하는 것은 어려울 것이다.

이때 의사소통의 수단으로 활용할 수 있는 것은 수학 기호이다. 0과 1로 표현하는 이진법이 하나의 예가 될 수 있다. 제시문 (라)에서 서술했듯이 실제로도 아레시보 전파 망원경을 이용해 외계로 송출하는 메시지는 이진법으로 구성되어 있다. 디지털 정보 양식은 0과 1의 이진법을 복합적으로 활용하여 그림도 표현한다. 제시문 (가)에 설명되었듯이 인간은 언어를 통해 문화를 축적하고 다음 세대로 계승해 왔다. 외계 생명체와의 의사소통에 있어서는 이러한 소통 기능을 수학 기호가 담당할 것이라 예측해 볼 수 있다. 또한 제시문 (라)에서 우주선에 지구의 정보를 담은 레코드를 실어 보내는 작업도 일종의 문화 전승 행위라 볼 수 있다. 이 레코드에는 각국의 언어로 녹음된 인사말이나 클래식 음악 등이 담겨 있는데, 이러한 문화 집적물이 외계 생명체에게 전달된다면 비록 그들이 내용을 이해할 수 없더라도 외계 행성에 지구의 문화적 가치관을 알릴 수 있으므로 이는 유의미한 문화 전승 행위이다.

따라서 제시문 (가), (나), (다)에서 언급하고 있는, 구체적인 언어를 통한 직접적인 의사소통은 불가능하겠지만 이러한 언어의 역할을 수학 기호가 대신할 수 있다고 볼 때 인간은 외계 생명체와 의사소통할 수 있을 것으로 기대된다. 또한 지금 당장은 성과가 없더라도 계속해서 외계 행성과 생명체를 찾기 위해 시도한다면, 가까운 미래에는 범우주적인 의사소통 수단이 마련되어 보다 정교한 수준의 의사소통이 가능해질 것이라고 본다. (1126자)

8 고등학생 글에 대한 교사 조언

본 논술 문제의 답안으로 고등학생이 작성한 글에 대해 교사가 첨삭해 준 사례는 다음과 같다. 답안 중에 띄어쓰기와 맞춤법 오류는 파란색으로 진하게, 통사적 호응 오류나 의미가 불명료한 경우는 밑줄로 표시하였다. 그리고 본문의 문장 바로 아래에 밑줄 친 부분을 대체할 표현이나 코멘트(◀≶)를 적어 두었다. 실제로 학생이 작성한 글의 여백에 교사의 조언을 적을 때는 칭찬 사항부터 적고 나서 문제점을 지적하고, 해결 방안까지도 대략적으로 제시해 주는 것이 좋다.

수업 여건이 허락한다면, 구조나 내용에 대해 큰 범위에서 조언해 주고 문장 호응이나 맞춤법 오류에는 밑줄을 그어 줌으로써 학생이 먼저 글을 고쳐 쓸 기회를 주도록 한다. 그렇게 교사의 지도하에 글을 수정하는 동안 학생의 메타 인지가 활성화될 것이다. 필자로서의 메타 인지가 강해질수록 글을 잘 쓸 수 있다. 학생이 자기 글의 문제에 대해서 많이 고민하면서 스스로 고쳐 쓴 글을, 교사가 다시 꼼꼼히 읽고 첨삭해 돌려준다면 학생 각자가 자기 고유의 오류를 개선하는 데 걸리는 시간을 점차 줄일 수 있다. 논리적인 글에 대한 감각이 생길 때까지 학생은 교사의 첨삭을 토대로 같은 글을 여러 번 고쳐 써 보면서 문장과 단락을 완성해 가는 연습을 하는 것이 좋다.

〈문제 1〉 제시문 (가), (나), (다)의 '공통 키워드'와 각 제시문의 특성을 잘 드러내는 '개별 키워드'를 찾고, 이를 이용하여 각 제시문의 주장을 요약하십시오. (500자 내외)

학생 1 제시문들은 공통적으로 언어의 사회적 성질에 대해 말하고 있다. 우선 제시문
◀≶ 제시문 간의 관계를 잘 파악했습니다.
(가)는 인간의 고등한 문화의 원천이 언어라고 말하고 있다. 인간은 추상적 관념을 언어로 표현할 수 있어 언어를 가진 다른 동물과 달리 고등한 문화를 누릴 수 있다는 것이다. 제시
단순한 소통체계를
문 (나)는 언어의 사회성을 이유로 언어 규범을 준수해야 한다고 말한다. 언어는 사회적 산물이기에 언어 기호의 내용과 형식이 사회 내에서 합의되면 아무나 멋대로 바꿀 수 없다. 그런데 인간은 언어를 사용하여 사회적 의사소통을 하고 사회적 관계를 형성, 유지하고 사회를 발전시킨다. 그래서 언어 공동체의 성원은 언어 규범을 준수해야 한다는 것이다. 제시

문 (다)는 언어와 사고의 관계에 대한 상반된 입장을 대조했다. 사피어와 워프는 언어가 사고를 결정한다고 말한다. 그러나 ∧ 2번 글은 언어는 사고 표현의 수단**일뿐**이라고 말하며 언어와 사고의 관계가 그리 중요하지 않다고 말하고 있다. 결론적으로 제시문들은 언어와 사회의 관계에 대해 ∧ 사유했다고 볼 수 있다.

(다)의

다차원적으로

학생 2 제시문은 언어의 기능에 대해 말하고 있다. (가)에서는 인간만의 고유한 **능력으로써**의 언어**를**, (나)는 사회 속에서 구성원들 간의 소통을 위한 언어 ∧ (다)에서는 언어가 개인의 사고에 미치는 영향에 대해 서술하고 있다.

제시문 (다)를 요약한 내용이 없습니다.

능력으로서

에 대해,

~~추상적인 것을 구체적인 것에 의미를 부여하는~~ 일은 인간의 능력이고, 이 능력이 타인에게 자신을 표현하도록 해 준다. 또, 이렇게 **상징된** 개념들은 인간의 생각을 제어한다. 즉, 우리는 언어의 **상징** 안에서 생각하며 이 생각이 사회 구성원**들 끼**리의 의사소통을 돕는다. 하지만 만약 **굳어진** 언어를 마음대로 바꾸어 사용하면 이런 언어의 기능을 수행할 수 없다. 이를 언어의 사회성이라고 하며 언어의 사회성을 지켜야 원활한 의사소통을 통해 문화를 발전시키고 계승할 수 있다.

구체적인 것에 추상적인 의미를 부여하는

상징화된

상징체계

구성원 사이에 합의된

이처럼 언어는 개인의 사고, 구성원 간의 소통, 문명의 발전에 영향을 미친다. 언어는 개인, 사회 심지어 역사에까지도 영향을 주며 이런 언어의 특징이 개인과 사회와 문화를 키워준다.

요약을 할 때는 해석을 자제하고 제시문 사이의 관계를 설명하는 데 주력해야 합니다.

학생 3 이 제시문들은 인간의 상징, 의사소통, 언어에 대해 얘기하고 있다. 인간은 외
◀ 제시문 (가), (나), (다)를 명시하여 각 입장을 비교 서술해야 합니다. 이야기

부에 있는것에 의미를 부여하면서 세상을 이해하고 타인에게 의사를 전달하고 문화를 습득

한다. 이게 인간들이 문화를 습득하고 사회 공동체를 발전할때 필요한 것은 의사소통이다.
이렇게 발전시켜 나갈 때

의사소통은 ∧ 언어로 이루어지며 우리는 그 언어를 매개로 하여 살고있다. 언어는 우리의
대부분

행동과 사고의 양식을 결정하며 ~~각각 지역마다 다르다~~. 우리들은 언어로 의사소통을 하며
지역에 따라서 다른 언어가 쓰인다.

사회적 관계를 형성, 유지하고 사회가 발전하도록 한다. 만약 우리가 하나의 약속인 언어를
◀ 주술호응 오류

자기만의 방법으로 쓴다면 언어라는 하나의 상징, 사회적 약속을 파괴하여 원활하게 의사소

통은 되지 않을것이다. 인간은 결국 의사를 전달하기 위해 의미를 부여하는 상징을 사용하

며 특히 그 중에서도 언어로써 의미를 지하는 의사소통에 의해 사고를 결정하고 문화를 습

득하며 사회적 관계를 형성하거나 유지한다. 또한 ∧ 사회를 이루게 되며 우리가 살아가는
언어를 매개로 인간은

우리의 삶의 모습을 ∧ 반영하게 된다.
언어 안에

학생 4 상징은 인간이 다른 사람에게 의사를 전달하고 문화를 습득할 수 있도록 기능
◀ 제시문 (가), (나), (다)를 글에 명시하여 어떻게 비교되고 있는지를 보이세요. (나)의 내용이 없습니다.

한다. 언어는 상징에 해당하는데, 생각이나 느낌을 나타내기 위해 인간이 사용하는 음성이

나 문자, 몸짓과 같은 수단으로 기능한다. 인간은 추상적인 관념까지 표현할 수 있는 언어

를 구사할 수 있었기에 문화를 후세에 전달했다. 이를 바탕으로 고도로 발달한 문화를 향유

할 수 있게 되었다. 또한 언어는 인간의 사고를 제한하기도 한다. 사피어와 워프에 따른다

면 언어는 우리의 행동과 양식을 결정하고 주조하기에 언어는 인간의 사고를 결정한다고 할

수 있다. 언어는 사회적 관계를 형성하고 발전시키는~~데, 언어는~~ 사회를 이루며 살아가는 인
∨동시에

간 삶의 모습을 반영하게 된다.

〈문제 2〉 제시문 (다)의 상이한 두 주장을 비교·대조하고, 한 가지 입장을 선택하여 다른 입장을 평가하십시오.(500자 내외)

학생 1 제시문 (다)는 인간은 언어를 매개로 살고있고 언어는 우리의 행동과 사고양식
(다)의 첫 번째 문단은 ◀ 2의 입장에서 1의 사례를 인용한 효과가 명확히 드러나지 않습니다.
을 결정하고 주조한다고 한다. 반면 두번째 문단에서는 어휘가 없다고 해서 ∧ 사고가 언어
본다 조금 불편할 수는 있지만
에 많은 제약은 받지만 중요한지는 알 수 없다고 한다. 어휘가 없으면 물론 인식에 있어서
얼마나 제약을 주는지는
어려움이 있을것이다. 하지만 ∧ 어휘가 없어도 인식이 아예 불가능한 것은 아니다. 예를 들
적합한
어서 어린아이가 새로운 색깔이나 새로운 동식물을 보았을때 이름은 알수없어도 다시 보면
무엇인걸 알것이다. 왜냐하면 인식이 되었기 때문이다. 또한 제시문 (다)의 첫번째 문단에
자신의 예전 경험을 떠올릴
서 예로 푸른색의 여러가지 의미에 대해 제시했는데 초록색이나 청록색, 남색을 알고있던
예시했는데
사람이 그 셋을 다 푸른색이라고 부르는것을 처음 봤을때는 왜 그러는지 몰라 혼란에 빠질
수도 있다. 이런 것으로 보았을때는 어휘가 정확히 정해지지 않은 상태에서 새로운 것을 습
◀ 한 문장 안에 같은 표현(-을 때)을 반복하면 문장이 매끄럽지 않습니다. 또한 이 문장은
득 했을때는 쉽게 인식할수 없는것과 더불어서 새로운 혼란을 야기할수도 있다. 그러므로
앞뒤 문맥과 어울리지 않은 내용입니다. ◀ '새로운'의 지시 대상이 명료하지 않습니다.
언어가 어휘가 없으면 어려움은 없겠지만 사고를 하는 결정수단은 아니다.
적절한 있겠지만 지배하는

학생 2 두 주장은 공통적으로 언어와 사고의 관계에 대해 말하고 있다. 그러나 두 주장
◀ 첫 세 문장이 같은 내용을 반복하고 있으므로 한 문장으로 줄이세요.
은 언어가 사고에 어떠한 영향을 주는가에 대해 의견차를 보인다. 1이 언어가 사고를 결정
한다고 보는 데에 반해 2는 언어는 단지 사고의 표현 방법에 불과하다고 본다. 따라서 1은
언어와 사고에 밀접한 관련이 있다고 보나 2는 언어와 사고 간 관련성의 중요함에 회의적
관계가 절대적이라는 데
이다.

그러므로 2의 관점에서 볼 때, 1은 언어, 사고 간 관계를 과장한 것이다. 첫째로 언어가

◀ 앞 단락의 내용이 단순 요약에 불과하므로 왜 2의 관점에서 봐야 하는지 독창적인 근거가 두 번째 단락 '그러므로' 앞에 제시되어야 합니다.

사고를 결정한다고 하는 것은 선후 관계를 역전시켜버린 것이다. 사고가 언어를 창조하고 결정한다. 언어는 기호에 의미를 부여한 사회적 약속이다. 그것은 언어가 사고 표현의 발로

◀ 전제와 해석 사이에 논리적 인과 관계를 유추하기 어렵습니다.

에 불과하다는 뜻으로도 볼 수 있다. 둘째로 언어의 사고 결정은 과장된 것이다. 1에서 '푸른'을 예로 들었으나 우리가 숲, 바다를 푸르다고 한다 하더라도 숲, 바다를 그릴 때 같은 색을 사용하지는 않는다. 결론적으로 2의 관점에서 볼 때 1은 언어, 사고 간 관계를 과도하게

◀ 2의 관점을 선택한 근거가 미흡합니다.

~~심화시킨~~ 해석한 것이다.

학생 3 나는 '제시문 다'의 2번의 입장이 옳다고 생각한다.

'제시문 다의 1번과 2번은 언어로 인한 사고 결정에 (영향력의 크기) 대하여 말하고 있다. 이 때 1번은 언어는 우리 행동과 사고를 결정한다고 말하고 있다. 이러한 주장에 대한 근거로 우리는 언어

◀ 인접 구문 어미에서 동일 표현을 반복하지 않도록 주의하세요.

를 매개로 하여 살고 있으며, 언어가 만들어 놓은 세계에서 보고 듣고 경험한다고 말한다.

◀ 주술호응 불일치

하지만 나는 우리의 사고가 언어의 제약을 받지만 (언어가 사고를) 결정한다고 생각하지 않는다. ~~우리는 언어가 매개이지만~~ 특정 대상에 해당하는 언어가 없다고 (해서) 인식이 불가능 한 것은 아니기 때문이다. 한국어는 초록, 청색, 남색을 '푸르다'라고 한다. 이러한 표현으로 '푸른 숲', '푸른 바다' 등이 있다. 언어가 사고를 결정한다는 사람은 숲과 바다를 한 가지 색깔로 생각한다고 말하지만 ~~나는 인간이 제대로 볼 눈만 있어도~~ 정상인이라면 누구나 숲과 바다의 색을 구분, 즉 ~~인식 할 수 있다고 생각하며~~ 다르게 인식할 수 있으며, 한가지 색이라고 ~~생각하지 않는다~~ 생각하는 사람은 없다.

나는 인간의 사고는 언어의 제약을 받지만 얼마나 영향을 받는지 확실히 알 수 없다는 제

◀ 한 단락은 최소 3문장 이상으로 조직하는 것이 좋습니다.

시문 다의 ~~2번과 같다는 입장~~ 2번의 주장에 동의를 표하는 바이다.

학생 4 언어가 사고에 미치는 영향에 대해서 1은 영향력이 크고 2는 크지 않다고 주장

선택된 입장이 무엇인지, 왜 그입장을 지지하는지가 명료하지 않습니다.

한다. 하나의 언어는 대화 상황이나 화자의 상태에 따라 수많은 의미를 지닌다. 이렇게 언

어휘는 / '언어가 사고를 지배한다'는 주장에 대한 근거로

어가 활용될 수 있는 것은 언어가 사고를 지배하기 때문이다. 언어는 생각을 다채롭게 해준

'언어가 다양하게 사용된다'는 것을 들었는데 주장을 제대로 뒷받침하지 못하고 있습니다.

다. 한 가지 어휘로 여러가지 의미를 표현할 수 있고 여러생각을 통합할 수도 있다. 그 언어를 통해 우리는 사고를 발전시키는 것이다. 2에서 표현에 곤란을 느끼는 사례는 언어가 사고를 완전히 지배하지 못했기 때문이다. 표현되지 못한 생각은 완성되지 않은 생각이다. 이

지원

런 경우 연습을 통해 언어가 사고에 미치는 범위를 넓힐 필요가 있다. 필기구가 없다면 필

표현할 수 있는 사고의 / 이러한 비유의 의미나

통도 필요하지 않다. 여러가지 필기구는 필통에 의미를 부여해준다. 표현할 수 있는 생각이

효과가 잘 드러나지 않습니다.

의미있는 생각이고 이 의미는 언어를 통해 부여된다. 사고는 언어를 통해 발전하고 다채로워진다. 언어가 없다면 기본적인 사고밖에는 할 수 없다. 인간이 사고를 통해 성장했다면 사

언어가 없다면 기본적인 사고라도 가능할까요? 독자가 이 전제에 동의하게 하려면 근거 문장이 더 필요합니다.

고를 성장시키는 언어는 곧 인간을 발전시키므로 언어가 사고에 미치는 영향은 방대하다.

지대

확인질문

Chapter 05

이 장에서는 분석 평가형 논술 문항을 개발하고 모의 논술 절차와 동료 조언을 거쳐서 문항을 수정한 과정을 살펴보았습니다. 다음 문제를 풀면서 본문의 중심 내용을 정리하고 학습자 수준에 맞는 분석 평가형 논제를 출제할 방안에 대해서 생각해 봅시다.

1. 본문 이해

❶ 타당한 논술 문항을 출제하기 위해서는 어떤 절차를 거쳐야 합니까?

❷ 분석 평가형 논제 해결 과정에 적용한 구조화 지식의 내용은 무엇입니까?

❸ 분석 평가형 논제에 대한 답안을 평가할 때 검토해야 할 사항을 110쪽 요약형 평가 활동지를 참조하여 중요도의 순서대로 정리해 봅시다.

2. 수행 과제

❶ 교과서 지문을 활용하여 분석 평가형 논제와 제시문을 만들어 봅시다.

❷ 자신이 만든 문항의 모범 답안을 작성해 봅시다.

❸ 동료와 문항을 바꾸어 풀면서 동료가 출제한 문항에 대해 잘된 점과 부족한 점을 피드백해 줍시다.

❹ 동료에게 돌려받은 답안과 자신이 작성해 둔 모범 답안을 비교해 보고, 동료의 조언을 참조하여 분석 평가형 문항과 모범 답안을 최종적으로 수정해 봅시다.

3. 더 생각해 볼 거리

학생들이 작성한 논술 답안들을 평가해 보고 학생들이 분석 평가형 문항에서 어려워하는 것이 무엇인지를 파악해 봅시다.

제6장
대학교별 모의 논술 문항 개발

- 특정 대학교에 적합한 논술 문항을 개발할 때 고려해야 할 사항에 대해서 이야기해 보자.
  대학별 논술 유형, 학습자 수준, …
- 여러 대학의 논술 시험에 응시해 보려고 한다면 공통적으로 무엇을 어떻게 준비해야 할지 이야기해 보자.
  독해력, 사고력, 표현력, …

1 연세대학교 논술 전형의 특성과 출제 경향성[37]

연세대학교 논술 시험은 수시 모집 중 일반 전형을 통해 학생들을 선발하고 있다. 논술 시험은 매년 10월 초에 일반 전형 지원자 전원을 대상으로 연세대학교 서울캠퍼스에서 실시된다. 문항은 제시문 수 3~4개, 문제 수 2개 정도로 구성된다. 제시문은 인문, 사회 교과목을 통합적으로 반영하고 있지만 간혹 수리, 통계 자료, 과학 관련 제시문이 포함된다. 2013년의 경우 사진 자료가 출제된 적도 있었다. 일반적으로 1번은 비교형, 2번은 적용/평가형이 출제된다. 글자 수에 엄격한 제한을 두는 대학도 있지만 연세대학교는 글자 수가 현격하게 적거나 많지 않은 이상 글자 수에 따른 감점은 없는 것을 원칙으로 한다.[38]

연세대학교 입학시험인 만큼 최상위권 학생들만 시험에 응시할 것 같지만 사실은 그렇지 않다. 연세대학교 논술 전형 응시자의 성적 분포는 중위권~최상위권으로 다양하다. 지원 자격이 되는 수능 기준이 연세대학교 정시 지원 수준과 비교해 훨씬 낮고, 또 수능 전에 응시한다는 점에서 결시 인원이 적다. 가벼운 마음으로 논술 시험장 분위기를 느껴 보기 위해, 또는 소위 '논술 대박'이라는 요행을 바라며 응시하는 학생도 있다.

이렇듯 응시자 분포가 다양하다는 점에서 연세대학교 논술 시험은 학생부나 수능 성적에 자신이 없는 학생들에게 한 줄기 희망으로 인식되기도 한다. 반면 '그 높은 경쟁률을 뚫고 도대체 누가 합격하나' 하는 회의적인 시각도 많다. 이러한 수험생과 학부모의 불안은 논술 직전 고액 과외 등 사회적으로 불필요한 에너지 소모를 초래한다. 논술 합격은 운에 달려 있다고 생각하면

---

37 제7강의 내용은 2015년 2학기에 연세대학교에서 〈국어 논리와 논술〉 수업을 들은 황선아 학생이 초고를 작성하였다.

38 120분 내에 문제당 800~1200자 정도를 쓸 수 있을 정도의 난이도이다. 하지만 지원자는 정해진 대학수학능력시험 응시 자격 기준(인문/사회 계열): 국어B, 수학A, 영어, 탐구(사회/과학) 영역의 등급 합 6 이내)을 통과해야 한다(연세대학교 2016학년도 신입생 수시모집 요강 참조).

서도 논술고사에 사활을 건다. 그러나 이러한 태도는 논술 시험의 취지나 전략에 대한 이해 부족에서 비롯된 것이다.

2015학년도 연세대학교 논술 시험 출제 방향을 보면 고등학교 교육과정에서 배운 지식을 활용하여 통합적으로 문제를 해결하는 능력, 스스로 텍스트를 분석하고 토론하는 종합적 사고 능력, 독창적이고 창의적인 사고력 등을 평가 대상으로 하고 있다.[39] 즉, 논술은 단기간 준비해 고득점할 수 있는 시험이 아니라는 말이다. 논술은 6년간의 중등교육 기간을 거치며 생각하고 경험했던 것들의 축적된 결과를 평가하는 것이다. 따라서 논술은 다른 학과목과 별개로 공부해서는 안 된다. EBS 교재에 실린 발췌문, 문제집 해설서, 수업은 물론 부모나 친구와 상호작용한 대화까지 중등교육 시절의 모든 경험이 논술 교재가 될 수 있다.

구조화된 지식 교육의 필요성

하지만 사고력이나 문제 해결력만으로 논술이 완성되지는 않는다. 응시자가 갖춘 지적 소양을 어떻게 세련되게 글로 옮겨 낼 수 있을 것인가가 논술 문제 해결의 또 다른 관건이다. 사고 능력과 문제 해결력은 유의미한 경험을 통해 자연스럽게 축적되는 것이지만 이를 원고지에 일정한 형식을 갖춘 글로 완성하는 것은 또 다른 문제이다. 여기서 구조화된 지식 교육의 필요성이 부각된다.

전달하고자 하는 바를 일관성 있고 매끄럽게 써 내려가기 위해서는 '구조화된 지식'이라는 전략적 기술이 필요하다. 구조화된 지식이란 논술문 작성 현장에서 직관적으로 사용할 수 있는 전략적 인지 틀이라고 정의할 수 있다. 구조화된 지식은 문제 유형에 따라 다르게 적용되어야 한다. 문제가 다른데 같은 기술을 적용하는 것은 문제의 의도를 모른 채 답안을 작성하는 것과 다를 바 없다. 그래서 연세대학교 논술고사에 초점을 맞춘 본 연구에서는 연

39 연세대학교(2015). 『수시 논술 출제 의도 및 해설』

세대학교가 지속적으로 출제하고 있는 비교·분석형과 기준 선정 평가형에 특화된 구조화 지식을 소개하고 이를 모의 논술에 적용한 결과를 설명할 것이다.

❷ 연세대학교 모의 논술 문항 초고

2015학년도 연세대학교
모의 논술(인문계열) 문제지

시험 유의 사항

1) 시험 당일 소지한 휴대폰 등의 전자기기(전자사전, MP3, PMP, PDA, 시각 표시 기능 외에 부가 기능이 있는 전자시계 등 포함)는 감독의 지시에 따라 반드시 전원을 끄고 본인의 가방에 넣어 보관합니다.
2) 답안지는 반드시 검정색 볼펜 혹은 검정색 연필 샤프로 작성하여야 합니다.
3) 답안지를 수정할 경우 지우개를 사용하거나 가로로 줄을 긋고 그 위에 재작성합니다. (수정테이프 사용 불가)
4) 수험 중 문의할 사항이 있으면 조용히 손을 들어 감독에게 문의합니다.
5) 고사 종료 전의 개별 퇴실은 절대 허용하지 않습니다.

2015학년도 연세대학교 모의 논술(인문계열) 입학시험 문제

지원전형/모집단위	수험번호	성명	좌석번호

아래 제시문 (가), (나), (다), (라)를 읽고 문제에 답하시오.

제시문 (가)

확실히 학생운동은 쇠퇴했습니다만, 노동운동은 매우 왕성했습니다. 2003년 가을 노동자 집회에서는 화염병이 날아다녔습니다. 한국에서 학생운동이 활발했던 것은 그것이 노동운동이 불가능한 시대, 일반적으로 정치운동이 불가능한 시대의 대리적 표현이었기 때문입니다. 그러므로 보통 정치운동이나 노동운동이 가능하게 되면, 학생운동은 쇠퇴하기 마련입니다. 문학도 그것과 닮아 있습니다. 실제 한국에서 문학은 학생운동과 같은 위치에 있었습니다. 현실적으로는 불가능하기 때문에 문학이 모든 것을 떠맡았던 것입니다.

그런데 1990년대 말경부터 문학의 쇠퇴가 급속하게 전개되었다고 합니다. 김종철이라는 고명한 문학비평가는 문학을 그만두고 생태운동을 시작하며, 『녹색평론』이라는 잡지를 내고 있습니다. 그러나 오해할까봐 하는 말이지만, 그는 최근에도 다니자키 준이치로의 『세설』을 읽었는데, 이번이 네 번째라고 말하는 타입의 인물입니다. 나는 왜 문학을 그만 두었는가를 물었습니다. 그는 자신이 문학을 했던 것은 문학이 정치적 문제에서 개인적 문제까지 온갖 것을 떠맡는다, 그리고 현실적으로 해결할 수 없을 것 같은 모순조차도 떠맡는다고 생각했기 때문인데, 언제부터인가 문학이 협소한 범위로 한정되어 버렸다, 그런 것이 문학이라면 내게는 필요가 없었다, 때문에 그만두었다는 것입니다. 나는 동감을 표했습니다.

그 후에 알게 된 사실은, 내가 1990년대에 만났던 한국의 문예비평가 모두가 문학에서 손을 떼었다는 사실입니다. 한국의 비평가는 단순히 평론을 쓰는 것뿐만 아니라, 잡지를 편집하고 출판사를 경영하는 사람이 많았습니다. 그들이 일제히 그만둬 버린 것입니다. 그것은 나이를 먹어 젊은 세대의 감수성을 따라갈 수 없게 되었기 때문이라고는 생각하지 않습니다. 그들이 생각하고 있던 '문학'이 끝나 버렸던 것입니다. 나는 한국에서 그와 같은 사태가 이렇게 빨리 진전되리라고는 생각하지 못했습니다. 그래서 마침내 문학의 종언은 사실이라고 생각하게 된 것입니다.

제시문 (나)

문학은 실용적인 면에서 전혀 쓸모가 없다. 우리는 시나 소설을 읽어서 허기를 면하거나 갈증을 해소할 수 없다. 문학은 우리의 의식주를 해결하는 데 아무런 도움을 주지 못한다. 그래서 문학은 여유롭고 한가한 사람들의 공연한 호사 취미 정도로 간주되기도 한다. 그러나 어떤 대상을 오로지 실용성의 면에서만 평가하는 것은 옳지 않다. 실용성은 대상을 평가하는 데 고려될 수 있는 중요한 기준들 중 하나일 수 있어도 유일하고도 절대적인 기준은 아니다. 실용성은 주로 물질적인 가치와 관련이 되는데, 인간은 그러한 가치만을 추구하는 존재가 아니다. 인간은 정신적인 존재로서 그의 정신에 만족을 주거나 유익한 기여를 하는 것에 긍정적인 가치를 부여한다. 아무리 현대가 물질 만능의 시대라고 해도 인간에게 정신은 여전히 물질보다 소중한 가치를 지닌다. 정신에 의해 인간은 지상의 다른 생명체와 구별되는 존엄한 존재가 될 수 있다.

문학 작품은 그 자체적인 질서와 체계를 지닌 구조물로서 미를 구현한다. 일반적으로 숭고, 비장, 우아, 골계 등으로 나누어 파악되는 문학 작품의 미 앞에서 우리는 놀라거나 슬퍼하고 부러워하거나 흥겨워하는 등의 정서적 고양을 경험한다. 문학 작품이 불러일으키는 그러한 감동은 일상의 여러 얽매임 속에서 답답하게 막힌 우리의 마음을 후련하게 풀어 준다.

아리스토텔레스는 "시학"에서 비극의 효과를 카타르시스로 정의한 바 있다. 아리스토텔레스는 사람들이 비극을 보면서 감정이 정화되는 경험을 하는데, 그 경험을 당시 유행하던 설사를 유발하는 약의 이름을 빌려서 '카타르시스'라고 불렀다. 비극이 사람의 마음에 맺힌 감정을 시원하게 배설시킨다고 본 것이다. 감정의 정화는 비단 비극뿐만 아니라 문학의 보편적 효과로 볼 수 있다. 마치 크게 소리를 지르거나 실컷 울고 나면 마음이 편안해지는 것처럼 우리는 문학 작품을 읽으며 답답한 감정이 정화되는 경험을 한다. 감정의 정화는 의식의 각성을 가져온다. 우리는 그처럼 각성된 의식으로 인간과 세계에 대해 깊이 이해할 수 있게 되며, 저마다의 삶을 냉정하게 성찰하게 된다. 그로써 우리는 문학 작품을 읽기 전보다 건강한 태도로 삶에 임할 수 있게 된다.

문학 작품은 우리에게 현실적 이해 관계와 무관한 순수한 감동을 선사한다. 미적 체험에서 비롯된 그 감동은 비실용적일 뿐더러 다른 목적이 없기 때문에 오히려 우리의 삶에 이바지한다. 일상에 얽매인 상태에서 우리는 현실적 이해 관계에 따라 편협해지기 쉽다. 시야는 좁아지고, 판단은 객관성을 잃을 수 있다. 그러나 문학은 우리의 마음을 해방하여 우리로 하여금 삶을 올바르게 바라볼 수 있도록 함으로써 건강한 삶을 옹호한다. 문학의 그러한 가치는 실용성을 넘어서는 고귀한 가치이다.

제시문 (다)

경덕왕 19년 경자 4월 초하룻날 해가 둘이 나타나서 열흘이 되도록 그대로 있었다. 천문 맡은 관리가 아뢰기를 인연이 닿는 중을 청하여 산화공덕을 베풀면 액막

이를 할 수 있다고 하였다. 이렇게 해서 조원전에 깨끗이 단을 만들고 왕이 청양루로 거동하여 인연이 닿는 중을 기다렸다. 이 때 월명 스님이 절 남쪽 밭둑길로 가는 것을 왕이 불러오게 하여 단에 올라가 기도를 시작하라고 시켰다. 월명이 아뢰되, "소승이 화랑의 무리에 속하였을 따름이라 안다는 것이 향가뿐이요 불교 노래는 서투릅니다."라고 하니 왕이 말하기를, "이왕 인연 닿는 중을 만났으니 향가로 해도 좋다."고 하였다. 월명이 곧 도솔가를 지어 읊으니 그 가사는 이러하다.

오늘 이에 산화가 부를제	今日此矣散花唱良
뿌린 꽃아, 너는	巴寶白乎隱花良汝隱
곧은 마음의 명을 따라	直等隱心音矣命叱使以惡只
미륵좌주 모셔라	彌勒座主陪立羅良

지금 세상에서 이것을 누고 산화가라고 함은 잘못이요 도솔가라고 해야 옳을 것이다. 따로 산화가가 있으나 글이 길어서 싣지 않는다. 얼마 후에 해의 괴변이 없어지니 왕이 이를 가상히 여겨서 좋은 차 한 봉과 수정 염주 108개를 주었다.

제시문 (라)

[표] 국내 기업들의 대졸 신입사원 선호도 (단위: %)

구분	이공계 출신이 많다	비슷하다	문과출신이 많다	모름/무응답
100대 기업	62.0	15.5	16.9	5.6
101~200대 기업	52.4	33.3	9.5	4.8
201~300대 기업	55.6	26.4	16.7	1.3
평균	56.7	25.1	14.4	3.9

〈문제 1〉 제시문 (가), (나), (다)의 공통된 주제어를 찾고, 이를 바탕으로 제시문 (가), (나), (다)를 비교하시오. (1000자 안팎, 50점)

<문제 2> 제시문 (라)를 다양한 관점에서 해석하고, 그것을 바탕으로 제시문 (나)의 논지를 평가하시오. (1000자 안팎, 50점)

* 글자 수가 현격하게 적거나 많지 않은 이상 글자 수에 따른 불이익은 없습니다. 제한 시간 내에 답안을 작성하시면 됩니다.

3 학생 답안 및 평가

<문제 1> 제시문 (가), (나), (다)의 공통된 주제어를 찾고, 이를 바탕으로 제시문 (가), (나), (다)를 비교하시오.

제시문 (가), (나), (다)의 공통된 주제어는 문학의 힘이다. 주어진 제시문 각각은 이러한 문학의 힘에 대해 서로 다른 관점을 갖고 있다.

제시문 (나)와 (다)는 문학의 힘에 대해 긍정적으로 평가하는 반면 제시문 (가)는 부정적으로 평가한다. 우선 제시문 (나)의 경우 문학이 비실용적이지만 오히려 이 비실용성으로 인해 문학은 현실적 이해 관계와 무관한 순수하고 긍정적인 정신적 가치를 선물한다고 주장한다. 문학이 인간의 삶을 한층 폭넓은 길로 인도하고 바르게 바라볼 수 있도록 돕는다는 것이다. 제시문 (다)에서는 전통 문학인 향가를 통해 세상을 구했다는 사례가 제시되었다. 이러한 사례는 문학이 가지는 긍정적 기능을 뒷받침 해주는 일화로서 제시문 (나)와 함께 문학의 힘을 긍정하는 입장으로 묶을 수 있다.

반면 제시문 (가)는 문학의 힘에 대해 부정적 시각을 드러낸다. 글쓴이는 한국의 문학비평가였던 김종철의 사례를 들며, 이전에 문학이 수행했던 정치, 사회적 역할을 지금의 문학이 더 이상 수행하지 못한다고 주장한다. 협소한 범위로 한정되어 버린 문학을 거부하고 생태 운동을 시작한 김종철의 사례는 문학이 더 이상 사회적 기능을 할 수 없다는 것을 단적으로 보여준다. 글쓴이는 더 나아가 '문학은 끝났다'고 주장하는데, 이것은 '정치적 문제에서 개인적 문제까지 … 현실적으로 해결할 수 없을 것 같은 모순조차도' 떠맡았던 문학이 그러한 역할을 더 이상 수행하지 못하는 것에 대한 문제의식이다. 제시문 (가)는 더 이상 정치적 문제나 사회의 모순을 다루지 못하는 문학에 대해 부정적 입장을 드러내고 있다.

교사 평가 문학에 대한 긍정적 관점과 부정적 관점으로 제시문을 양분하여 개별 제시문 고유의 독자적 기능을 충분히 살리지 못하였다.

모의 논술 답안을 작성한 학생은 3개 제시문에 공통된 주제어를 '문학의 힘'이라 보고 그에 대한 긍정적인 시각과 부정적인 시각으로 제시문들을 양분하였다. 하지만 '문학의 힘'에 대해 부정적인 시각을 가지고 있다고 분류한 제시문 (가) 역시 1990년대 이전까지 문학이 수행한 역할에 대해서는 긍정하고 있음을 이 답안은 간과하였다.

세 개 제시문을 읽고 나서 공통 화제가 '문학의 힘 혹은 기능, 역할, 효용'임은 쉽게 찾아낼 수 있다. 그렇다면 어떤 개념 범주로 이들을 양분 혹은 삼분할 것인지를 고민해야 한다. 논제 지시문에서 지정해 준 숫자가 없다면 범주를 구분할 때 더욱 신중해야 한다.

세 제시문의 공통된 주제어는 '문학의 효용'으로 보아야 한다. 문학의 위상을 어떻게 정의하느냐에 따라 (가)는 실천 문학의 정치적 효용을, (나)는 예술 문학의 정서적 효용을, (다)는 주술 문학으로서의 실제적 효용을 강조하고 있다. 따라서 굳이 구분을 한다면 문학의 효용을 한시적인 실용성으로 보는가, 초역사적인 미적 체험의 가치로 보는가에 따라 (가), (다)와 (나)를 구분할 수 있다. (가)는 근대 참여 문학의 실용적 성격을, (다)는 고대 시가 문학의 실용적 성격을 긍정한다는 점이 공통되는 반면, (나)는 문학의 실용성 자체를 거부하는 심미적 입장을 주장하고 있다.

〈문제 2〉 제시문 (라)를 다양한 관점에서 해석하고, 그것을 바탕으로 제시문 (나)의 논지를 평가하시오.

제시문 (라)는 '국내 기업들의 대졸 신입사원 선호도'가 이공계 출신에 쏠려 있는 상황을 보여 준다. 100대 기업의 경우 절반을 훨씬 넘는 수치가 이공계 출신을 선호하고 있으며 300대 기업까지 대부분의 기업에서 이공계 출신 선호도는 절반 이상을 차지한다. 그에 비해 문과 출신을 선호하는 기업은 매우 낮은 수치를 보이는데 이것은 문과 출신 대학 졸업자의 취업난이 심각함을 의미한다. 이는 실리를 추구하는 기업의 입장에서 보다 실용적인 학문 전공자를 선호하며 문과, 그 중에서도 문학 전공자들이 배우는 문학의 '비실용적'인 긍정적 기능에는 별다른 관심이 없음을 의미한다. 이러한 상황은 더 나아가 학생들이 문과 진학을 꺼려하여 한국 사회에 학문적 불균형과 인문학의 위기를 초래할 수 있음을 시사한다.

◀ (라)에서 '문학' 전공자에 대한 정보는 없으므로 이러한 해석은 비약입니다.

◀ 좋은 지적입니다.

우리가 살고 있는 사회는 자본주의 사회이다. 즉, 어떤 행위를 하기 위해서는 그에 상응하는 물질적인 가치가 수반되어야 한다. 다시 말해 현대 사회가 정신적인 가치를 추구하는 데 있어 물질적인 가치도 일정 부분 필요하다는 것이다. 한편 제시문 (나)는 실용성을 뛰어넘는 문학의 정신적 가치를 예시하고 있다. 물론 문학은 삶에 지친 한 개인을 복잡한 상황 속에서 해방시켜 주고 삶을 살아가는 데 필요한 지침서 같은 역할을 하는 것에 동의한다. 하지만 제시문 (라)에서 확인할 수 있는 바와 같이 어떤 물질적 가치를 공급해 주는 곳에서 요구하는 것은 실용성이다. 현대 사회를 살아가기 위해 필수로 여겨지는 물질적인 요소가 충족되지 않은 사람에게는 문학을 통해 삶을 치유하고 올바른 시각을 성찰하는 여유가 충분히 주어지지 않는 것이 현실이다. 그렇기 때문에 제시문 (나)에서 주장하는 문학의 실용성을 뛰어넘는 가치는 현대 사회에서 고려해야 할 문제라고 판단된다. 이것보다는 인간에게는 실용적인 가치도 중요하지만 정신적인 가치를 충족시켜주는 문학의 중요성을 논하는 게 낫다고 생각한다. 즉, 두 개의 가치를 비슷한 위치에서 판단해야 한다는 것이다.

◀ (라) 도표가 보이는 물질주의적 추세를 우려하고 있는 앞 단락에 이어서 바로 '물질적인 가치'를 인정하자고 주장함으로써 논리적 일관성을 잃었습니다.

◀ 주어가 없습니다.

◀ '기업이 요구하는 것'이라고 직접적으로 표현하는 것이 낫습니다.

◀ 맥락상 앞뒤 문장의 인과 관계가 논리적이지 않습니다.

◀ 어떻게 고려해야 한다는 것인지 구체적인 방안을 제시할 수 있어야 합니다.

교사 평가 두 입장을 모두 긍정하면서 논리 전개의 일관성을 잃었다. 답안이 2개 문단으로 작성되었는데 각 문단의 주장이 (라)의 도표를 상반된 관점으로 해석한 것이어서 제시문 (나)를 평가할 기준이 모호해지고 말았다. 논증적인 글에서 필자의 주장은 양시론이나 양비론이 되지 않도록 주의해야 한다. 이 글에서 첫 번째 문단은 현 한국 대기업이 취업자 전공을 차별적으로 선호함으로써 미래 사회 전망을 어둡게 한다고 비판하였지만, 두 번째 문단에서 문학의 실제적 효용과 정신적 가치를 비슷한 비중으로 인정하자고 주장하면서 (나)의 논지를 제대로 평가하지 못하고 만 것이다.

4 논술 문항에 대한 피드백과 반영

1) 동료 학생의 피드백

전체적으로 깔끔하게 잘 출제되었다. 그러나 문제지 하단에 적힌 유의 사항 중 '글자 수가 현격하게 적거나 많지 않은 이상'이라는 기준이 애매하다. 〈문제 1번〉의 경우 800자 내외가 적절한 것 같다. 또 제시문 (라)의 표에서 '문과 출신'은 문학 전공은 물론 상경계열이나 사회과학 계열 전공도 포함하므로 다른 제시문과의 관련성을 찾기 어렵다고 생각한다. '문학 전공자'에 관련된 자료로 대체하면 좋겠다. 〈문제 2번〉의 경우 제시문 (나)를 바탕으로 제시문 (라)를 평가하라고 했다면 더 쉬웠을 것 같다.

2) 피드백의 반영

먼저 '글자 수가 현격하게 적거나 많지 않은 이상 글자 수에 따른 불이익은 없습니다.'라는 문구를 포함한 첫 번째 이유는 12월 1일에 진행된 모의시험 시간이 제한되어 학생이 문제를 다 풀기 어려울 수 있겠다는 판단 때문이었고, 둘째는 연세대학교 논술 입학시험의 출제 논조가 글자 수를 기준으로 좋은 글을 걸러내지 않으려고 하기 때문이다. 박ㅇㅇ 학생이 글자 수 관련 유의사항에 대해 문제를 제기했지만 학생들이 더 편안한 상태로 논술문 작성 연습을 할 수 있도록 수정된 논술 문항에 글자 수 관련 유의사항은 그대로 두었다.

제시문 (라)에서 '문과 출신'의 기준이 애매하므로 '문학 전공자'에 대한 자료로 대체했으면 좋겠다는 의견과 〈문제 2번〉에서 제시문 (나)를 바탕으로 제시문 (라)를 평가하라고 했으면 좋겠다는 의견이 있었는데 이를 그대로 반영할 경우 제시문과 논제의 난이도가 너무 낮아진다는 문제가 있다. 제시문 (라)는 전국경제인연합회 2014년 기업들의 대졸 신입사원 선호도 조사 자료에서 발췌한 것이다. 이 자료에서 기업이 이공계열 출신을 더 선호하는 경향성을 확인할 수 있지만 제시문에 드러난 수치는 다양한 관점에서 해석이 가능하다. 그러나 제시문 (나)는 문학의 실용성을 넘어서는 정신적 가치를 직접적으로 제시하고 있다. 〈문제 2번〉에서 제시문 (나)를 바탕으로 (라)를 평가한다면 논술문의 논조가 (나)의 문학에 대한 긍정적 논조로 제한될 것이다. 이 경우 (라)에 대한 다양한 해석의 가능성은 원천적으로 봉쇄되는 문제가 있다.

그러나 제시문 (라)에 드러난 수치만으로 창의적인 분석을 하기가 어려웠다는 점은 인정한다. (라)의 자료가 표면적으로 기업들의 이공계 편향성을 드러내고 있어 학생들이 (라)를 바탕으로 (나)를 평가하는 데 혼란을 느낄 수도 있다. 실제로 시뮬레이션 결과 박ㅇㅇ 학생의 답안에도 (나)를 평가함에 있어 어떤 입장을 취할지 쉽게 갈피를 잡지 못한 흔적이 보였다. 특히 박

○○ 학생이 지적했듯이 문과 출신이 모두 문학 전공자는 아니므로 제시문 (라)가 제시문 (나)를 평가하는 데 적절한 자료는 아니라고 판단된다.

그러므로 제시문 (라)는 기업들의 대졸 신입사원 선호도 자료 조사 대신 '2009년 취업통계연보'(한국교육개발원)의 취업자별 전공 일치 현황 자료로 대체하고자 한다. 제시문 (라)의 취업자별 전공 일치 현황 자료는 취업할 때 전공을 살리지 못하는 학과가 어문학 계열에 쏠려 있는 현상을 보여주고 있다. 이를 '전공무용론'의 관점에서 보면 어문학 계열 전공자에 대한 인력 수요가 없거나 혹은 대학 교육이 사회가 요구하는 전문성을 충족시키지 못함을 드러낸다고 볼 수 있다. 하지만 다른 관점에서 보면, 어문학은 당장 사회에 적용되는 학문이 아니라 모든 분야의 기초가 되는 학문이므로 오히려 전공과 상관없이 다양한 분야에 진출하고 있는 바람직한 현상을 나타낸다고 해석할 수도 있다. 이 자료는 기업들의 대졸 신입사원 선호도 자료보다 더 다양한 해석을 유도할 수 있으므로 제시문 (가), (나), (다)와의 연관성을 생각할 때 더 적절하리라 예상된다.

5 수정된 논술 문항

2015학년도 연세대학교
모의 논술(인문계열) 문제지

시험 유의 사항

1) 시험 당일 소지한 휴대폰 등의 전자기기(전자사전, MP3, PMP, PDA, 시각 표시 기능 외에 부가 기능이 있는 전자시계 등 포함)는 감독의 지시에 따라 반드시 전원을 끄고 본인의 가방에 넣어 보관합니다.
2) 답안지는 반드시 검정색 볼펜 혹은 검정색 연필 샤프로 작성하여야 합니다.
3) 답안지를 수정할 경우 지우개를 사용하거나 가로로 줄을 긋고 그 위에 재작성합니다. (수정테이프 사용 불가)
4) 수험 중 문의할 사항이 있으면 조용히 손을 들어 감독에게 문의합니다.
5) 고사 종료 전의 개별 퇴실은 절대 허용하지 않습니다.

2015학년도 연세대학교 모의 논술(인문계열) 입학시험 문제

지원전형/모집단위	수험번호	성명	좌석번호

아래 제시문 (가), (나), (다), (라)를 읽고 문제에 답하시오.

제시문 (가)

확실히 학생운동은 쇠퇴했습니다만, 노동운동은 매우 왕성했습니다. 2003년 가을 노동자 집회에서는 화염병이 날아다녔습니다. 한국에서 학생운동이 활발했던 것은 그것이 노동운동이 불가능한 시대, 일반적으로 정치운동이 불가능한 시대의 대리적 표현이었기 때문입니다. 그러므로 보통 정치운동이나 노동운동이 가능하게 되면, 학생운동은 쇠퇴하기 마련입니다. 문학도 그것과 닮아 있습니다. 실제 한국에서 문학은 학생운동과 같은 위치에 있었습니다. 현실적으로는 불가능하기 때문에 문학이 모든 것을 떠맡았던 것입니다.

그런데 1990년대 말경부터 문학의 쇠퇴가 급속하게 전개되었다고 합니다. 김종철이라는 고명한 문학비평가는 문학을 그만두고 생태운동을 시작하며, 『녹색평론』이라는 잡지를 내고 있습니다. 그러나 오해할까봐 하는 말이지만, 그는 최근에도 다니자키 준이치로의 『세설』을 읽었는데, 이번이 네 번째라고 말하는 타입의 인물입니다. 나는 왜 문학을 그만 두었는가를 물었습니다. 그는 자신이 문학을 했던 것은 문학이 정치적 문제에서 개인적 문제까지 온갖 것을 떠맡는다, 그리고 현실적으로 해결할 수 없을 것 같은 모순조차도 떠맡는다고 생각했기 때문인데, 언제부터인가 문학이 협소한 범위로 한정되어 버렸다, 그런 것이 문학이라면 내게는 필요가 없었다, 때문에 그만두었다는 것입니다. 나는 동감을 표했습니다.

그 후에 알게 된 사실은, 내가 1990년대에 만났던 한국의 문예비평가 모두가 문학에서 손을 떼었다는 사실입니다. 한국의 비평가는 단순히 평론을 쓰는 것뿐만 아니라, 잡지를 편집하고 출판사를 경영하는 사람이 많았습니다. 그들이 일제히 그만둬 버린 것입니다. 그것은 나이를 먹어 젊은 세대의 감수성을 따라갈 수 없게 되었기 때문이라고는 생각하지 않습니다. 그들이 생각하고 있던 '문학'이 끝나 버렸던 것입니다. 나는 한국에서 그와 같은 사태가 이렇게 빨리 진전되리라고는 생각하지 못했습니다. 그래서 마침내 문학의 종언은 사실이라고 생각하게 된 것입니다.

제시문 (나)

문학은 실용적인 면에서 전혀 쓸모가 없다. 우리는 시나 소설을 읽어서 허기를 면하거나 갈증을 해소할 수 없다. 문학은 우리의 의식주를 해결하는 데 아무런 도움을 주지 못한다. 그래서 문학은 여유롭고 한가한 사람들의 공연한 호사 취미 정도로 간주되기도 한다. 그러나 어떤 대상을 오로지 실용성의 면에서만 평가하는 것은 옳지 않다. 실용성은 대상을 평가하는 데 고려될 수 있는 중요한 기준들 중 하나일 수 있어도 유일하고도 절대적인 기준은 아니다. 실용성은 주로 물질적인 가치와 관련이 되는데, 인간은 그러한 가치만을 추구하는 존재가 아니다. 인간은 정신적인 존재로서 그의 정신에 만족을 주거나 유익한 기여를 하는 것에 긍정적인 가치를 부여한다. 아무리 현대가 물질 만능의 시대라고 해도 인간에게 정신은 여전히 물질보다 소중한 가치를 지닌다. 정신에 의해 인간은 지상의 다른 생명체와 구별되는 존엄한 존재가 될 수 있다.

문학 작품은 그 자체적인 질서와 체계를 지닌 구조물로서 미를 구현한다. 일반적으로 숭고, 비장, 우아, 골계 등으로 나누어 파악되는 문학 작품의 미 앞에서 우리는 놀라거나 슬퍼하고 부러워하거나 흥겨워하는 등의 정서적 고양을 경험한다.

문학 작품이 불러일으키는 그러한 감동은 일상의 여러 얽매임 속에서 답답하게 막힌 우리의 마음을 후련하게 풀어 준다.

아리스토텔레스는 "시학"에서 비극의 효과를 카타르시스로 정의한 바 있다. 아리스토텔레스는 사람들이 비극을 보면서 감정이 정화되는 경험을 하는데, 그 경험을 당시 유행하던 설사를 유발하는 약의 이름을 빌려서 '카타르시스'라고 불렀다. 비극이 사람의 마음에 맺힌 감정을 시원하게 배설시킨다고 본 것이다. 감정의 정화는 비단 비극뿐만 아니라 문학의 보편적 효과로 볼 수 있다. 마치 크게 소리를 지르거나 실컷 울고 나면 마음이 편안해지는 것처럼 우리는 문학 작품을 읽으며 답답한 감정이 정화되는 경험을 한다. 감정의 정화는 의식의 각성을 가져온다. 우리는 그처럼 각성된 의식으로 인간과 세계에 대해 깊이 이해할 수 있게 되며, 저마다의 삶을 냉정하게 성찰하게 된다. 그로써 우리는 문학 작품을 읽기 전보다 건강한 태도로 삶에 임할 수 있게 된다.

문학 작품은 우리에게 현실적 이해 관계와 무관한 순수한 감동을 선사한다. 미적 체험에서 비롯된 그 감동은 비실용적일 뿐더러 다른 목적이 없기 때문에 오히려 우리의 삶에 이바지한다. 일상에 얽매인 상태에서 우리는 현실적 이해 관계에 따라 편협해지기 쉽다. 시야는 좁아지고, 판단은 객관성을 잃을 수 있다. 그러나 문학은 우리의 마음을 해방하여 우리로 하여금 삶을 올바르게 바라볼 수 있도록 함으로써 건강한 삶을 옹호한다. 문학의 그러한 가치는 실용성을 넘어서는 고귀한 가치이다.

제시문 (다)

경덕왕 19년 경자 4월 초하룻날 해가 둘이 나타나서 열흘이 되도록 그대로 있었다. 천문 맡은 관리가 아뢰기를 인연이 닿는 중을 청하여 산화공덕을 베풀면 액막이를 할 수 있다고 하였다. 이렇게 해서 조원전에 깨끗이 단을 만들고 왕이 청양루로 거동하여 인연이 닿는 중을 기다렸다. 이 때 월명 스님이 절남쪽 밭둑길로 가는 것을 왕이 불러오게 하여 단에 올라가 기도를 시작하라고 시켰다. 월명이 아뢰되, "소승이 화랑의 무리에 속하였을 따름이라 안다는 것이 향가뿐이요 불교 노래는 서투릅니다."라고 하니 왕이 말하기를, "이왕 인연 닿는 중을 만났으니 향가로 해도 좋다."고 하였다. 월명이 곧 도솔가를 지어 읊으니 그 가사는 이러하다.

오늘 이에 산화가 부를제	今日此矣散花唱良
뿌린 꽃아, 너는	巴寶白乎隱花良汝隱

곧은 마음의 명을 따라　　直等隱心音矣命叱使以惡只
미륵좌주 모셔라　　彌勒座主陪立羅良

지금 세상에서 이것을 두고 산화가라고 함은 잘못이요 도솔가라고 해야 옳을 것이다. 따로 산화가가 있으나 글이 길어서 싣지 않는다. 얼마 후에 해의 괴변이 없어지니 왕이 이를 가상히 여겨서 좋은 차 한 봉과 수정 염주 108개를 주었다.

제시문 (라)

[표] 취업자별 전공일치율 (단위: %)

상위 10개 전공		하위 10개 전공	
의학	99.9	프랑스어·문학	14.9
치의학, 한의학	99.6	언어학	15.0
간호	99.5	독일어·문학	16.2
약학	98.8	역사·고고학	26.5
기악	93.3	사회학	26.7
유아교육학	92.0	철학·윤리학	28.6
동물·수의학	91.4	유럽어·문학	28.9
시각디자인	88.8	아시아어·문학	30.5
국악	88.0	심리학	31.1
초등교육학	87.2	중국어·문학	31.9

〈문제 1〉 제시문 (가), (나), (다)의 공통된 주제어를 찾고, 이를 바탕으로 제시문 (가), (나), (다)를 비교하시오. (1000자 안팎, 50점)

〈문제 2〉 제시문 (라)를 다양한 관점에서 해석하고, 그것을 바탕으로 제시문 (나)의 논지를 평가하시오. (1000자 안팎, 50점)

* 글자 수가 현격하게 적거나 많지 않은 이상 글자 수에 따른 불이익은 없습니다.

6 출제 의도 및 자료 출처

2015학년도 연세대학교 모의 논술 문항은 '문학의 효용'에 대해 서로 다른 양상을 보이는 다양한 제시문을 비교, 분석하고 그 결과를 근거로 하여 제시된 도표를 분석하도록 함으로써 수험생의 비판적 독해력, 논리적 분석력, 독창적 사고력, 표현력을 평가하고자 하였다. 이는 구체적인 사례에서 공통된 주제를 파악하는 능력, 도표 자료를 해석하는 능력, 그리고 이들을 종합하여 자신의 의견을 제시하고 문제를 해결하는 다면적 능력을 포괄한다.[40]

중등교육 과정 중심의 제시문 출제

제시문 (가)는 가라타니 고진의 〈근대 문학의 종언〉에 수록된 강연록에서 발췌한 것이다. 최근 사회 이슈에 대한 고등학생들의 높아진 관심을 반영하여 '노동 운동'과 '문예 활동'의 상관을 분석한 이 글을 제시문으로 사용하였다. 근대 문학이 이전에 수행했던 역할을 현대 문학이 수행하지 못하고 있으며, 특수한 지위를 가졌던 근대 문학은 더 이상 존재하지 않는다는 내용이다. 근대 문학은 정치·사회 등 모든 현실 모순에 관여할 수 있었지만 현대 문학은 단순히 '잘 팔리는 상품'일 뿐 이전처럼 사회 변혁의 수단은 될 수 없음을 지적한다. 예비 대학생에게 문학의 미학적 측면뿐만 아니라 사회성에 대해서도 생각해 볼 계기가 될 것이다. 중등교육에서도 일정 시수 이상으로 비평문을 배우니 만큼 그리 어려운 장르는 아니다.

제시문 (나)는 고등학교 〈문학 I〉 교과서(천재교육) 2-1 단원 중 김현 선생의 '미적 체험과 감동'에서 발췌한 것이다. 문학이 실용적이지 않지만 문학의 정신적 가치는 이러한 한계를 능가한다고 설명한다. 문학을 통해 독자는 카타르시스를 느끼고 일상의 답답함을 해소한다. 문학은 현실적 이해 관계와

---

[40] 연세대학교(2015). 『수시 논술 출제의도 및 해설』

상관없이 순수한 감동을 선사한다. 제시문 (나)는 문학의 실용성을 거부한다는 점에서 나머지 제시문과 구분된다. (나)는 문학의 가치를 정신적 효용에 두고 있다. 이렇게 현실적 이해 관계와 무관한 문학이 삶에 이바지하느냐는 문제에 대해서 제시문 (나)는 (가)와 정반대의 입장이다. 답안에서 (나)의 심미적 입장으로부터 (가)가 주장하는 '근대문학의 종언'에 대해 어떤 대안을 제시할 수 있다면 창의적인 견해 표시가 될 것이다.

제시문 (다)는 삼국유사 제5권 감통에 수록된 〈월명사 도솔가〉에서 발췌한 것이다. 이 글은 문학의 실용성을 인정한다. 해가 둘이 나타나는 괴이한 현상 때문에 월명이 향가를 지어 바쳤고 그 결과로 해의 괴변이 없어진다고 보았기 때문이다. 월명은 답례품으로 좋은 차와 수정 염주를 받는다. 문학이 공동체가 당면한 문제를 해결하고 실용적 성취를 거둔 것이다.

이 글은 고대 문학의 주술적 효용을 설명하고 있지만 현대 사회에서 문학의 주술적 기능은 거의 활용되지 않으므로 제시문 (다)는 (라)를 해석할 때 직접적인 정보는 제공할 수 없다. 하지만 문학의 실용성을 인정하는 점과 불교 음악이 아닌 향가를 지어 바쳐 괴변이 없어졌다고 기술하는 장면에서 과거 지식인의 실용적이고 주체적인 면모를 엿볼 수 있다.

제시문 (라)는 한국교육개발원이 발간한 '2009년 취업통계연보'의 취업자별 전공 일치 현황에서 발췌한 것이다. 이 표는 취업할 때 전공을 살리지 못하는 학과가 어문 계열에 쏠려 있는 현상을 보여준다. 취업 시장에 어문 계열 전공자 수요가 없다는 점이 문제이기는 하지만 전공이 취업 분야와 일치하지 않는다고 해서 학문의 경중을 가늠할 수는 없다. 전공과 상관없이 다양한 분야에 진출하는 것을 긍정적으로 해석할 수도 있기 때문이다. 학생들이 (라)를 다양한 관점에서 분석하면서 (나) 주장의 가치를 평가하도록 문항을 설계하였다.

비교·분석형 문항과 기준 선정 평가형 문항 출제

〈문제 1〉은 비교·분석형 문항으로 문학의 효용에 관한 다양한 관점을 분석하고 비교하게 하였다. 우선 제시문에 공통적으로 드러난 화제어를 찾고 이를 바탕으로 세 제시문의 차이를 설명하면서 유사점과 차이점을 각각 짜임새 있게 제시해야 한다. 세 제시문을 관통하는 공통 주제어는 관점에 따라 다를 수도 있겠지만 그 근거는 명확히 밝혀야 한다.

논술문을 작성할 때 첫 문장에는 공통된 주제어와 주제어 선정 근거를 밝혀 적어야 한다. 공통된 주제어를 찾을 때에는 제시문을 분석하기보다 전체의 흐름을 읽는 능력이 필요하다. 학생은 제시문 (가)~(라)가 큰 흐름 안에서 어떤 관계를 맺고 있는지를 밝혀야 한다. 특히 제시문 (나)에 직접적으로 제시된 '문학, 실용'이라는 화제와 제시문 (라)의 도표가 보이는 추세로 보아 '문학의 실제적 효용성'이라는 주제어를 쉽게 유추할 수 있을 것이다.

이어지는 문장에서는 제시문들의 관계를 밝혀야 하는데, (가),(나) / (나),(다) / (다),(가)를 각각 묶어 비교할 수도 있고, (가) / (가),(나) / (가),(나),(다)처럼 순차적으로 비교 대상 수를 늘려 갈 수도 있다. 더 좋은 방법은 비교 기준을 세우고 이에 따라 제시문을 분류하며 설명하는 것이다. 기준을 세워 분석할 때에는 '긍정적/부정적, 공시적/통시적, 배타적/개방적, 개인적/사회적, 이론적/실천적, 전통적/현대적, 절대적/상대적' 등의 서로 반대되는 개념들을 적용해 보되 너무 상투적인 이분법이 되지 않도록 조심해야 한다. 분석 기준을 창의적으로 적용하는 것이 고득점의 비결이다.

〈문제 2〉는 기준 선정 평가형 문항으로서, 취업자별 전공 일치 현황 표에서 유추되는 현상을 사회, 경제, 문화적 측면과 같이 다양한 관점에서 비판적으로 분석하고, 이에 근거하여 제시문 (나)의 논지를 평가할 것을 요구하였다. 학생의 전공이나 문학적 지향에 따라 (라)에 대한 해석과 (나)에 대한 평가는 낙관적일 수도 비관적일 수도 있겠지만 그러한 선택을 하게 된 근거는 명확히 밝혀야 한다. 사회 현상에 담긴 함의를 다면적으로 해석할 수 있는 분석력과, 분석 결과를 제시문 (나)를 평가할 자료로 활용할 수 있는 종합적 사고력, 그리고 자신의 입장을 논리적으로 주장하는 문어적 표현 능력을 평가하고자 하였다. '문학의 효용'을 유추적으로 활용하여 사회 현상을 비판적으로 분석하는 능력을 측정하고, 나아가 미래의 인문학도로서 어떤 신념이나 소신을 갖고 있는지를 질적으로 평가하는 데에 목적이 있다.

7 논술문 작성 모형 및 전략

연세대학교는 2006년 논술 입학고사를 부활시킨 이래로 비교·분석형 문항 "㉠ 제시문 (가), (나), (다)의 공통된 주제어를 찾고, 이를 바탕으로 제시문 (가), (나), (다)를 비교하시오."와, 기준 선정 평가형 문항 "㉠ 제시문 (라)를 다양한 관점에서 해석하고, 그것을 바탕으로 제시문 (나)의 논지를 평가하시오." 같은 두 개 문항 유형을 지속적으로 출제해 왔다. 두 번째 문항을 '기준 선정 평가형'이라고 명명하는 이유는 제시된 자료를 분석하여 다른 제시문의 논점을 평가할 기준을 찾아 적용시켜야 하기 때문이다.

비교·분석형 문항이 각 제시문 간의 연관성 분석 능력을 측정하는 데 비해, 기준 선정 평가형은 사진, 그림, 도표, 그래프 등의 자료 분석 결과를 주장의 논거로 삼는 능력을 측정한다. 객관적 사실 이해력과 주관적 견해 표현 능력을 동시에 측정하고자 하는 것이다.

여기에서는 비교·분석형 문항과 기준 선정 평가형 문항을 풀 때 시험장에서 즉각적으로 적용할 수 있는 구조화된 지식을 제안하고 연세대 모의 논술 시험 국면에 직접 적용해 볼 것이다. 덧붙여 평소에 논술 대비를 어떻게 하면 좋은지 체화 훈련 방법을 제안할 것이다.

1) 비교·분석형 논제 해결을 위한 〈제제 석류나무〉 모형

비교·분석형 문항은 제시문 간 관계를 분석하여 써 보는 연습이 축적되지 않으면 풀기 어렵다. 글자 수가 정해져 있기 때문에 분석 결과를 종합하여 매우 집약적으로 써야 한다. 잘못하면 표면적인 요약 정리에 그치거나 단순 이원 비교에 그칠 수 있다. 실제로 시뮬레이션 결과 박○○ 학생은 (가, 나)와 (다)로 나누어 비교하는 데 그쳤다. 비교·분석형 문항은 정보를 다양한 기준에 맞춰 정리하고 탄탄하게 개요를 세운 뒤 쓰기 시작해야 한다. 자신의 생각이 아니라 제시문 안에서 얻을 수 있는 정보만을 치밀하게 분석하여 근거로 삼아야 한다.

이렇듯 탄탄한 개요를 요하는 비교·분석형 문항을 전략적으로 풀어내기 위해 고안한 것이 '제제 석류나무' 모형이다. 제제는 나의 라임 오렌지 나무의 주인공인데, 여기서는 라임 오렌지 나무가 아니라 석류나무가 등장한다. 석류는 단단한 껍질 안에 수많은 열매 알갱이가 들어 있는데 이와 같이 단단한 글 안에 수많은 근거들이 들어 있다고 생각하면 유추하기가 쉬울 것이다.

그림 6.1 제제 석류나무 모형

또 제제와 나무가 서로 친한 것처럼 제시문, 주제어(제제)와 글의 개요(나무)는 서로 긴밀하게 연결되어야 한다.

'제제 석류나무' 모형은 개요 구성 틀이다. 먼저 제시문을 쭉 읽고 각각 한 줄로 요약한 뒤 공통된 주제어를 뽑아낸다. 이어서 제시문 간의 관계를 분석하여 기준을 세우고 그 기준에 따라 제시문을 분류한다. 내용을 풍부하게 작성하기 위해서 기준을 세분해 보고 추가적인 설명들을 언급한다. 즉, 석류나무를 찾아오는 제제는 제시문과 주제어이고, 기준 분석과 제시문 분류가 나무의 기둥이 되며, 세 가지 분석 기준이 가지가 되는 것이다. 이러한 절차적 지식을 적용하여 비교·분석형 논제를 해결한 과정은 다음과 같다.

[1단계] 제시문 내용을 한 줄로 요약한다.

(가)는 근대 문학의 역사적 특수성이 현대 문학에 계승되지 못했음을 지적한 내용이며, (나)는 실용성을 넘어서는 문학의 정신적 가치에 대한 이야기이다. (다)는 향가라는 문학 양식이 해의 괴변을 없앴다는 이야기이다.

[2단계] 주제어를 찾는다.

한 줄 요약을 통해서 '문학'이라는 공통된 주제어를 찾는다. (나)에서 직접적으로, (가), (다)에서 유추적으로 '실용성'이라는 개념을 찾아 '문학의 실용성'을 주제어를 뽑는다.

[3단계] 분석 / 세 가지 기준 설정

첫째, 주제어에 기초해 '문학은 실용적인가'를 기준으로 꼽는다.

둘째, 좀 더 세분화해서 '문학의 효용은 사회적인가'로 기준을 잡는다.

셋째, 추가적인 설명을 위해 문학의 '불변적/가변적 실용성'을 생각해 본다.

[4단계] 분류 : 설정한 세 가지 기준에 따라 제시문을 분류해 본다.[41]

첫 번째, 두 번째, 세 번째 기준에 따라 (나)와 (가, 다)로 나눈다.

[5단계] 글 구성 : 논술 답안에서 서론은 필요 없다. 바로 본론으로 들어가 힘 있는 문장으로 추출한 정보를 그대로 써 내려가면 된다. 개요를 표로 나타내면 다음과 같다.

기준 1	문학은 실용적이지 않다. 제시문 (나)	문학은 실용적이다. 제시문 (가), (다)
기준 2	문학의 효용은 사회적이지 않다. 제시문 (나)	문학의 효용은 사회적이다. 제시문 (가), (다)
기준 3	문학은 불변적이다. 제시문 (나)	문학은 가변적이다. 제시문 (가), (다)

2) 기준 선정 평가형 논제 해결을 위한 〈해전 연평〉 모형

〈문제 2〉 기준 선정 평가형 문항에서는 자료를 해석하여 기준을 선정하고 이 기준을 다른 제시문에 적용해 평가해야 한다. 타당하게 기준을 선정하고 그 기준에 근거하여 분석 대상이 가진 입장이나 결정이 옳거나 그르다고 입증할 수 있는지 여부를 평가하려는 것이다.

평가형 논제에서는 제시문의 입장을 비판하거나 옹호해야 하므로 제시문의 전제 조건이 가지고 있는 문제점을 찾아야 한다. 반대편 입장을 꼼꼼히 따져서 자기 주장을 뒷받침할 근거들을 모은다. 이러한 과정에 적용할 구조화 지식이 〈해전 연평〉 모형이다.[42]

41 가나/나다/다가, 가/나다, 나/가다, 다/가나, 가/가나/가나다, 가/나/다, 가나다 등 다양하게 분류해 본다. 여기서는 세 기준에서 동일하게 분류되었으나 각 기준별로 다르게 묶어 설명할 수도 있다.

42 해전 연평을 거꾸로 하면 연평 해전이기 때문에 기억하기 쉽다(김병성, 2014). 『시계 톱니바퀴 모형과 카메라 화소 전략을 활용한 논술 교수 학습 방안 연구–기준제시 평가형 논제를 중심으로』, 2014

해전 연평은 **해**석, **전**제, **연**결, **평**가의 줄임말이다. 먼저 자료를 **해석**해서 기준을 선정해야 한다. 전체 제시문과의 관계를 생각하면서 사진이나 그림 자료에서는 의미를, 도표나 그래프에서는 유의미한 경향성과 수치를 파악하도록 한다. 〈문제 1〉에서 보통 공통 주제어를 찾아내는 문제가 출제되므로 이미 찾아 놓은 핵심어를 생각하면서 자료를 분석한다.

다음으로 제시문들에서 **전제** 조건들을 확인한다. 전제 조건들은 제시문을 옹호하는 것일 수도 있고 비판하는 것일 수도 있다. 반대편 입장의 단점이 옹호 측 입장의 장점이 되거나 반대편 입장의 장점이 옹호 측 입장의 단점이 될 수 있으므로 모든 전제 조건들을 꼼꼼히 찾아 분류해야 한다. 제시문 위에다가 옹호 측 입장은 ○, 반대 측 입장은 × 이런 식의 표식을 해 두면 시각적으로 빠르게 전제 조건의 경향성을 확인할 수 있다.

전제 조건 표시를 마쳤으면 자료와 제시문을 **연결**해야 한다. 자료와 제시문의 연결은 전제 조건에 부합해야 한다.[43] 자료를 해석한 내용과 제시문이 어떤 연관성을 가지고 있는지 밝히고 그 근거를 전제 조건에 근거하여 설명한다.

마지막으로 제시문을 **평가**한다. 자료를 해석하고 제시문의 전제 조건들과 연결시켰으니 이제 각각의 전제 조건을 근거로 들며 제시문의 논지를 옹호하거나 비판한다. 해전 연평 모형을 활용해 기준 선정 평가형 논제를 해결하는 과정을 단계별로 설명하면 다음과 같다.

년 연세대학교 〈논리와 논술〉 기발 보고서에서 재인용). 이와 같이 앞 글자를 따서 익숙한 단어로 전략을 제시하는 것은 학습자의 수행 지식 스키마 형성에 도움이 된다.

43 전제(근거)를 통해 결론(주장)을 정당화하는 형식을 논증이라고 한다(신정민, 2006).

[1단계] 해석 : 제시문 간의 공통된 주제어를 참조하며 자료를 해석한다.

(라)에서 전공을 살려 취직한 비율을 보면 하위 10개 전공에 문학, 역사, 철학 등 인문학 전공이 쏠려 있다. 그에 비해 상위 10개 전공은 의료, 교육, 예술 등 특수 기능직 분야이다. 이는 인문학 전공자들이 자신의 전공을 살려 취직하지 못하는 현실을 보여준다. 하지만 이를 거꾸로 해석하면 인문학 전공자가 자신의 전공과 상관없이 다양한 분야로 더 많이 진출했다고 볼 수도 있다. 이는 인문학이 사회 전반적인 분야의 기초이기 때문이다.

[2단계] 전제 : 자료와 제시문에서 전제 조건들을 찾아 피아(彼我)를 분류한다.

- 인문학 전공자는 자신의 전공과 상관없는 분야로 진출한다.
- 문학 작품의 미가 불러일으키는 감동은 감정의 정화를 가져온다.
- 현실적 이해 관계와 무관한 감동의 체험은 객관적 판단과 넓은 시야를 갖게 한다.
- 인간은 억눌리거나 메마른 감정을 정화해 건강하고 순수하게 살 수 있다.

[3단계] 연결 : 자료와 제시문이 어떤 상관관계를 가지는지 파악한다.

제시문 (나)는 문학의 불변적 기능을 설명함으로써 제시문 (라)의 현상을 뒷받침한다.

[4단계] 평가 : 찾아 놓은 전제 조건들을 근거로 제시문의 논지를 옹호하거나 비판한다.

전공이 취업 분야와 일치하는지의 여부만 보고 학문의 가치를 가릴 수는 없다. (나)가 주장하는 문학의 정신적 가치는 동서고금을 막론하고 인간이 반드시 지녀야 하는 소양이다. 인간은 문학을 통해 억눌린 감정을 배출함으로써 건강하고 인간적인 삶을 살 수 있다.

[5단계] 글 구성 : 다음 그림과 같은 수행 절차에 따라 본론을 힘 있게 써 내려간다.

그림 6.2 〈해전 연평 모형〉의 수행 절차

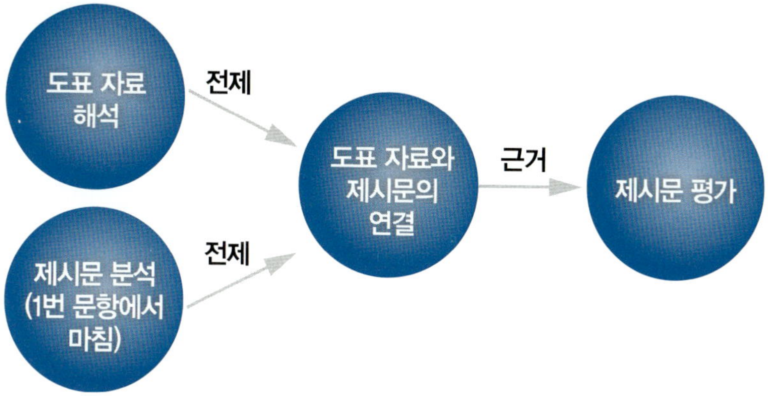

3) 본 연구의 의의

본 연구에서는 〈국어 논리와 논술〉 강의에서 배운 내용을 바탕으로 연세대학교 모의 논술 문항을 출제하고 실제 모의시험을 통해 학생 답안을 평가하였다. 또 문제에 대한 동료 학생의 피드백을 반영해 (라)의 자료를 보다 더 적절한 자료로 대체하는 등 모의 논술 문항을 수정하고 출제 의도와 제시문 출처를 밝혔다. 모의 논술 문항은 연세대학교의 출제 경향을 반영했으며 중등 교육의 정상화라는 목적에 맞게 중등 교육 과정 내에서 출제하였다.

또한 본 연구는 연세대학교 모의 논술 문항에 적용할 수 있는 구조화된 지식을 제시하고 직접 문제를 풀어 보았다. 구조화된 지식으로는 비교·분석형 논제 해결을 위한 제제 석류나무 모형과, 기준 선정 평가형 논제 해결을 위한 해전연평 모형이 있었다. 연세대학교 논술 시험 국면에서 활용할 수 있는 직관적인 구조화 지식을 개발한 것이다. 이는 학생들이 잘 알고 있는 '나의 오렌지 나무'와 '연평 해전'으로부터 유추되어 학습 동기를 고무할 수 있고 논술 작성의 틀로서도 시험장에서 활용될 수 있을 것이다.

연세대학교 논술 입시를 거친 선배로서 한 가지를 덧붙이자면, 이 모든 과정을 체화하기 위해 평소에 하루 세 편 정도의 글을 필사하는 습관을 들이는 것을 추천한다. EBS의 〈사회탐구〉나 〈언어〉 영역에 실린 좋은 글을 필사하면 첫째, 수능 및 내신 공부와 병행이 가능하고 둘째, 글의 구조를 자연스럽게 익힐 수 있으며 셋째, 문장력, 표현력을 배울 수 있고 넷째, 글씨체를 다듬을 수 있다. 이 외에도 손으로 글씨를 쓰는 속도가 빨라지고 어휘력을 키울 수 있는 등 장점이 많다. 특히 컴퓨터나 스마트폰에 더 익숙한 학생들에게 평소 필사를 통해 논술과 수능을 동시에 준비하는 전략은 꼭 필요하다. 그리고 제한 시간 없이 집중하여 정해진 분량을 작성하는 연습을 충분히 하고 어느 정도 숙달되면 제한 시간을 고려하며 쓴다. 중요한 것은 중간에 쉬지 않고 정해진 분량을 써 내는 것이다. 많은 글을 쓰기보다 좋은 글을 쓰도록 노력한다.

쓰기 교육의 궁극적인 목적은 언어를 통해 학생들의 고등 사고를 신장시키는 것이다. 쓰기 영역 중에서도 논술은 고등 사고력 신장을 위한 가장 효율적이고 효과적인 글의 양식이다(주영은, 2014). 그럼에도 중등학교에서는 〈논술〉 정규 교육과정이 일반적이지 않다. 대입 논술이 자리를 잡아가고 논술의 교육적 효과도 인정받고 있는 만큼, 중등학교에서 논술 교수법을 잘 정리해 통일된 교과과정을 설립할 필요가 있다. 본 연구를 계기로 구조화된 지식의 중요성이 널리 공감을 얻어 쉽고 직관적인 논술 교수법이 많이 개발되기를 기대한다.

8 수정된 모범 답안

〈문제 1〉 제시문 (가), (나), (다)의 공통된 주제어를 찾고, 이를 바탕으로 제시문 (가), (나), (다)를 비교하시오.

(가)는 현대 문학에서 더 이상 사회적 실용성을 찾을 수 없다는 주장을 하고 있으며, (나)는 실용성을 넘어서는, 문학의 정신적 가치를 주장한다. (다)는 향가라는 문학 양식의 주술적 기능에 대한 보고이다. 세 제시문의 공통 주제어는 '문학'이라고 볼 수 있으며 특히 '문학의 실용성'을 기준으로 제시문 (가, 다)와 (나)를 구분할 수 있다.

(가)에서는 현대 문학이 더 이상 근대 문학과 같은 사회·정치적 역할을 수행하지 못하며, 협소한 범위로 한정되어 버렸다고 주장한다. 이전의 문학이 정치적이고 사회적인 문제, 현실에서 해결할 수 없는 모순까지 떠맡아 실제적인 역할을 담당했던 것에 반해, 현대 문학이 개별적인 감상의 대상으로 기능이 축소된 것을 안타까워하는 것이다.

(다) 역시 향가라는 문학 양식이 불교 노래를 대체하며 주술적인 기능을 했음을 보고하고, 문학이 현실적으로 작용할 수 있음을 긍정한다. 월명은 노래를 지어 불러 나라의 골칫거리였던 해의 괴변을 없애고 좋은 차와 수정 염주를 답례품으로 받았다. 문학이 현실 문제를 해결하는 실용적인 기능을 한 것이다.

반면 (나)는 문학이 실용적인 면에서 전혀 쓸모가 없음을 인정한다. 문학은 의식주를 해결하지 못하고 여유로운 사람들의 호사일 수 있다는 것이다. 하지만 (나)는 문학이 현실적 이해 관계와 무관하게 순수한 감동을 선사하기 때문에 오히려 인간 삶에 이바지한다고 주장한다. (나)에 의하면 (가)의 김종철이 추구했던 문학이 끝났다고 해도, 문학은 여전히 인간과 세계를 이해하는 방법으로서, 또는 감정 정화의 도구로서 영속될 의의가 있는 것이다.

또한 (가)와 (다)는 특수한 시대에 특수하게 기능하는 문학의 역할을 소개함으로써 문학의 기능을 가변적으로 보고 있는 반면, (나)는 문학이 시대를 초월하여 미적 체험을 제공하는 불변적 기능을 강조한다는 점에서 구분된다. (913자)

〈문제 2〉 제시문 (라)를 다양한 관점에서 해석하고, 그것을 바탕으로 제시문 (나)의 논지를 평가하시오.

(라)에서 대학의 전공을 살려 취직한 비율을 조사한 결과 하위 10개 전공에 문학, 역사, 철학 등 인문학 전공이 쏠려 있는 것으로 나타났다. 그에 비해 상위 10개 전공은 의료, 교육, 예술 분야에 치우쳐 있다. 이는 인문학 전공자들이 자신의 전공을 살려 취직하지 못하는 현실을 보여준다.

그러나 이러한 현상은 거꾸로 보면 인문학 전공자들이 자신의 전공과 상관없는 분야로 진출하는 비율이 높다는 것을 의미하기도 한다. 의료, 교육, 예술 분야 전공자 대부분이 자신의 전공 분야로만 취직하는 반면, 인문학 전공 취업자는 다양한 분야로 진출하였다. 이는 인문학이 특정 직업 분야에 직접적으로 소용되기보다는 제반 직업 분야의 기초가 됨을 보여주는 근거이기도 하다.

문학의 불변적 기능을 주장하는 제시문 (나)도 이러한 현상을 설명하는 근거가 된다. 문학 작품의 미가 전하는 감동은 감정의 정화를 가져오고, 이렇게 현실적 이해 관계와 무관한 순수 감동을 체험한 인간은 객관적 판단력과 넓은 시야를 갖게 된다. 문학의 효과는 특정 분야에 국한된 것이 아니라 사회 모든 분야에 필요한 것이다. 문학을 통한 의식의 각성은 다양한 아이디어 창출의 원동력이 된다. 인문학 전공자들이 자신의 전공 분야뿐만 아니라 다양한 분야로 진출하였음을 보여주는 (라)의 수치는 문학의 이러한 가치를 입증한다.

따라서 전공이 취업 분야와 일치하는지 여부에 따라 학문의 가치를 평가할 수 없다. 제시문 (나)가 주장하는, 문학의 실용성을 넘어서는 정신적 가치는 동서고금을 막론하고 인간이 반드시 지녀야 하는 기본적 소양이다. 문학을 통해 인간은 억눌린 감정을 배출하고 이로써 건강하고 인간적인 삶을 살 수 있다. 문학의 가치를 간과한다면 현실적 이해 관계에 의한 편협한 정신을 갖게 되고 인간성을 상실하게 될 수도 있다. 그러므로 문학이 실용적이지 않음으로 해서 초역사적으로 실용적인 기능을 발휘해 왔다는 (나)의 주장은 옳다. (946자)

확인질문

Chapter 06

이 장에서는 대학교별 모의 논술 문항을 개발하고 모의 논술 절차와 동료 조언을 거쳐서 문항을 수정하는 과정을 살펴보았습니다. 다음 문제를 풀면서 본문의 중심 내용을 정리하고 특정 대학교의 논술 유형에 맞게 논제를 출제할 방안에 대해서 생각해 봅시다.

1. 본문 이해

❶ 대학교별로 논술 유형이 다른 이유는 무엇입니까?

❷ 비교·분석형 논제 해결 과정에 적용된 구조화 지식의 내용은 무엇입니까?

❸ 기준 선정 평가형 논제 해결 과정에 적용된 구조화 지식의 내용은 무엇입니까? 비교·분석형 논제 해결 모형과 비교하면 무엇이 같고 다릅니까?

2. 수행 과제

❶ 대학교 입학 자료실에 들어가 논술 기출 문제들을 분석해 보고 학교별로 문항 유형을 정리해 봅시다.

❷ 특정 대학교의 출제 의도를 반영한 논술 문항을 개발해 봅시다.

❸ 동료와 문항을 바꾸어 풀면서 동료가 출제한 문항에 대해 잘된 점과 부족한 점을 피드백해 줍시다.

❹ 동료에게 돌려받은 답안과 자신이 작성해 둔 모범 답안을 비교해 보고, 동료의 조언을 참조하여 문항과 모범 답안을 최종적으로 수정해 봅시다.

3. 더 생각해 볼 거리

각 대학의 올해 모의 논술 문제와 출제 의도를 확인한 뒤, 우수 답안에 대한 평가를 검토하면서 우수 답안의 구조와 주요 담화 표지를 분석해 봅시다.

Tip 중등교과과정을 반영하라는 2015 교육부 정책을 대학은 어떻게 수용하고 있는가?

(예) 2015 한양대학교 2차 모의논술 출제 의도 및 문항 분석

본 논술 문제는 2009 개정 국어과 교육과정의 〈화법과 작문〉 내용 성취 기준 가운데 '설득'과 관련된 항목들을 종합적으로 반영하여 출제하고자 하였다. 그 항목은 다음과 같다.

(15) 논증의 원리와 방법을 이해하고 새로운 주장을 입증할 책임이 자신에게 있음을 안다.
(16) 설득하는 담화나 글의 구조와 내용 조직의 원리를 이해하고 청자와 독자를 고려하여 내용을 구성한다.
(18) 화자의 공신력을 이해하고 이성적·감성적 설득 전략을 사용하여 효과적으로 연설한다.
(20) 논제의 필수 쟁점을 분석하여 쟁점별로 논증을 구성하여 토론한다.
(22) 주장하는 내용과 관점이 명료하게 글을 쓰며 글의 영향과 사회적 책임을 인식한다.
(24) 독자와 글의 유형에 적합하고 설득력 있는 표현 전략을 활용하여 주장하는 글을 쓴다.

이에 본 논술 문항은 논증 및 설득과 관련한 메타적 이해와 그 적용 및 표현 능력을 알아보는 문항으로 구성하였다. … 논증 및 설득에 대한 이해와 이를 바탕으로 한 전략의 적용 및 표현 능력을 종합적으로 평가해 보고자 한 것이다.

이를 위해 제시문으로는 논증 및 설득과 관련하여 가장 고전적이고 대표적인 동서양의 명문을 선정하고자 하였다. 〈가〉는 『한비자』에 나오는 유명한 「세난(說難)」 편의 일부를 직접 인용한 것이고, 〈나〉는 서양 고전인 아리스토텔레스의 『수사학』의 내용을 고등학생이 이해 가능한 수준으로 해설한 것이다. 그리고 제시문 〈다〉는 2015 대입수능 연계 교재인 EBS 국어영역 『인터넷 수능 화법과 작문 & 독서와 문법 B형』 211면에 실린 지문을 축약한 것이다. 이처럼 제시문은 동서양의 고전 읽기에 대한 사회적 요구와 더불어 논술 교육에 대한 부담을 줄이고 학교 교육을 정상화하자는 취지에 어울리게 구성하였다.

제7장
논증 글의 양식적 특징

문학과 비문학 텍스트를 구부하는 기준은 무엇인가?

문학적인 글과 논증적인 글의 표현 방식은 어떻게 다를까?

논증이란 어떤 명제가 참이라고 **주**장하기 위하여 타당한 **이**유나 **근**거를 들어서 독자를 논리적으로 설득하는 행위이다. 쓰기 시험에서 논증을 전개하기 위해서는 먼저 과제 맥락을 이해하여 **출제자 의도와 채점 기준을 파악**해야 한다. 참고해야 하는 필수 자료가 몇 개인지, 주제가 무엇인지, 글의 분량과 작성 시한이 어떠한지, 반론에 대한 반박 등 반드시 준수해야 할 내용 구조가 있는지 등을 꼼꼼히 확인해야 한다. 모든 장르의 글이 그러하듯이 논증적인 글에서도 창의적 내용 생성, 짜임새 있는 구조화, 일관된 단락 전개, 올바른 문장 생성 능력은 중요하다. 논증적인 글의 내용 생성 방법과 논증에 적합한 구조, 단락, 문장에 대해 알아보자.

❶ 논증 글의 내용

21세기 사회에서 암기력은 말과 글 가운데 어느 과제를 수행하는 데 더 필요할까? 필자와 독자는 다른 시공간에 거주하는 데다가 인터넷 공간에 쉽게 참조할 수 있는 자료도 많아졌기 때문에 이제 필자에게는 ✎ ________ 대신 상황 인지(situational cognition) 능력이 더 필요하다. 상황 인지가 뛰어난 필자는 과제 맥락을 판단하여 필요한 자료도 잘 정리하고 반대편의 입장을 반박할 논거도 잘 세운다. 다음은 내용을 생성하기 위해 개요를 짤 때 거치는 순서이다. 이 과정을 문장 부호가 가진 상징성과 연결해 보자.

① 주제	② 자료 조사	③ 질문	④ 반론 검토	⑤ 내용 계획
.	?	!	…	, , ,

Tip

내용이 논점을 벗어나기 않게 하려면 글을 쓰기 전에 예상 독자들과 토론하면서 쓸 거리를 충분히 확보해 두어야 한다. 동시에 필자는 인터넷 등의 자료를 보면서 **이해**한 **지식**을 분산된 인지 체계에 summary나 paraphrasing 형태로 저장시켜 두고 새로운 과제 맥락에서 그 타당성을 **분석**해 본다. 검토된 결과는 비평적인 글에서 개인의 입장(감상) 설득에 적용되고, 논증적인 글에서는 공동체 문제(해석) 해결에 **적용**된다. 이렇게 **종합**한 내용을 반대편 입장에서 **평가**해 보고 예상되는 반론을 반박한다면 자기 논거를 더욱 타당하게 주장할 수 있다. 그리하여 마침내 필자는 관련 주제에 대하여 타당한 내용으로 **창의**적인 제언을 하기에 이른다.

필자의 머릿속에는 지식의 서랍장이 들어 있다. 'I–아(我)–わたし–나'처럼 어느 나라에나 있는 주어 관련 언어 지식은 쉽게 습득된다. 기존 지식의 서랍장 구조에 바로 분류해 넣을 수 있기 때문이다. 하지만 '머신러닝, 시원섭섭하다'처럼 학습자의 배경지식 여하에 따라 익숙하지 않은 개념을 수용할 때에는 기존 지식의 서랍장 체계를 고쳐 짜야 한다. '보편적 복지 vs 선별적 복지'에 대해 여러분의 머릿속에는 어떤 지식이 어떤 위계로 나누어 저장되어 있는지 혹은 저장해야 할지 관련 자료를 검색하면서 한번 정리해 보자.[44]

과제 맥락에 대한  meta cognition	
보편적 복지	**선별적 복지**
장하준	마이클 샌델(Michael J. Sandel)

44 위 표의 눈동자는 심안(心眼, the inward eyes)을 형상화한 것이다. 심안이란 사물을 살펴 분별하는 능력을 가리키는 단어로, 상황 맥락을 파악하는 인지 능력을 표상하고자 하였다.

주제와 관련된 쓸 거리를 다양하게 찾기 위해서는 해당 주제에 대하여 자신에게 구조화된 지식을 다각도로 적용하며 질문해 봐야 한다. 구조적으로 안정된 내용을 생성하기에 적합한 지식 체계를 아는 대로 나열해 보자.

SWOT	5W1H	주근깨(가정, 정의, 사례, 전제, 반론)

논증적인 글에서는 기존 담론에 내 주장을 조금 보태 해당 주제의 담론 공간을 확장하는 방식으로 내용의 창의성을 추구한다. 따라서 개인적인 견해를 피력할 때는 이를 뒷받침할 권위 있는 근거가 필요하다. 논증적인 글에는 선행 연구가 참조되는 이유이다. 일반 대중을 설득해야 하는 논증적인 글에서 창의성은 주장 내용이나 근거 자료가 참신하다고 해서 생기는 것이 아니다. 담론 공간 확장에 기여할 관점, 옹호 및 비판의 전개 논리가 창의적이어야 한다.

대학에 들어와서 '협력에 기반을 둔 보편적 복지 vs 경쟁에 기반을 둔 선별적 복지'로 A4 2장의 논증적인 글을 쓴다면 각 입장의 쟁점이 무엇인지를 먼저 이해해야 한다. 그러고 나서 글을 쓰는 나는 누구인지, 왜 이러한 주제로 고민해야 하는지를 비판적으로 분석해 본 뒤, 자기 처지에 적용하여 둘 중 한 입장을 정하도록 한다. 자기가 남과 다르게 옹호할 근거를 많이 가지고 있는 입장을 선택하는 것이 유리하다. 주제 문장에는 화제에 대한 필자의 입장이 구체적으로 표명되어야 한다. 논증적인 글에서는 필자의 구체적인 목소리가 논리적으로 전개되어야 창의성을 거둘 수 있다.

이러한 단계를 거쳐서 초고를 작성할 내용 계획을 수립했다면 자기 주장에 비판적인 평가자의 입장에서 주장과 근거의 내용 타당성을 검토한다. 과제 맥락에 따라 동일 과제를 수행 중인 동료로부터 조언을 받거나 담당 교수자에게 피드백을 받을 수도 있으며 필자가 직접 자신에게 우호적이지 않은 독자의 시각으로 자기 글의 타당성을 검토해야 할 때도 있다.

❷ 논증 글의 구조

논증적인 글은 기본적으로 문제 해결 구조이다. 도입부에서 놀라운 에피소드나 사실 등을 인용하면서 문제의 원인이나 문제로 인한 손실을 **환기**하여 독자와 공감대를 형성한다. 마무리 부분에서는 문제 원인을 제거하거나 손실 감축을 보여줌으로써 **해결** 방안을 제시한다. 대학의 교양 수업에서 요구하는 논증적인 글은 일반 독자를 대상으로 개인의 입장을 설득해 나가는 글이므로 학술적인 글이라기보다는 대중적인 글로서의 성격이 강하다.

문제	주관적	객관적	해결
	주 리	**√ 가 정 사 전 반**	
	장 유	정 의 례 제 론	

논증 글은 '주장, 이유, 근거(√)'로 구조화된다. 논증을 할 때 필자는 자기가 생각하는 해결 방법을 주장한다. 그리고 이 주장은 주관적인 이유와 객관적인 근거에 의해 뒷받침된다. 예를 들어 '한국적 상황에서는 선별적 복지를 실시해야 한다. 선별적 복지라야 부의 재분배를 실현할 수 있다.'와 같이, 주장 다음에는 이유를 대야 하는데, 이 이유는 객관적인 근거로 뒷받침되어야 한다. 근거로는 가정, 정의, 사례, 전제, 반론 등이 검토된다. 그렇다면 이유와 근거는 어떻게 다를까? ✎ 다음 중 어느 문장이 맞는지 구분해 보고 그 쓰임으로부터 이유와 근거의 의미 차이를 유추해 보자.

① 그렇게 요구하는 이유는 무엇인가? ( )
② 그렇게 요구하는 근거는 무엇인가? ( )

③ 어떤 근거가 그러한 이유를 뒷받침하는지 설명해 보라. ( )
④ 어떤 이유가 그러한 근거를 뒷받침하는지 설명해 보라. ( )

이유가 주관적이고 직접적인 것이라면 근거는 누구나 찾아보고 **공유할 수 있는**, 즉 주관적인 경험 밖에 실재(實在)로 **존재하는** 것이다. 그래서 다음 문장에서와 같이 근거는 객관적인 개념으로 사용된다.

- 이 근거(사실 자료, 통계 수치)는 어디서 찾았는가? 출처가 어디인가? 믿을 만한 것인가?
- 이 근거는 어떤 방법과 도구로 수집했는가? 누가 해도 같은 결과를 얻을 수 있는가?

위 그림에서 아름다워 보이는 주인공은 누구인가? 가분수나 3등신은 6등신에 비해서 아름답지 않다고 여겨진다. 글은 유기체로서 인간보다 더 오래 생존할 것이다. 윤리적인 필자라면 자신의 글에 가치 있는 내용을 담고 아름다운 구조로 다듬어 영생하도록 창조할 책임이 있다. 다음 반대편 주장을 반박하는 학생 글에서 문단 구조는 ✎ ____________________는 문제가 있다.

보수주의자들은 복지 확대를 두 가지 이유로 반대한다. 첫째로 공짜 복지의 확장은 결과적으로 지나치게 관대한 이익을 준다는 것이다. 전형적인 예를 들면 큰 기업 소유자의 손자를 위해 점심을 무료로 주거나 주부를 위한 무료 교육 서비스를 제공할 필요가 있느냐는 것이다. 하지만 이 주장은 중요한 이슈가 아니다. 그리고 어떤 혜택이 있을 경우에 "너무 풍부해도" 국가 재정에 치명적인 피해가 되지는 않는다. 두 번째로 복지가 경제 성장에 큰 방해물이 될 것이라고 주장한다. 한국 사회에서 이른바 대세인 사람들, 즉 대기업, 경제 관료, 보수 언론, 정치가들은 복지비 확대와 노령화 사회의 연합은 국가 재정에 부담이 되며 결국에는 경제 성장을 방해할 것이라고 경고한다.

Tip 논증 양식의 스타일

논증적인 글은 논술 시험뿐만 아니라 대학교 보고서 과제로도 자주 출제된다. 종이에 연필로 쓰느냐 컴퓨터로 작성하느냐에 따라 스타일이 조금씩 다르지만 기본적으로 준수해야 할 몇 가지 격식이 있다.

먼저, 한 문단에 하나씩의 문제를 다루어 각각의 논제를 모두 해결하였음을 시각화하는 것이 좋다. 논증 과제는 분량을 제한하는 경우가 많으므로 학생들은 요구되는 과제 분량에 따라 문단 수를 미리 결정해 놓을 수도 있다. 100~200자 답안이라면 한 문단, 300자 이상인 경우에는 두 개 이상 문단으로 구분하도록 한다. 300자 이상의 논지를 한 문단으로 전개하면 정보의 양이 많아 필자나 독자 모두 논지의 흐름을 놓치기 쉽다. 주장과 근거를 담아 한 문단을 완성하려면 한 문단은 최소 3개 이상의 문장으로 작성한다.

또한 논증적인 글은 문어적인 속성이 아주 강한 양식이므로 구어적인 어휘와 표현은 자제하도록 한다. '나는, 엄청, 똑같은, -하고, -는 게, -습니다' 등은 '(　　　,　　　,　　　,　　　,　　　,　　　)'와 같은 표현으로 대체해야 한다. '-하다, -되다, -시키다' 같은 동사 파생 접사를 띄어 쓰는 잘못은 일관된 것이 많으므로 하나의 오류를 발견하였다면 한글 프로그램의 '찾아 바꾸기' 같은 기능을 이용하여 일괄적으로 수정하는 것이 좋다.

컴퓨터로 작성하는 글이라면 제목, 학번, 문단 모양, 줄 간격, 캡션 달기, 좌우정렬, 인용 부분의 출처 표기, 각주 표시 등이 격식에 맞는지를 최종적으로 검토해야 한다. 보통 제목은 학번이나 이름보다 크고 진하게 중앙에 배치하고 이름은 오른쪽에 정렬한다. 인터넷 자료를 복사해서 붙이는 경우 글자체가 본문과 달라지지 않도록 유의해야 한다. 도표나 그림에 제목을 붙일 때 표 제목은 위에, 그림 제목은 아래(가운데)에 달도록 한다.

최종 수정을 할 때에는 어휘 표현이 중립적인지 꼭 점검해야 한다. 예를 들어, "보편적 복지를 시행하려면 선별적 복지를 하려고 할 때보다 더 풍부한 재원이 필요하다."는 문장에서 '풍부한'은 긍정적인 어휘로서, 보편적 복지를 반대하면서 사용하기에는 적합하지 않으므로 '(   )'으로 대체되어야 한다. 또한 "보편적 복지는 예방적, 사전적 효과가 있다. 우리가 살면서 상처를 받으면 후유증이 깊고 길어서 완벽한 치유가 불가능하다. 한번 손상된 영혼을 원래처럼 회복하기란 불가능하다. 그래서 사전적이고 예방적인 처치라야 인간적이고 비용 절감적인 효과를 기대할 수 있다."의 밑줄 친 부분도 너무 비유적으로 표현되어서 논증적인 격식에는 어울리지 않는다.

논술 시험의 출제 유형을 보면 본론만을 요구하는 문항이 있는가 하면, '도입-본론-마무리'로 구조를 갖춘 통 글을 요구하는 문항이 있다. 최근 교과 논술 체제 이후로, 이해, 적용, 평가 능력을 구분하여 평가하려는 추세가 확산되면서 많은 대학의 논술 문제가 본론만 구성하도록 출제되고 있다. 그래서 여기서는 논술문의 본론 구성 방법을 먼저 이해하고 나서, 도입과 마무리 부분을 포함한 통 글로 논술문을 완성하는 방법을 알아보도록 하겠다.

1) 본론의 체계적인 구성

논증적인 쓰기 과제의 목표는 비판적, 창의적, 논리적 사고를 종합적으로 수행하도록 돕는 데 있다. 그래서 교수자는 시사적인 주제와 관련된 참고 자료를 제시하고, 제시문을 요약하거나, 제시문을 서로 비교·대조하거나, 한 입장에서 다른 입장을 비판하거나, 문제를 진단하여 해결하게 하는 과제를 출제한다. 제한된 글자 분량에 맞춰서 짧게 논술해야 하는 경우라면 자신의 주장과 반대되는 논지를 먼저 설명하고 나서 그 주장의 허점을 반박하는 방식으로 자기 주장의 타당성을 설득하는 전략을 쓸 수 있다. 제시문을 요약할 때에는 논리적으로 재구조화해야 한다. 순서대로 나열하면 참신한 인상을 주기 어렵다.

논증 글의 본론에서는 논제에 대한 주장과 논거를 타당하게 전개해야 한다. 그러려면 논제의 요구 사항이 무엇인가를 먼저 정확하게 파악하는 게 중요하다. 그러고 나서 화제를 구체적으로 정하고 화제에 대한 입장이 드러나게 주제 문장을 작성한다. 마지막으로 주제 문장을 뒷받침할 논거의 개수와 요구되는 글자 분량에 따라 본론의 문단 개수나 기능성 문장의 개수를 정하는 식으로 문단별 개요를 작성한다.

본론 구성의 유형

자료 7.1 개요 작성을 위한 활동지

1) 비교–분석하기	2) 비판–옹호하기	3) 문제 분석–대책 적용하기
무엇을 비교·분석할 것인가?	무엇을 비판하고 주장할 것인가?	무엇이 문제인가?
비교 1:	비판 1:	어떤 대책이 가능한가?
같은 점: 다른 점:	근거: 주장:	첫째,
비교 2:	비판 2:	둘째,
같은 점: 다른 점:	근거: 주장:	셋째,
비교 3:	비판 3:	그리고
같은 점: 다른 점:	근거: 주장:	마지막으로

논술문의 본론 구성은 크게 설명 형과 논쟁 형으로 분류된다. 설명 형은 논의 대상을 비교–대조, 분류, 분석하거나, 원인을 해명하는 등 주로 대상을 풀이하여 진술하는 유형이다. 한편 논쟁 형은 사안이나 특정 관점에 대해 비판하거나 반론을 펼치며 진술하는 유형이다. [자료 7.1]의 2) 비판–옹호하기

개요 도표는 반론을 반박하는 구조로 자신의 주장을 옹호하는 양식을 예시한 것이다.

가. 비교–대조

'비교–대조' 유형은 상반된 관점을 지닌 이론이나 다양한 견해의 공통점과 차이점을 서술하라는 논제에 해당된다. 제시문에 비교 기준이나 차이점이 명료하게 제시되지 않았을 경우에는 입장들의 공통 화제가 무엇이며, 화제에 대한 입장에 어떤 차이가 있는가를 개요 작성 단계에서 정리해 두어야 한다. 그런 후에 일정한 기준을 설정하여 입장들을 비교–대조하여 서술한다.

[1] 다음 예시문에서 어떤 화제가 어떤 범주로 비교되고 있는지 분석해 보자.

전통적인 윤리는 크게 '목적론적 윤리'와 '의무론적 윤리'로 나누어진다. 목적론적 윤리는, 행위의 도덕적 가치는 그 행위가 목적을 얼마나 달성했는가 하는 '결과의 좋음'과 관련해서 판단되어야 한다고 주장한다. 아리스토텔레스는 인생 또는 우주 전체에, 우리가 그 실현을 위해 힘을 쏟아야 할 객관적인 목적이 있다고 믿었다. 따라서 목적론적 윤리가 대답해야 할 최초의 근본 문제는 '인생의 궁극적 목적이 무엇인가?'이다. 그는 그것을 '행복'으로 보았다. 이런 그의 윤리설은 덕 윤리의 전형이 되었다. 한편 '최대 다수의 최대 행복을 촉진하도록 행위해야 한다.'라는 공리주의도 행위가 산출하는 결과에 의해 인간 행동을 평가한다는 점에서는 목적론적 윤리로 볼 수 있다.

의무론적 윤리는, 도덕적 행동의 옳고 그름은 그 행동 결과의 좋음보다는 형식적인 행위의 규칙과 관련해서 판단되어야 한다고 주장한다. 칸트는 인생이 힘써 도달해야 할 목적이 따로 주어져 있다는 것을 믿지 않는 대신, 옳은 행위와 그른 행위를 분간함에 표준의 구실을 할 수 있는 도덕 법칙이 주어져 있다고 믿었다. 그리고 그 법칙은 어느 시대 어느 장소에서나 타당한 절대적 권위를 가졌다고 믿었다. 어느 행위의 옳고 그름은 그 도덕 법칙을 적용함으로써 간단히 판단된다. 따라서 최초의 근본 문제는 '시대와 지역의 차이를 초월하여, 언제 어디서나 타당한 행위의 법칙인 도덕 법칙이 무엇인가?'이다.

– 고등학교 〈생활과 윤리〉 교과서 –

이 글에는 __________라는 단일 화제에 대해 상반된 입장이 비교-대조되어 있다. 두 개 문단의 구조를 들여다보면 __________와 __________에 대한 개념을 정의한 후, 대표 학자를 예로 들어 각 입장이 추구하는 바를 자세히 설명하였다. 그리고 각 입장이 현대에 어떻게 계승되고 있는지와 함께 각 입장의 특징이 다시 한 번 정리되었다.

이처럼 '비교-대조' 유형으로 본문을 구성할 경우에는 어느 한 입장에 치우치지 말고 진술할 내용을 대립 쌍으로 설정하여 문장들이 균형 있게 전개되도록 구성한다. 두 문단에 문장들의 전개 과정이 유사하게 구성되었을 때 논의가 안정적으로 읽히기 때문이다.

나. 비판-옹호

'비판-옹호' 유형은 '비교-대조' 유형과 연계 출제되는 경향이 있다. 두 입장을 비교한 후, 한 입장에서 다른 입장의 문제점과 한계를 지적하는 논제가 이에 해당된다. 그럴 경우 비판 대상을 명료하게 정의하는 것이 중요하다. 어느 입장이 문제적인가, 왜 문제적인가를 지적한 후, 다른 한 입장이 문제를 해결할 더 나은 방안임을 입증하면 된다.

어떠한 입장이든 절대적으로 옳은 것은 없기 때문에, 비판 대상인 입장이 전제로 삼는 것을 비판하거나, 논거의 오류를 지적하거나, 그 입장에서 접근하는 해결 방안의 한계나 문제점을 비판하면 된다. 그리고 상대적으로 우위를 점한 다른 관점의 정당성과 타당성을 근거로 들어 반론을 제시하면 주장의 설득력이 높아진다. 대상에 대한 비판과 반론은 대상을 설명한 문단 등과 구분하여 진술하는 것이 주장을 시각적으로 명료히 드러내는 데 효과적이다.

Tip

소주제문장을 설득력 있게 뒷받침할 기능성 문장들로는 정의, 예시, 분석, 분류, 인과, 인용과 비유, 비교 및 대조, 문제 진단과 대책(반응, 영향, 전망) 등이 있다.

[2] 다음 예시문에서 화제와, 그 화제에 대한 상반된 입장의 핵심 어휘를 찾고 필자의 입장이 제일 강하게 드러난 문단과 문장을 찾아보자.

세계 경제가 심각한 위기를 맞이한 오늘날, 환경 보존과 경제 성장을 함께 추구함으로써 새로운 성장의 동력을 발견하려는 움직임이 나타나고 있다. 세계 주요 국가들도 소위 '녹색 뉴딜'이라 불리는 이러한 정책을 위기 극복의 기본 방향으로 채택하고 있다. 그러나 성장과 환경이라는 두 마리 토끼를 한꺼번에 잡는 게 생각처럼 쉬울지는 의문이다.

그 동안 녹색으로 대표되는 생태적 가치를 훼손해 온 주범은 성장 중심의 개발 논리였다. 수만 년 동안 온전하게 유지되어 온 생태계가 훼손되기 시작한 것도 근대적인 경제 발전이 본격화한 산업 혁명 이후의 일이다. 도시를 중심으로 이루어진 경제 성장은 기존의 농촌공동체를 파괴했으며, 사람들의 삶을 생태학적인 환경에서 격리시켜 버렸다. 파괴된 환경 위에 새롭게 건설된 도시에서 살아가는 삶은 기본적으로 생태적 가치에 무관심할 수밖에 없었다.

생태적인 삶을 되살리기 위해서는 성장 중심의 가치관을 버려야 한다. 절대적인 빈곤 문제가 어느 정도 해결되었으니 성장에 더 이상 기대지 말고, 함께 나누며 함께 즐기는 삶을 추구해야 한다. 오늘날 경제 위기보다 더욱 심각한 것은 생태 위기이다. 생태 위기가 초래할 재앙은 성장의 결과를 한순간에 날려 버릴지도 모른다. 생태적인 삶의 방식을 되살리는 길이야말로 인류 문명을 지키는 유일한 방법이다.

– 고등학교 〈국어〉 교과서 –

위의 글은 ____________를 바라보는 두 가지 관점 중 ____________과 ____________을 동시에 추구하는 입장을 비판하는 생태적인 입장을 보여준다. 첫 번째 문단에서 성장과 보존을 동시에 추구하는 입장의 내용이 무엇인지를 설명하고, 두 번째 문단에서 그 입장이 지닌 문제점이 무엇인가를 비판하며, 세 번째 문단에서 ____________인 관점이 환경 문제를 해결하는 데 가장 적절하다고 반론을 펼친다. 비판과 반론이 잘 배열된 이러한 구성의 논증 글은 설득력이 높다.

다. 분석–적용

'분석–적용' 유형은 문제 현상의 원인을 다각적으로 밝히기를 요구하는 논제 유형이다. 논술은 사고의 깊이를 측정하는 시험이므로 원인을 규명하는 시야를 확인하는 문항이 출제된다. 현실에서 어떤 문제의 원인은 단일하지 않다. 따라서 다양한 원인을 규명해야 하는 논제에서는 원인 진단에 참조할 자료 내용을 논술 제시문으로 제공해 준다.

분석 기준을 적용할 순서를 정하기 위해 먼저 여러 기준 요인들 간 위계를 살펴야 한다. 즉, 어느 한 요인이 다른 요인에 종속되거나 서로 중첩되는 것은 없는지를 점검해 본다. 그러고 나서 가장 중요한 요인에서부터, 혹은 가장 일반적인 것에서부터 순차적으로 배열한다.

[3] 다음 글에서 어떤 문제가 어떤 범주로 분석되었는지 핵심 어휘에 밑줄을 그어 보자.

외모 지상주의가 만연하게 된 가장 큰 이유는 무엇보다도 상업주의와 관련이 깊다. 돈을 벌 목적에서 모든 것을 상품화하려는 사고방식을 지닌 사람들은 인간의 몸까지 영리 추구의 대상으로 간주한다. 예를 들어 많은 기업들은 자사의 제품을 홍보하기 위해서 텔레비전에 화려한 외모를 자랑하는 모델을 출연시킨다. 대중매체의 이런 행태는 많은 사람들로 하여금 주저 없이 외모 가꾸기에 나서도록 만든다.

외모 지상주의가 만연하게 되는 또 다른 원인은 경제적 풍요와 관련이 깊다. 경제적으로 풍요로워지면서 사람들은 삶의 여유를 향유하게 되고, 그 과정에서 자기 몸을 아름답게 가꾸려는 의식도 자연스럽게 나타난다. 여유가 생기자 사람들은 많은 시간과 돈을 투자해서 자신의 외모 가꾸기에 나서고 있다.

– 고등학교 〈생활과 윤리〉 교과서 –

이 글에는 ✎ ________가 만연하게 된 원인이 ________와 ________로 서술되었다. 두 개 원인이 별 개의 문단에 진술되었다. 그 중 더 근본적인 원인을 ________로 파악하여 첫 번째 문단에 배치하였고, ________를 부차적 원인으로 간주하여 두 번째 문단에 기술하였다. 현실적인 상황에 비추어 봤을 때 두 개의 원인 규명은 타당하며, 두 원인의 단계적 배치도 설득력이 있다.

논술 답안 본론을 작성할 때 주의할 점

가. 근거의 적절성

논술 답안의 본론에서는 논증력을 보여 주어야 하기 때문에 근거를 논리적으로 제시하는 능력이 중요하다. 따라서 필자는 근거가 주장에 대한 논거로 적절한가 그렇지 않은가를 판단할 수 있어야 한다. 근거의 적절성은 논거로 드는 자료가 화제 내용에 부합하는가 여부뿐만 아니라 자료가 시기적으로도 문제 상황에 접근하는 데 적합한지를 점검해야 한다.

가령 정보 사회의 문제점을 지적할 때 초창기 정보화 사회의 문제와, 정보를 생활양식으로 소비하는 오늘날 정보 사회의 문제점이 동일하지 않다. 초기에는 정보 기술의 수용 정도에 따라 정보의 빈익빈 부익부 현상이 문제가 되었지만, 오늘날 대도시에서는 정보 수용의 양극화보다 과다한 정보의 남용과 오용이 더 심각한 문제일 수 있다. 따라서 논거를 제시할 때에는 문제 상황이 어떠한 맥락에서 제기된 것인지를 구체적으로 확인하여 주제문을 작성하고 논제의 구체적인 상황에 적합한 근거를 제시하도록 한다.

나. 논거의 참신성

논술은 주장에 대한 근거를 논리적으로 제시하며 독자를 설득하는 글이다. 시의적절한 사례나 예시도 독창적이고 창의적인 논거로 평가된다. 제시문에서 제공한 논거는 자신의 표현으로 재진술하여 참신한 느낌을 주도록 한다. 최신 시사 문제나 두터운 독서 경험을 논거로 활용하는 것도 참신한 인상을 줄 수 있다. 시사적인 이슈를 구조론적인 관점으로 해석한 팟캐스트를 꾸준히 청취하는 것도 정치 사회적 배경지식을 늘리는 데 도움이 된다.

다. 논거 제시의 단계성

본론에서 논거를 단계적으로 제시하기 위해서 글을 쓰기에 앞서 개요를 촘촘히 작성한다. 개요를 작성할 때 글의 윤곽을 대략적으로 검토하여 논제 요구대로 화제를 충분히 다루었는지 확인하도록 한다. 논거는 논제 요구를 해결하는 순서로 제시하는 것이 좋다. 논제의 요구가 무엇인지 순차적으로 정리한 후 순서대로 해결 방안을 제시해 가며 본문을 전개시킨다. 이 때 논거를 병렬식으로 배열할 것인지, 위계를 고려하여 점층적으로 배열할 것인지는 화제 대상의 특성을 고려하여 결정한다.

한국의 옛 조상들은 집안 경조사에서 먼 일가친척을 만나면 이름의 항렬을 비교하여 자신보다 손윗사람인지 손아랫사람인지를 구분해서 대우했었다. 이처럼 제시문에서 분석해 낸 핵심어의 위계도 항렬이 높은 순서대로 재정렬하면 효과적으로 내용 개요를 작성할 수 있다. 화제와 직결된 일반적 준거, 준거 자체의 다면성, 특정 준거 범주의 구체적 속성 분석 등 〈제제 석류〉[45] 모형에서처럼 분석 기준의 위계를 검토하면 참신한 내용을 풍부하게 전개시키는 데 유용하다. 개요를 작성하면서 글의 얼개를 탄탄히 짜면 논증적인 글을 쓸 때 논점을 벗어나거나 지엽적인 논거를 장황하게 서술하는 실수를 피할 수 있다.

2) 개성 있는 도입

통 글에서 도입부는 첫인상과 같은 효과를 지닌다. 처음 사람을 만나면 얼굴부터 보게 되듯이, 글도 보통 첫 부분을 읽고 전체에 대한 감을 잡는다. 즉, 도입부가 어떠냐에 따라서 본론과 결론에 대한 흥미가 달라진다. 여러 논제가 출제되는 논술 시험에서는 문제들을 풀면서 개별 논제 조건을 따로따로 다루므로 굳이 도입부를 쓰지 않아도 된다. 그러나 논제 한 개로 1,000자 안팎의 글을 써야 하는 경우에는 도입-본론-마무리와 같은 통 글 구성을 따르는 게 좋다. 도입부는 필자의 문제의식과 논의 방향을 분명하게 전달하는 기능을 한다.

45 제시문, 주제어, 분석, 분류(168쪽 참조)

한두 문장으로 문제의식을 드러내면서 글을 시작하면 효과적이다. 논제 요구에 맞게 본론 내용을 구조화한 다음, 논제에 제기된 문제와 본론의 주제문들을 연결하여 도입 문장을 쓰는 것이다. 도입부는 필자의 주장과, 주장의 근거가 무엇인지를 미리 알려주면서 글 전체의 내용과 흐름을 안내하는 역할을 한다. 독자가 도입부에 소개된 논의의 윤곽에 따라 배경지식을 상기하는 등 마음의 준비를 하고 글을 읽으면 논점을 더 쉽게 파악할 수 있다.

도입부의 유형

대체로 도입부에서는 논제에 제시된 상황이 문제라는 점에 동의하면서 문제의식을 드러내면 된다. 문제를 환기하는 방법으로는 관련 사건이나 일화 등을 소개해서 문제를 구체적으로 부각시키거나 일반적인 사회 현상을 진술하며 문제를 제기하는 방법이 있다. 개념을 정의하거나 명언·명구로 시작하는 방법도 있는데, 인용되는 내용이 너무 상투적이거나 진부해서는 좋은 평가를 받지 못한다.

가. 예화 제시 형

논제에 맞는 사건이나 일화를 소개하면 개성을 드러내는 데 효과적이다. 적절한 예시는 문제 상황을 구체적으로 상기하여 독자의 관심을 끌 뿐만 아니라 문제의 중요성에 공감하게 만드는 효과가 있다. 사건의 배경은 구체적으로 서술해야 신빙성과 객관성이 확보된다.

[4] 1978년에 영국의 한 병원에서 세계 최초로 성공한 '시험관 아기의 사례'는 아이를 낳고자 하는 불임부부들에게 희망의 소식으로 알려져 있지만, 대리모 문제, 사용하지 않은 수정란 문제 등 부작용 또한 적지 않다. 그런데 '시험관 아기'를 통해서 새로운 생명의 탄생에 성공한 생명공학자들은 그 영역을 '인간복제'로까지 확장하려고 한다. 생명공학 기술의 사용으로 인한 부작용이 사회에 엄청난 문제를 일으킬 가능성이 높다면, 생명 윤리 차원에서 문제의 해결 방안을 모색해야 한다.

– 고등학교 〈생활과 윤리〉 교과서 –

이 글은 구체적인 시간과 공간적 배경을 밝히면서 ________ 실험이 거둔 성공 사례를 소개하는 도입으로 독자의 관심을 집중시키고 있다. 또한 같은 문장 안에 사건의 문제 지점을 드러내어 논의 방향을 분명하게 제시하였다. 이어서 ____________의 확산이 불러일으킬 문제점을 지적하고 해결 방안의 관점까지 유도했다는 점에서 잘 쓴 도입부이다.

나. 문제 제기 형

논제 중에는 화제 대상의 문제점을 지적하고 해결 방안을 모색하라는 유형이 있다. 이런 경우 도입부에서 왜 이 화제를 논의 대상으로 삼아야 하는가를 문제의식으로 드러냄으로써 출제 의도에 대한 공감을 표현할 수 있다. 즉, 화제와 관련된 사회 현황이나 자연 여건을 일반석으로 서술한 후, 무엇이 문제인지를 구체적으로 부각시키는 것이 효과적이다. 그리고 논제가 제기한 문제를 해결하는 방향으로 본론을 전개할 것임을 예고하도록 한다.

[5] 사회가 다원화되면서 사람들은 다양한 생각과 가치관을 자유롭게 표출한다. 따라서 가치관의 차이로 인한 새로운 유형의 갈등이 많이 나타나고 있다. 정치·사회적으로 다른 가치를 추구하는 사람들 간의 갈등, 환경과 경제 개발을 둘러싼 갈등, 인간 복제 문제를 둘러싼 윤리적 갈등, 다문화 사회에서의 인종적·문화적 갈등이 이에 해당한다.

– 고등학교 〈사회〉 교과서 –

이 글에서 화제 대상은 ________________이다. 다원화된 사회에서 왜 갈등이 일어나며, 현 상황은 어떠한가를 다각적으로 보여주고 있다. 도입부의 이러한 서술은 다원화 사회의 갈등을 논의해야 할 필요를 환기하는 효과를 지닌다. 다만, 마지막에 이 갈등을 처리하기 위해 제기된 논제가 무엇인가를 드러내는 문장이 보충될 필요가 있다. 가령, '다원화 사회의 갈등으로 인해 발생하는 ________을 다각적으로 분석해 보고 그 ________을 구체적으로 모색해야 한다.'와 같은 마무리 문장을 덧붙이는 것이 좋다. 본론과 결론의 방향을 암시하면서 문제의식을 확고히 하는 것이 도입부의 기능이다.

도입부에서 주의할 점

가. 장황한 서술

도입부에서 현상이나 일화를 너무 장황하게 서술하는 것은 좋지 않다. 특히 예화는 구체적인 배경과 핵심적인 내용으로 구성된 한 문장이 알맞다. 예화를 통하여 무엇을 문제 삼을 것인가를 지적하는 것이 더 중요하기 때문이다. 도입부에서 일화나 사건을 예시할 때에는 내용의 핵심만을 압축적으로 전달하도록 한다. 대체로 도입부의 적절한 분량은 전체 원고의 5분의 1 정도이다.

나. 문제의식 없는 설명

장황한 도입부도 역효과를 내지만, 논의 대상을 너무 짧게 기술하는 도입부도 좋지 않다. 도입부의 중요한 기능은 문제의식의 공감대를 형성하는 것인데, 독자가 도입부를 읽고도 화제를 논의해야 할 필요를 느끼지 못한다면 제대로 된 도입부라 할 수 없다. 짧은 도입부는 출제자의 의도를 파악하지 못한 채 성급하게 문제를 해결하려 한다는 느낌을 줄 수 있다. 따라서 도입부에서는 논의 대상을 문제로 초점화하는 데 주의를 기울여야 한다.

3) 힘 있는 결론

일반적인 통 글에서 결론은 문제를 해결하거나 주장의 가치를 설득한다. 하지만 논제에 따라서는 결론의 내용이 미리 규정되어 있기도 하다. 대체로 여러 개 문항이 출제되는 경우 마지막 논제는 결론 내용을 제한하는 내용으로 출제된다. 이럴 경우, 제시된 문제를 해결하는 내용으로 결론을 서술하면 된다. 통 글의 경우 결론부의 형식적 분량은 도입부와 비슷하게 전체 글의 5분의 1 정도로 구성한다. 결론에서 다루어야 할 내용이 많을 경우 문단을 나누어 핵심 주제를 일목요연하게 제시하는 것이 좋다.

결론부의 유형

가. 해결 방안 제시형

결론부에서 해결 방안은 한 문단으로 깔끔하게 작성한다. 하지만 여러 개 논제 중 마지막 문항으로 600자 이상 제법 길게 해결 방안을 작성해야 한다면 문단을 나누어 여러 차원에서 구체적이고 다각적으로 해결 방안을 모색하는 것이 좋다.

[6] 사회 갈등을 합리적으로 해결하기 위해서는 구성원들의 민주적 태도와 함께 정부 정책이나 법과 같은 사회·제도적 차원의 해결책이 필요하다. 개인적·의식적 측면에서는 상대방의 의견을 존중하는 상대주의적 태도, 다른 사람의 입장과 권리를 용인하는 관용 정신, 서로 다른 이해 관계를 합리적으로 조정하려는 양보와 타협의 자세가 필요하다. 사회·제도적 측면에서는 갈등을 쉽게 해결할 수 있는 합법적·민주적 절차가 마련되어야 하며, 갈등 해결 과정에서 이해 당사자들의 이익이 공정하게 조정되도록 해야 한다.

어느 사회이든 사람이 사는 곳이면 갈등이 생기게 마련이다. 갈등 그 자체는 결코 나쁜 것이 아니다. "비 온 뒤에 땅이 굳는다."라는 말처럼 갈등이 잘 해결되면 오히려 공동체에 이익을 줄 수 있으며 사회 발전의 원동력이 될 수도 있다. 그러므로 갈등을 어떻게 해결하느냐가 중요하다.

– 고등학교 〈사회〉 교과서 –

이 글은 ✎ ______ 번째 문단에 사회 갈등의 다양한 해결 방안을 제시하였다. 예시문에서 소개한 것처럼 일반적으로 해결 방안은 개인, 사회, 법적·제도적 차원에서 고려해 볼 수 있다. 또 정치, 경제, 사회, 문화적 차원도 고려해 볼 수 있다. 해결 방안은 하나를 자세히 설명하기보다 체계적으로 다양하게 제시할수록 논증력이 확보된다. 답안의 글자 수에 여유가 있다면 위 두 번째 문단처럼 전체 논의를 ________하는 진술을 덧붙여 통 글의 완결성을 추구하도록 한다.

나. 가치 제안형

논지를 요약, 정리하면서 글을 마무리하는 방법이 있다. 이러한 진술 방법은 자칫 본론에서 진술한 어휘나 내용을 동어반복하게 되어 글을 단조롭게 만들 수 있다. 하지만 결론부에서 한 단락이나 한 문장 정도로 문제를 해결할 때 예상되는 효과, 가치, 의의 등을 함축적으로 요약, 정리하면 통 글로서의 완결성이 높아진다.

> 과학 기술의 발달로 생명 복제가 가능해진 시점에서 현대인은 그 어느 때보다 생명의 존엄성에 대한 인식을 제고해야 한다. 생명의 존엄함을 인식한 후에, 이를 바탕으로 생명 과학의 방향에 대해 진지하게 성찰해 나가는 자세가 필요하다.
>
> – 고등학교 〈생활과 윤리〉 교과서 –

이 글처럼 전체 내용을 종합하면서 최종적으로 문제 인식과 태도 개선의 가치를 제안하며 마무리하면 본론 내용을 정리하는 동시에 주장도 확고히 전달할 수 있다. 가치 있는 태도 변화를 제안할 경우 '"비 온 뒤에 땅이 굳는다."라는 말처럼 갈등이 잘 해결되면 오히려 공동체에 이익을 줄 수 있으며 사회 발전의 원동력이 될 수도 있다.'에서처럼 명언이나 명구 등 함축적인 표현을 사용하여도 개성적이고 참신하다는 인상을 줄 수 있다.

결론부에서 주의할 점

가. 자신의 입장을 반론하지 않기

결론부에서 자신의 주장이 반박될 수 있음을 보여주는 경우가 있다. 물론 모든 주장에는 반박의 여지가 있지만 논술의 결론부에서 굳이 자기 주장의 약점을 보이거나 상대 주장의 강점을 드러낼 필요는 없다. 논술은 자신의 입장을 명료하게 주장하고 그 주장을 논리적으로 뒷받침하는 글이다. 그러니 논제에서 요구하지 않았다면 자기 주장이 지닌 문제점을 노출시키지 말아야 한다. 특히 결론부에서는 논의를 정리하고 종합해야 하기 때문에 자기 입장의 한계를 보여 주는 것은 결론부에 해당되는 내용이 아니어서 감점 요인이 되기도 한다.

나. 상투적인 정리를 삼가기

논술 초보자들은 '장점은 살리고 단점은 해결하도록 하자'와 같이 상투적인 표현으로 글을 마무리하곤 한다. 또는 두 입장 모두 옳은 부분이 있다는 양시론적인 서술이나, 두 관점 모두 한계가 있다는 양비론적인 서술을 하며 마무리하기도 한다. 결론부의 상투적인 문장은 전체 글의 참신성을 떨어뜨린다. 결론부에서는 장점과 단점이 무엇인지를 구체적으로 서술하고 필자의 입장을 밝혀야 효과적이다. 양비론과 양시론은 필자의 입장을 적극적으로 드러낸 것이 아니므로 감점 요인이 된다.

Tip 논술 원고지 작성 방법

	답	안	을		작	성	할		때		원	고	지		첫		줄		첫
칸	은		반	드	시		비	워	서		단	락	(	pa	ra	gr	ap	h)	
구	분	을		표	시	하	고		본	문	에	서	도		단	락		구	분
이		필	요	할		때	에	는		첫		칸	을		비	워	서		답
안	의		가	독	성	을		높	이	도	록		한	다	.	단	락	을	
구	분	하	지		않	아	야		할		때	에	는		앞		줄		마
지	막		칸	에		띄	어	쓰	기	가		필	요	한	데		하	지	
못	한		경	우	라	도		다	음		줄		첫		칸	을		비	우
지		않	는	다	.	마	지	막		칸	에		마	침	표	(.	)	나	
찍	을		자	리	가		없	었	을		경	우	에	도	,	그		줄	
밖	에		문	장		부	호	를		표	시	하	고		아	래		줄	
첫		칸	에		쓰	지		않	도	록		한	다	.					
	단	락	을		구	분	하	기		위	해		한		줄	을		다	
채	우	지		않	고		비	울		경	우		글	자	가		없	는	
여	백	은		80	0	자		등	으	로		작	성	하	라	고		한	
글	자		수	에		포	함	되	지		않	으	므	로		내	용	이	
부	족	하	게		보	이	지		말	아	야		한	다	.	숫	자	나	
영	문	자	는		원	고	지		한		칸	에		두		개		글	자
씩		써		넣	고	,	마	침	표	나		쉼	표	는		반		칸	을
차	지	하	므	로		문	장		부	호		뒤	에		한		칸	을	
일	부	러		띄	우	지		않	아	도		된	다	.					

❸ 논증 글의 문단

문단은 원고지에서 한 칸 들여쓰기를 통해서 형식적으로 표현된다. 독자에게 내용 정보를 구분하여 전달하기 위해서 동일 주제의 문장들을 논리적으로 묶어서 제시하는 것이다. 형태적으로 문단이 나뉘지 않은 답안을 읽을 때 독자는 쉽게 지루함을 느끼고 전체 글의 내용이 어떻게 구성되었는지 파악하는 데 시간이 많이 걸린다.

개요를 작성할 때부터 문단 구성을 염두에 두면 논술 작성 시간을 효율적으로 아낄 수 있다. 논제의 요구에 따라 논지를 논리적으로 전개하는 개요를 마련하고, 이 개요의 체계를 반영하여 실제 논술문의 문단을 적절한 분량으로 구성한다. 각 문단의 논거들이 전체 주장을 뒷받침하도록 각 문단에 기능을 부여하고 이들 기능을 유기적으로 조직해야 한다.

1) 문단의 구성 요소

문단은 하나의 독립된 생각을 담은 단위로, 주제 문장과 뒷받침 문장으로 구성된다. 글 전체를 총괄하는 주제가 있어야 함은 물론, 개별 문단에도 주제 문장이 있어야 한다. 문단별 주제 문장은 화제 대상에 대한 주장이므로 이들을 연결하면 전체 주제를 알 수 있다.

문장 1. 도입 주제 문장 = 화제(topic) + 주장
문장 2. 뒷받침 문장 1 – 근거 제시
문장 3. 뒷받침 문장 2 – 근거 제시
문장 4. 뒷받침 문장 3 – 근거 제시
문장 5. 마무리 문장 – 종합 및 마무리

· 소주제문 + 뒷받침 문장 = 연역식(두괄식) 구성
· 뒷받침 문장 + 소주제문 = 귀납식(미괄식) 구성

도입 주제 문장

문단의 첫 문장에서 주장하는 바를 분명하게 밝힌 후 근거를 순차적으로 제시하면 내용이 논리적으로 구성된다. 소주제 문장에는 화제에 대한 필자의 판단을 드러내도록 한다.

[1] 다음 문장을 화제와, 화제에 대한 필자의 판단 부분으로 구분해 보자.

(1) 게이머 세대는 시장 분석과 같은, 현장의 가상적인 측면과 실제 작업 환경이 더욱 밀착하도록 촉진할 것이다.
(2) 정보화 사회에 대비한 교육이라고 하면 당장 컴퓨터 교육부터 떠올리는 우리의 통념은 잘못된 것이다.
(3) 한국 사회에서 명품에 대한 무분별한 소비 욕망이 확산되어 가는 추세는 중산층 이하의 경제적 박탈감이 반영된 결과이다.
(4) 인공두뇌가 진화하는 방법에는 두 주요 갈래가 있다. 한 갈래는 클라우드 컴퓨팅이 점점 똑똑해져서 그 자체가 초인의 수준에 도달하는 것이고, 다른 갈래는 클라우드에 익명으로, 단편적 접촉을 통해 연결된 사람들의 무리가 그 집합체로서 점점 더 똑똑해져서 초인적 독립체가 되는 것이다.

주제 문장을 만드는 방법

주제 문장은 화제와 그 화제에 대한 주장으로 구성된다. 화제 대상이 명료할수록 주제 문장의 논지가 분명해진다. 화제 대상에 대한 주장을 파악하고 나면 다음 문단에서 어떤 논지가 구체적으로 전개될지 예상할 수 있다.

주제 문장에는 단일한 화제에 대해 하나의 주장만 있어야 한다. 만약에 현대 사회 노인들은 이전 시대와 비교해서 좋은 점도 있고 안 좋은 점도 있다고 할 경우, 이 주제를 뒷받침하기 위해서는 '이전 시대와 비교'하여 좋은 점과 안 좋은 점을 다 서술해야 한다. 이럴 경우 한 문단에 여러 정보가 비교, 서술되기 때문에 주장하는 바가 선명하지 않게 된다. 따라서 주제 문장에서는 하나의 주장만 초점화하도록 한다.

뒷받침 문장을 제시하는 방법

[2] 다음 문단에서 주제문과 뒷받침 문장을 찾아 보자

① 현대 사회 노인들은 여러 가지 어려움을 겪고 있다. ② 첫째, 노인 대부분이 절대 빈곤 또는 상대적 빈곤 상태에 놓여 있다. ③ 대부분의 노인이 스스로 생산적인 경제 활동을 하기 어렵고 각종 연금을 미리 준비하지 못했기 때문에 자녀에 의지해 노후 생계를 유지하고 있다. ④ 둘째, 노인 대부분이 질병에 걸려 있다. ⑤ 이 중 다수가 질병으로 인해 일상생활을 하는 데 제한을 받으며, 간병 등의 도움이 필요하다. ⑥ 게다가 부담스러운 치료비가 어려움을 가중한다. ⑦ 셋째, 노동이나 사회 참여를 하지 못함으로써 고독과 무료함 등을 느낀다. ⑧ 대부분의 사람들은 노인이 되면, 경제 활동을 하지 못하고 가족 내에서 부양을 받는 피보호자가 된다. ⑨ 그런데 많은 노인들이 이 역할 변화에 제대로 적응하지 못하고 아무 일도 하지 못하는 무위 상태가 되어 소외감과 무료함을 느끼기도 한다.

– 고등학교 〈생활과 윤리〉 교과서 –

논증적인 글에 '첫째, 둘째, 셋째'와 같이 서수사를 사용하면 논거를 명료화하는 데 효과적이다. 위 예시문은 주제를 두괄식으로 제시하고 나서 세 개의 논거를 배열하고 각 논거 하위에 내용을 구체적으로 입증하는 기능성 문장들을 잇달아 배치해서 설득력을 높였다.

뒷받침 문장은 주장을 객관적으로 납득시키기 위해 제시하는 논거들이다. 논거는 크게 사실 논거와 소견 논거로 구분된다. 사실을 서술하는 사실 논거 방법에는 대상의 배경 범위 지정, 사례 예시, 개념 정의, 분류, 분석, 비교, 대조 등이 있고 의견을 제시하는 소견 논거 방법에는 반론 검토, 상황 가정, 평가, 해석 등이 있다. 위 제시문의 논거는 ✎ ________________ 이

________________________________다고 주장하는 ________ 논거에 해당한다.

뒷받침 문장에서는 사실이나 소견 등 구체적인 근거를 들어 주장의 타당성을 입증해야 한다. 사실 논거는 누구나 동의하는 사실에 근거하므로 그 자체로 객관적인 타당성을 입증할 수 있다. 하지만 소견 논거는 개인적인 견해를 뒷받침할 만한 상황을 가정하거나 반론을 반박하는 등 독자에 대한 수사적 분석이 있어야 평가나 해석 내용의 설득력을 높일 수 있다.

위 예시문 [2] 문장의 기능을 주장, 근거, 깨알 같은 기능성 문장으로 구분해 보자.

그림 7.1 도입 단락 내 문장 구성 전개도

문장 / 깊이	①	②	③	④	⑤	⑥	⑦	⑧	⑨
주장									
근거		첫째		둘째			셋째		
사례									
부연 설명						게다가			

문단의 구성

위 문단은 9개 문장으로 구성되었다. '① 현대 사회 노인들은 여러 가지 어려움을 겪고 있다.'가 문단 전체의 주제이고, 그 근거를 밝히거나 사례를 들고 부연 설명하는 문장들이 이어져 있다. 전체 주장을 뒷받침하는 근거는 문장 ___, ___, ___ 세 개이다. '첫째, 노인 대부분이 절대 빈곤 또는 상대적 빈곤 상태에 놓여 있다. 둘째, 노인 대부분이 질병에 걸려 있다. 셋째, 노동이나 사회 참여를 하지 못함으로써 고독과 무료함 등을 느낀다.'가 주장에 대한 근거가 된다.

이 근거 문장에는 구체적 사례를 드는 기능성 문장이 각각 잇따른다. ② - ___ '대부분의 노인이 스스로 생산적인 경제 활동을 하기 어렵고 각종 연금을 미리 준비하지 못했기 때문에 자녀에 의지해 노후 생계를 유지하고 있다.' 그래서 "노인 대부분이 절대 빈곤 또는 상대적 빈곤 상태에 놓여 있다." ④-___ -___ '이 중 다수가 질병으로 인해 일상생활을 하는 데 제한을 받으며, 간병 등의 도움이 필요하다. 게다가 부담스러운 치료비가 어려움을 가중한다.' 그래서 "노인 대부분이 질병에 걸려 있다." ⑦ -___ -___ '대부분의 사람들은 노인이 되면, 경제 활동을 하지 못하고 가족 내에서 부양을 받는 피보호자가 된다. 그런데 많은 노인들이 이 역할 변화에 제대로 적응하지 못하고 아무 일도 하지 못하는 무위 상태가 되어 소외감과 무료함을 느끼기도 한다.' 그래서 "노동이나 사회 참여를 하지 못함으로써 고독과 무료함 등을 느낀다."

두 번째 논거가 심화되어 가는 양상을 분석해 보면, ① 현대 노인들이 어려움을 겪는다는 주장의 근거로서, 문장 ④에서 '노인성 질병'을 들었고, 구체적인 사례로 문장 ⑤에서 질병 수준이 일상생활을 제한할 정도여서 간병이 필요함을 알린 뒤, '게다가'로 심화된 부연 설명, 즉 '⑥ 부담스러운 치료비가 어려움을 가중한다'며 어려움의 내용을 상술하고 있다.

이와 같이 논거를 상술하는 뒷받침 문장은 논지를 구체화하고 의미를 명료화한다. 이 뒷받침 문장의 수를 일정하게 배분하여 내용의 상대적 비중을 조절할 수 있다. [그림 7.1]을 보면 '첫째' 근거의 상술 문장은 하나이고, '둘째'와 '셋째' 근거의 상술 문장은 두 개씩이다. 만약 글자 수에 여유가 있다면 '첫째' 근거를 뒷받침하는 문장을 하나 더 늘리거나, 글자 수가 넘친다면 '둘째'와 '셋째' 근거의 뒷받침 문장을 하나씩 줄여서 문단에 안정감을 줄 수 있다. 글자 수를 줄일 경우 '_____'로 시작하여 부연 설명 기능을 하는 문장 ___을 삭제하고, 문장 ⑧과 ⑨는 다음과 같이 한 문장으로 합칠 수 있다. '가족 내에서 피보호자가 된 대부분의 노인들은 무위 상태에서 소외감과 무료함을 느끼기도 한다.'

그림 7.2 담화 유형별로 필요한 기능 구조(Meyer, 1984)

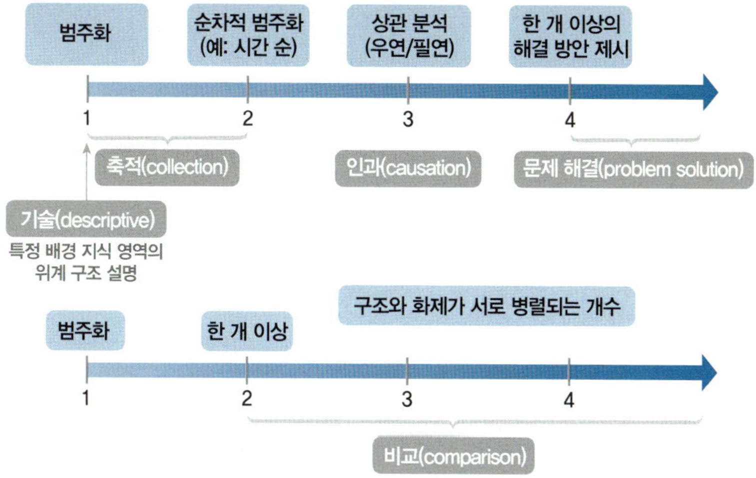

메이어(Meyer, 1984)는 언어학과 수사학의 연구 성과를 토대로, 비교(comparison), 기술(description), 축적(collection), 인과(causation), 문제 해결(problem solution) 등 공적 담론을 구성하는 다섯 개 기본 담화 유형을 선정하였다. 내용 정보의 수를 단위로 학술적인 글의 구조를 보여주는 이 그림에서 문제 해결 구조(상단 4)는 가장 복합적이다. 문제를 제기하고 해결 방안을 제시하는 인과적 구조가 있어야 함은 물론 문제의 세부 국면과 관련된 해결 방안을 하나 이상 기술해야 하기 때문이다. 반면 하단의 대조 담화 유형은 인과나 문제 해결의 정보 구성 단위와는 구별된다. 대조의 담화는 시간이나 인과에 의한 순서가 아니라 대상의 유사성이나 차이를 위주로 구성되기 때문이다. 비교되는 정보의 수는 대상 범주의 추상성이나 실용성 정도에 따라 다양할 수 있다(Meyer & Freedle, 1984: 122~123).

마무리 문장

위 예시문의 문장 ⑦, ⑧, ⑨ 구조와 같이 주제 문장과 근거만으로 문단을 마감해도 되지만, 마무리 문장을 추가하면 글이 한층 더 완결되었다는 인상을 줄 수 있다. 가령, 이렇게 노인 문제의 원인이 다양한 만큼 해결책도 다각도로 검토되어야 한다는 마무리 문장을 덧붙여, 문단의 전체 내용을 종합하고 이어질 문단의 내용을 암시한다면 문제 현상을 나열하는 문단의 기능을 완성할 수 있다. 특히 사례나 상술과 같은 '깨알 같은' 기능성 문장으로 문단을 마무리하지 않도록 주의해야 한다.

2) 문단의 특징

문장 간 결속력

잘 구성된 문단에는 주제를 뒷받침하는 문장들 사이에 논리적으로 분명한 선후 관계가 있다. 다음 세 개의 문장을 그대로 나열할 경우 논리가 어색하다. 논리적으로 긴밀해지도록 순서를 재배열해 보자. ✎ (___ - ___ - ___)

① 회원 전용 서비스를 위해 작성한 개인 정보가 본인도 모르는 사이에 거래되고 이것이 단순한 사생활 침해 차원을 넘어서 범죄에까지 악용되는 경우도 있다.

② 정보 통신 사회에서 개인의 사생활 침해는 심각한 문제로 대두되고 있다.

③ 이러한 불법적인 개인 정보 수집과 사생활 침해가 자주 발생할 경우, 사회 전체에 불신과 의혹이 팽배해지고 정보 통신 사회의 근간이 위협을 받을 수 있다.

[3] 정보 통신 사회에서 개인의 사생활 침해는 심각한 문제로 대두되고 있다. 회원 전용 서비스를 위해 작성한 개인 정보가 본인도 모르는 사이에 거래되고 ㉠ 이것이 단순한 사생활 침해 차원을 넘어서 범죄에까지 악용되는 경우도 있다. ㉡ 이러한 불법적인 개인 정보 수집과 사생활 침해가 자주 발생할 경우, 사회 전체에 불신과 의혹이 팽배해 지고 정보 통신 사회의 근간이 위협을 받을 수 있다.

– 고등학교 〈생활과 윤리〉 교과서–

앞에서 문장을 그대로 나열한 것과 비교해 보면 주장의 설득력이 확연히 다르다. 이처럼 문단 내 결속력을 높이려면 주제문을 비롯하여 근거와 기능성 문장들을 논리적으로 긴밀하게 배열해야 한다.

문장 간 결속력은 지시 형용사나 접속사를 사용하여 상화할 수 있다. 위 예시문에서 ㉠과 ㉡이 가리키는 내용을 찾아 보자. ㉠의 지시 대상은 ______________________ 이고 ㉡의 지시 대상은 ______________________ 이다. 지시어를 읽을 때는 순차적인 이해 과정을 역행하여 이미 읽은 내용 중에서 지시 대상을 찾아야 하는 인지적 부담이 있으므로 논술과 같은 대규모 쓰기 수행 평가에서는 지시어를 자제하는 것이 좋다. 그래도 반드시 써야 하는 상황이라면 지시대명사가 아닌 지시형용사를 사용할 것을 권한다. 지시형용사 다음에 쓰인 단어가 검색 대상을 제한해 주기 때문에 독자가 의미를 파악할 때 들이는 인지 부담을 그만큼 줄일 수 있다.

'따라서, 그러므로, 반면'과 같은 접속사는 아껴 두었다가 이들 담화 표지의 기능을 이용해 특정 주장을 강조하고자 하는 수사적인 목적으로만 사용한다. 문장 간의 자연스러운 논리적 흐름을 빠르게 좇아가던 독자는 이러한 접속사 전후로 중요한 내용이 올 것을 기대하고 답안의 타당성을 평가할 마음의 준비를 하기 때문이다.

주장의 완결성

하나의 문단은 하나의 주장과 그것을 뒷받침하는 문장들로 구성된다. 주장에 내포된 함의나 조건이 뒷받침 문장들로 다 충족되어야 비로소 한 문단이 완결되는 것이다. 다음 문단에서 주제 문장이 몇 개의 문장으로 뒷받침되었는지 헤아려 보자.

> 현대 정치의 과정은 크게 다섯 단계로 이루어진다. ① 여러 사람이 각자의 요구와 지지를 다양한 방법으로 표출하면 ② 이것이 정당 등을 통해 몇 개의 대안으로 취합된다. ③ 그리고 정책 결정자는 여러 대안 중에 하나를 선택하게 되고 ④ 결정된 정책은 행정부를 통해 집행된다. ⑤ 마지막으로 정책 집행의 결과 예상치 못한 문제들이 발생하게 되면 새로운 요구와 지지가 형성되어 다시 정치 과정에 투입된다.
>
> –고등학교 〈사회〉 교과서 –

위의 문단에서 주제 문장은 '현대 정치의 과정은 다섯 단계로 이루어진다.'이다. 그런데 뒷받침 문장이 세 개이다 보니 언뜻 보면 주제 문장의 내용 조건을 다 충족시키지 못한 글처럼 보인다. 하지만 주제 문장에서 구분한 다섯 단계는 이어지는 단문과 복문에 모두 제시되었다. 각 단계를 독립된 문장으로 제시했으면 근거 조건 충족이 보다 명료하게 드러났겠지만, 문장의 단조로움을 피하기 위해 두 개 단계씩을 복문으로 구성한 것이다. 그래서 이 글에서는 '마지막으로'라는 어휘를 통하여 다섯 단계가 모두 제시되었음을 환기하고 있다. 이처럼 주제문에 내포된 함의나 조건이 모두 충족되어야 논리적으로 완결된 문단이 된다.

논지와 태도의 일관성

한 단락에서 화제 대상에 대한 태도는 일관되어야 한다. 대상에 대해 긍정적인 입장이든 부정적인 입장이든, 옹호하는 입장이든 비판하는 입장이든 필자의 입장이 분명하고 대상에 대한 어조도 일관되어야 논리적으로 설득력이 높아진다.

> [4] 고전은 시대와 지역의 한계를 넘어 인간과 사회, 그리고 자연에 대한 본질적인 성찰과 깨달음을 주는 인류의 **중요한** 자산이다. 고전에는 동서고금 인간의 경험이나 사유 또는 상상의 정수가 담겨 있다. 우리는 고전을 통해 자신의 삶을 돌아보고, 현재를 판단하며 미래를 기획할 수 있다. 고전은 인류의 높은 수준의 지적·정의적·심미적 활동의 산물로서 인간과 세계의 발전에 긴요한 지혜를 담고 있다. 현대와 같이 물질문명의 변화가 빠르고 예측 불가능할수록 고전을 통한 성찰이 **필요하다.**
>
> – 고등학교 〈고전〉 교과서 –

위의 예시문은 '고전'의 ________과 ________을 주장한 글이다. 고전의 ________ 가치를 일관성 있게 피력하면서 주장을 명료하게 전달하고 있다.

문단은 필자의 논리적인 사고의 흐름을 반영한다. 문단 구분을 통해서 필자가 말하고자 하는 바가 구조화되며, 그 근거가 타당한가 그렇지 않은가가 일목요연하게 드러난다. 문단을 제대로 구성할 줄 안다면 논술문 작성에 필요한 능력을 거의 갖춘 셈이다.

따라서 논술을 잘 쓰려면 화제 대상에 대해 논리적으로 사고하고 사고한 바를 구조적으로 표현하도록 문단을 구성하고 분석해 보는 훈련을 해야 한다. 간혹 한 개 문장으로 문단을 구성하는 경우가 있는데, 이 경우 주장은 있어도 근거가 불충분하기 쉬우므로 구조적으로 완결된 문단이 되기 어렵다. 논증적인 글에서 문단은 '주장, 이유, 근거' 등 최소 세 문장 이상으로 구성하도록 한다.

❹ 논증 글의 문장

논술은 화제에 대한 필자의 의견을 독자에게 설득하는 글이다. 논술 문장을 논리적으로 쓰기 위해서는 단어나 문장 차원에서부터 의미를 정확하게 표현해야 한다. 논증적인 글에서 수사적인 표현은 주장이나 근거를 강조하는 등 특별한 효과를 노릴 때에만 사용한다.

1) 논술의 단어

논증에 어울리는 단어를 익히는 데 효과적인 교재는 교과서이다. 논증에 적합한 수사적 표현도 비문학 읽기 자료 서술 방식과 유사하다. 평소에 수능 언어 영역 제시문 중 비문학 텍스트를 꼼꼼히 읽으면서 논리적인 표현을 익혀 두면 논리적인 문장을 생성하는 데에도 도움이 된다. 읽기와 쓰기 과정에 작동되는 인지 활동이 유사하다는 선행 연구 결과로 미루어 보아도, 글을 잘 쓸 수 있는 비결은 많이 읽고 많이 써 보는 것밖에 없다.

객관성

다음 두 글의 단어를 비교해 보자.

[1] 인간은 아주 단순하고 어설픈 행복의 이미지로부터 영향을 받을 수도 있다는 것을 보여주는 하나의 예, 감동적이면서도 진부한 예가 있다.

– 알랭 드 보통, 〈여행의 기술〉에서 –

인간은 윤리 생활을 영위하는 데에서 삶의 의미와 보람을 느낀다. 그 윤리에는 전통이 있다. 전통 윤리는 변화하는 사회 속에서 우리의 삶을 안정적으로 유지하여 준다.

– 고등학교 〈생활과 윤리〉에서 –

〈여행의 기술〉에서 발췌된 글을 보면, ________, ________, ________, ________ 등 주관적인 부사나 감상적인 어휘가 눈에 띈다. 이 문장은 인간의 감정이 추상적인 사색보다 구체적인 일상에 의해 더 크게 좌우된다고 주장하면서 명료한 지시어보다 정서적이고 관념적인 표현을 주로 사용하였다. 하지만 감상적이거나 관념적인 어휘는 필자의 감정을 증폭시켜 전달하기 때문에 논의 대상이 주관적이고 비논리적으로 분석되었다는 인상을 주기 쉽다. 논술에서는 지시하는 바가 명료히 드러나는 어휘를 사용하여 주장이나 견해를 객관적으로 전달해야 한다.

〈생활과 윤리〉 교과서에서 발췌된 문장에는 '인간, 윤리 생활, 의미, 보람' 등 함의 대상이 분명한 어휘들이 쓰여 있다. 교과서는 정보를 정확하게 전달하기 위해서 이렇게 객관적인 단어를 주로 활용한다. 논술 역시 필자의 입장을 독자에게 정확하게 전달해야 하는 장르이므로 개념이 명료한 단어를 위주로 사용해야 한다.

논증적인 글에는 개인의 감수성을 드러내는 비유어나 상징어 대신, 대상을 구체적이고 직접적으로 지시하는 단어를 사용하도록 한다. 독자와의 주관적인 관계를 드러내지 않으려면 대상에 대한 존대 표현도 자제해야 한다. 논술은 서정이나 서사가 아니라 논증 장르이기 때문이다.

[2] 다음 문장에서 밑줄 친 부분을 지시 대상이 명료하게 고쳐 써 보자.

(1) 건전한 이성 교제는 같음과 다름을 동시에 고려하는 것이어야 한다.

(2) 인격적인 만남은 규칙이나 예절을 지키는 것과도 관련이 있다.

(3) 그렇게 할 때 부모님의 걱정을 덜어드릴 수도 있고 이성 친구와의 건전한 관계를 이어갈 수 있다.

적절성

논술에서는 전체 글의 내용이나 문맥에 맞는 개념어를 사용해야 대상에 대한 진단이나 분석 결과를 정확하게 전달할 수 있다.

최근 들어 '지리상의 발견'에 대한 비판이 제기되고 있다. 그 동안 이 사건을 서구 중심적인 관점으로만 보았기 때문에 원주민들이 입은 상처를 제대로 보지 못했다.

상처는 몸의 다친 자리 혹은 피해를 입은 흔적이라는 뜻을 지닌 단어이다. 서구인의 침략으로 원주민이 입은 피해를 상처라고 표현하게 되면 문제가 신체적인 것으로 은유되면서, 문제의식이 감상적인 차원에 그치게 된다. 따라서 이 문맥에서는 '상처'라는 단어보다 '피해'라는 단어를 직접적으로 사용하는 것이 더 적절하다. 어휘가 대상의 의미를 정확하게 지시하고 객관적으로 표현할 때 주장의 설득력이 높아진다.

[3] 다음 문장에서 밑줄 친 부분을 맥락에 적절한 어휘로 고쳐 써 보자.

(1) 과거와 달리 현재는 부모가 청소년 자녀의 이성 교제를 무조건 반대하지는 않는다.

(2) 필자는 지금 청소년의 건전한 이성 교제 방안에 대해 조언하고 있다.

(3) 결혼 전 이성 교제를 제한한 과거의 선조들과 달리 현대 한국 사회의 부모들은 엄격히 제한하는 것보다 건전한 만남인가에 더 주목한다.

맞춤법

맞춤법의 실수는 전체 글에 대한 신뢰를 떨어뜨린다. 100여 편 중 서너 편의 비율로 우수 답안을 골라내야 하는 수시 논술 경쟁률로 미루어 보더라도 맞춤법을 잘 지키는 능력은 중요하다. 그런데 한국어에는 문맥에 따라 띄어쓰기가 다른 단어, 동음이의어 등 정확하게 기억하지 않으면 헷갈리는 말들이 적지 않다. 특히 인터넷으로 의사소통하는 데 익숙한 요즘 학생들은 논술 문장에 구어체를 그대로 사용하는 경우도 빈번하다. '꼭' 대신 '반드시', '한테' 대신 '에게', '근데' 대신 '그런데'가 논증적인 글에는 더 적합하다.

[4] 다음 낱말의 어법을 확인하고 고쳐 써 보자.

틀린 말	맞는 말	틀린 말	맞는 말	틀린 말	맞는 말
몇 일		댓가		못지 않는	
삼가하다		요컨데		하기 마련이다	
제 3차		옳바른		–은지 얼마 되다	
촛점		–이였다		–는데 유용하다	
웬지		이혼률		–고 싶어 하다	

구별해서 써야 할 말

지양(止揚) / 지향(指向)

지양(止揚)은 모순이나 대립된 것을 높은 단계에서 조화시켜 대립을 통일시키는 작용을 의미한다. 한편 지향(指向)은 일정한 목적이나 목표를 향하여 나아감을 의미한다.

보전(保全) / 보존(保存)

보전(保全)은 온전하도록 잘 지키거나 가꾸는 것을 의미한다. 한편 보존(保存)은 잘 지키고 챙겨서 상하거나 없어지지 않게 한다는 의미이다.

개발(開發) / 계발(啓發)

개발(開發)은 천연 자원을 이용하여 제품이나 장치를 만들어 실용화하는 일을 의미한다. 한편 계발(啓發)은 재능이나 지능 등을 깨우쳐 열어 주는 것을 의미한다. 대체로 개발은 물질적인 것과 관련되고, 계발은 정신적인 것과 관계가 있다.

다르다 / 틀리다

다르다는 두 가지 뜻이 있다. 하나는 '의견이 다르다.'와 같이 '같지 않다'를 의미한다. 다른 하나는 '북한의 입장은 우리가 예상하는 것과는 사뭇 다른 듯하다.'와 같이 '생각, 언행 따위가 예사롭지 않다'를 의미한다.

틀리다 또한 두 가지 뜻이 있다. 하나는 '문제가 해결되기는 틀렸다.'처럼 계산이나 일 등이 어긋나거나 맞지 않는 것을 의미한다. 다른 하나는 '범죄는 마음 상태가 틀려서 발생한다.'와 같이 마음이나 행동이 올바르지 못하고 삐뚤어진 것을 의미한다.

논술에서는 대체로 '틀리다'보다 '다르다'를 사용해야 하는 경우가 더 많다. 틀리다는 기준에 부합하지 않아 나쁘다는 가치 판단이 개입된 표현인 반면, 다르다는 비교되는 두 개 대상이 단지 동일하지 않음을 나타내는 객관적 표현이기 때문이다.

[5] 다음 빈 칸에 알맞은 어휘를 골라 써 보자.

지양 / 지향 (1) 건전한 사회를 ______해야 한다.
계층 간의 갈등을 ______해야 한다.

보전 / 보존 (2) 국토 환경을 잘 ______해야 한다.
국보급 유물을 잘 ______해야 한다.

개발 / 계발 (3) 국토는 환경 파괴를 최소화하는 차원에서 ______되어야 한다.
우뇌를 활용하는 창의력 ______ 학습법이 인기를 끌고 있다.

가르치다 / 가리키다

가르치다는 지식이나 기예를 알게 하여 주는 것을 의미하고, 가리키다는 무엇이 있는 곳을 말이나 손짓 등으로 일러주는 것을 의미한다.

작다 / 적다

작다는 크기나 규모가 일정한 정도에 미치지 못한다는 의미로, '크다'의 반대말이다. 한편 적다는 수량이 일정한 기준에 이르지 못한다는 말로, '많다'의 반대말이다.

-째 / 채

-째는 '송두리째'처럼 '있는 그대로 전부'를 뜻하거나, '한 달째'처럼 '계속된 그 동안'을 의미하는 접미사이다. 이에 반해 채는 '그 사건은 아직 미해결인 채로 남아 있다.'처럼 '있는 상태 그대로'를 의미하는 의존 명사이다. 따라서 '-째'는 앞 단어에 이어서 쓰고 '채'는 띄어 쓴다.

-(으)로서 / -(으)로써

-(으)로서는 지위, 자격, 신분을 뜻할 때 쓰고, -(으)로써는 수단을 뜻할 때 쓴다. 보통 '-을 가지고'로 바꾸어 써서 뒷 문장과 뜻이 통하면 '-(으)로써'를 쓰는 게 맞다.

[6] 다음 빈 칸에 알맞은 어휘를 골라 써 보자.

작다 /적다

(1) 비록 규모가 ______더라도 효율적으로 공간을 조성해야 한다.
방사선은 ______은 양이어도 지속적으로 노출되면 암을 유발한다.

가르치다 / 가리키다

(2) 컴퓨터 사용 예절은 중요하게 ______야 하는 항목이다.
위급한 때는 한 사람을 구체적으로 ______며 도움을 청해야 한다.

–(으)로서 / –(으)로써

(3) 판소리는 세계무형문화유산______ 가치를 인정받았다.
정보 서비스를 지속적으로 제공함______ 소비자 만족도를 높였다.

–째 / 채

(4) 국회는 구체적인 선거구 개편 방안을 확정하지 않은 ___ 수개월___ 시간 끌기로 일관하고 있다

띄어쓰기

단어는 기능에 따라 명사, 대명사, 수사, 동사, 형용사, 부사, 관형사, 조사, 감탄사 등 9가지로 분류된다. 조사를 제외하고 모든 단어는 독립적이어서 띄어 씀을 원칙으로 한다. 단어인지 여부를 확인하려면 사전에 단독으로 등재되었는지를 알아보면 된다. 앞 단어에 이어서 써야 하는 조사나 뒷 단어에 이어서 써야 하는 접사들은 사전을 찾았을 때 '–보다'나 '되–'처럼 '–' 표시가 붙어 있다. 하지만 원칙이 기계적으로 적용되지 않을 때가 있으므로 원칙을 외우되 자주 틀리는 단어는 그때그때 모아서 암기하도록 한다.

여러가지(×) → 여러 가지(○)
몇번째(×) → 몇 번째(○)
할 수 있다.(○)

명사는 자립 유무에 따라 '하늘, 땅'과 같은 자립 명사와, '것, 때문, 등, 수'와 같은 의존 명사로 구분된다. 의존 명사는 스스로 독립된 의미가 없어서 앞에 오는 관형 표현과 함께 의미를 이룬다. 따라서 의존 명사는 앞에 있는 관형 표현과의 사이를 띄어 써야 한다.

위의 예문에서 '가지'는 사물을 그 성질이나 특징에 따라 종류별로 낱낱이 헤아리는 말로서 의존 명사이다. 그리고 '번째'는 차례나 횟수를 나타내는 의존 명사이다. 이러한 단어는 스스로 의미를 형성할 수 없으므로 단어 앞에 관형 표현이 오게 된다. 이렇게 '관형 표현 + 의존 명사'는 별 개의 두 단어이므로 띄어 쓴다.

문법적인 기능을 모르는 상태에서 띄어 써야 할지 판단하기 어려울 때에는 '가지', 혹은 '번째' 앞에 다른 단어를 바꿔 쓸 수 있는지를 보면 된다. 가령 '여러' 자리에 '한, 두, 세'와 같은 다른 단어가 대체될 수 있다면 '여러'와 '가지'는 별개 단어이다. 별개 단어이기 때문에 서로의 자리에 다른 단어가 대신 쓰일 수 있는 것이다.

있어야 겠다(×) → 있어야겠다(○)

용언은 의미를 나타내는 어간과 시제나 양태를 나타내는 어미로 나누어진다. 예를 들면, '가다'라는 동사 기본형은 '가 + –다'로 구분되며 '가'가 어간이고 '다'가 어미이다. 그런데 '가야겠다'와 같이 '가'와 '–다' 사이에 '–야겠–'과 같이 선어말어미들이 삽입되곤 한다. '–다'는 용언의 끝에 위치하므로 어말어미(語末語尾)라고 하고, '–야겠–'은 어말어미 앞에 오므로 선어말어미(先語末語尾)라고 한다. 선어말어미와 어말어미는 모두 의미를 나타내는 어간과 함께 동사 혹은 형용사를 구성하기 때문에 띄어 쓰지 않는다.

해야한다(×) → 해야 한다(○)

조사 하다(×) → 조사하다(○)
귀여워 하다(×) → 귀여워하다(○)
가고 싶어 하다(×) → 가고 싶어하다(○)

'해야 한다'는 '하다'와 '하다', 두 동사의 의미가 각자 살아 있기 때문에 두 개 단어이고 띄어 쓴다. 그런데 '조사하다'는 동사로 한 단어이다. '조사'라는 명사가 '-하다'라는 파생접미사와 결합하여 동사가 된 것이다. 즉, '명사+하다'는 새로운 동사나 형용사(예, '명백하다')로 파생되므로 붙여 쓴다. '귀여워'나 '기뻐', '아파' 같은 부사형 어미 뒤에도 '-하다'를 붙여 써서 동사로 만들 수 있는데 이 때에도 동사가 만들어지므로 붙여 써야 한다.

이외에도 어근 뒤에 붙는 접미사 '-되다, -시키다'는 '합격되다, 고생시키다'처럼 붙여 쓴다. '강요받다, 버림받다, 주목받다'처럼 명사 뒤에 붙어서 '입다, 당하다'와 같은 피동의 뜻을 나타내는 '-받다'도 붙여 쓴다.

많은 핍박받았다(×) → 많은 핍박을 받았다(○)
최종 결론났다(×) → 최종 결론이 났다(○)

그런데 '받다'가 붙어 동사로 파생된 단어 앞에 어근인 명사를 꾸미는 관형어가 있을 경우에는 붙여 쓰지 않는다. '-나다'도 그러한 상태로 되거나 그런 현상이 일어남을 뜻하는 파생 접미사로서, '야단나다, 생각나다, 땀나다'와 같이 일부 명사 뒤에 붙으며 동일한 규칙이 적용된다. 명사 앞에 관형어가 있어서 '많은 핍박을', '최종 결론이'처럼 조사를 붙여 써야 더 자연스러울 경우 동사와 구분하여 두 단어로 띄어 쓴다.

① 몇십 년, 몇십만 명
② 몇 마리, 몇 개월, 몇 사람, 몇 시간

'몇'은 ①과 같이 '수'를 나타내는 말과 어울릴 경우 붙여 쓴다. 그러나 ②와 같이 명사 앞에 쓰여서 확실하지 않은 수나 그리 많지 않은 약간의 수를 막연하게 나타낼 경우에는 관형사이기 때문에 띄어 쓴다.

① 너만큼, 너밖에
② 일한 만큼, 그 밖에

①의 '만큼'은 바로 앞에 쓰인 명사와 비교하여 거의 같은 정도의 자질을 가졌음을 나타내는 조사로 명사 뒤에 붙여 쓴다. ②의 '만큼'도 유사한 의미로 앞의 말과 거의 같은 정도이거나 '실컷'의 뜻을 나타내지만 의존 명사이기 때문에 앞 단어와 띄어 쓴다. 이 경우, '−만큼' 앞의 단어가 정확하게 한 개 명사이면 뒤의 '만큼'이 조사라고 판단하고, 앞의 단어의 범위가 정확하게 한정짓기 어렵거나 '−을, −는, −은'과 함께 쓰인 관형어가 오면 '만큼'이 의존 명사라고 구분하면 된다. '밖에'는 only의 의미가 있을 때는 조사, out의 의미가 살아 있을 때는 의존 명사라고 기억하면 실수하지 않을 것이다.

① 현대인은 <u>바쁜데</u> 바쁘다는 생각을 하지 못한다.
② 도움을 필요로 <u>하는 데</u>에는 국제적인 지원을 아끼지 말아야 한다.

①의 '−는데'는 '그런데'를 뜻하는 어미이기 때문에 띄어 쓰지 않지만 ②의 −는 데에서 '데'는 '곳', '경우'를 뜻하는 의존 명사이기 때문에 띄어 쓴다.

오늘날 빈발하는 맞춤법과 띄어쓰기 오류는 일상의 쓰기 습관이 잘못 형성된 데에서 비롯된 경우가 많다. 인터넷 매체를 통해 문자를 주고받으면서 맞춤법과 띄어쓰기를 무시하며 의사를 전달하다 보니 어느 새 틀린 줄도 모르고 쓰게 된 것이다. 글의 내용이 논증적으로 전개되었어도 기본적인 어법을 준수하지 못한 글은 전문 독자에게 호감을 주기 어렵다. 평소에 글을 읽고 쓸 때 본인이 자주 틀리는 어법 상 오류들을 눈여겨보고 고치는 훈련을 하기 바란다.

2) 논술의 문장

명료한 문장

논술문을 쓸 때 문장의 기본 구조를 지키면 의미를 명료하게 전달할 수 있다. 특정 주어와 서술어(이는(/이유는) – 때문이다 / –은/는 것은 N이다/ –이 –어지다 / –이 N되다), 목적어와 서술어(지식을 (전수) 받다 / 인맥관계를 형성하다(x얻다)), 부사어와 서술어(왜냐하면 –기 때문이다 / 어떻게 –을 수 있겠는가 / 날마다 –다 보니)처럼 긴밀한 문장 성분은 서로 호응시키도록 유의해야 한다.

가. 문장의 구조와 필수 성분

주어, 목적어, 보어[46], 서술어는 문장의 필수 성분이다. 이 가운데 가장 중요한 것은 서술어이다. '간다'처럼 서술어만 있어도 화자의 의도는 전달된다. 하지만 '해결책이'라는 어구는 서술어가 없으면 주어인지 보어인지 구분하기 어렵다. 서술어가 자동사냐 타동사냐에 따라 보어가 필요하기도 하고 목적어가 필요할 때도 있다. 목적어가 하나만 있어도 되는지 두 개가 있어야 하는지도 서술어의 종류에 따라 결정된다. 필수 성분으로 구성된 기본 문장 구조는 다음과 같다.

---

[46] 주어와 서술어만으로는 뜻이 완전하지 못한 문장에서, 그 불완전한 곳을 보충하여 뜻을 완전하게 하는 수식어. 예) 남한과 북한은 (각기 독립된 국가 자격으로) 유엔 회원국이 되었다.

1) 주어 + 서술어 예) 사람이 중요하다.
2) 주어 + 목적어 + 서술어 예) 인간은 사랑받기를 원한다.
3) 주어 + 보어 + 서술어 예) 공장 폐쇄는 해결책이 아니다.

'성급한 공장 폐쇄는 좋은 해결책이 아니다'처럼 기본 문장 구조에 수식어를 넣어서 언급 대상을 구체화할 수 있다. 다만 한 문장에는 한 개의 의미 정보만 담아 간략하게 쓰도록 한다. 문장이 길어질 경우, 필자는 주술 호응 등의 어법을 지키기 어렵고 독자의 인지 부담도 커지는 문제가 생긴다. 두 개 이상의 의미 정보를 전달할 경우 'A는 B이고 C는 D이다, A는 B이고 C는 D이며 E는 F이다'와 같이 문장을 연결할 수 있다. 특별히 강조하기 위한 경우가 아니라면 한 문장에 주어가 네 개 이상으로 길어지는 것은 좋지 않다. 주어가 하나뿐인 문장들이 이어져서 단조로울 경우 구문을 연결하여 문장의 길이를 다양하게 변주시킨다. 단, 문장의 필수 성분들이 제 자리에 다 있어야 의미가 명료하게 전달된다.

[7] 한글과 세계의 여러 문자를 비교해 볼 때, 매우 과학적이고 독창적인 문자이다.

이 문장은 언뜻 보면 의미가 전달되지만 잘못 쓴 문장이다. 서술어인 '문자이다'의 주어가 안 보이기 때문이다. 필요한 자리에 주어를 찾아 넣어서 '____________________________________'로 수정해야 한다.

동료나 자신이 쓴 글을 평가할 때 주어와 서술어, 목적어와 서술어, 보어와 서술어 등 문장의 필수 성분들이 서로 호응하는지 눈여겨보면서 어법에 맞게 쓰는 방법을 익히도록 하자.

나. 호응 관계

문장이 명료한가 그렇지 않은가는 대부분 주어와 서술어가 잘 호응하는가에 달려 있다. 주어와 서술어가 잘 호응하지 않은 비문에서는 의미가 제대로 전달되지 않는다.

[8] 주목할 사실은 현대인은 자기의 이기심이 자기 자신을 해치고 있다는 것을 모른다.

위의 문장에서 주어구는 '____________'이다. 그런데 이 주어와 호응하는 서술어가 생략되어 의미 전달이 명확하지 않다. 위의 문장은 '주목할 사실은 현대인은 자기의 이기심이 자기 자신을 해치고 있다는 것을 모른다 ________.'로 서술어를 밝혀 쓰거나, '________은 자기의 이기심이 자기 자신을 해치고 있다는 것을 모른다.'로 고쳐 써야 뜻이 명료해진다.

[9] 현대 사회는 물질 위주와 편의 위주로만 치닫고 있는데도, 계속 정신적, 인격적 가치를 도외시하고 있다.

위의 문장은 두 개의 문장이 연결된 복문이다. 복문의 경우에는 두 개 문장에서 각각의 주어와 서술어가 적절하게 호응되고 있는지를 파악해야 한다. 이 문장 말미의 '도외시하고 있다'의 주어가 제일 앞에 있는 '현대 사회'가 아니라면, 이 마지막 서술어에 어울리는 주어를 드러내야 한다. 즉, '현대 사회는 물질 위주와 편의 위주로 치닫고 있는데도, ________은 계속 정신적, 인격적 가치를 도외시하고 있다.'처럼 주어를 첨가해야 한다.

[10] 사회적 약자를 무시하는 권력자의 횡포는 결코 용인되지 않는다.

부사어와 서술어의 호응도 문장의 뜻을 명료하게 하는 데 중요하다. 위의 문장에서 '결코'에 어울리는 서술어는 '-해서는 안 된다. / ~ 않아야/말아야 한다'이다. 따라서 위의 문장은 '사회적 약자를 무시하는 권력자의 횡포는 결코 용인__________.'로 수정한다.

이외에도 주의해야 할 부사어와 서술어의 호응을 보면, '비록 –일지라도, 만약 –한다면, 마땅히 –해야 한다, 아무리 –어도, 얼마나 –은지' 등이 있다.

다. 조사 쓰임

조사에 따라서도 구문의 의미가 많이 달라지므로 문장을 명료하게 쓰려면 문맥에 적절한 조사들을 가려 써야 한다. 문장의 4대 필수 성분 모두 조사를 동반하며 그래서 주격, 목적격, 보격, 서술격 조사가 있다. 조사는 다른 조사와 결합하기도 한다. 격조사나 부사 뒤에 붙어서 단어의 의미를 상세하게 만드는 조사를 보조사(–는, –도, –만, –야, –(이)나, –까지, –조차, –마저)라고 한다. 이외에도 단어와 단어 혹은 문장과 문장을 연결하는 연결 조사(–의, –와/과)가 있다.

조사는 앞 단어에 붙여서 쓰며, 문어체 문장에서는 '–해서는'을 '–해선'처럼 축약하지 않는다. '했다'보다는 '하였다'가 더 격식 있는 표현인 것처럼 말이다. 서술격 조사 '–이다'의 과거형인 '–이었다'를 '–이였다'로 잘못 표기하지 않도록 주의해야 한다.

[11] 신임 축구 대표 팀 감독은 선수들이 지녀야 할 첫째 조건을 지칠 줄 모르는 강한 정신력으로 꼽았다.

위 문장에서 어떤 조사가 잘못 쓰였을까. 주어인 '________'이 '꼽은' 목적어를 찾아보면 '__________'이다. 따라서 '________은 __________을 꼽았다.'가 하나의 의미 문장이고, 나머지는 '강한 정신력을' 수식하는 부속 성분이므로 부사어로 처리해야 한다. 즉, '신임 축구 대표 팀 감독은 선수들이 지녀야 할 첫째 조건____ 지칠 줄 모르는 강한 정신력____ 꼽았다.'로 고쳐 써야 한다.

[12] 경제 개발이 따른 환경 파괴는 수십 만의 생물 종이 사라지게 하였다.

위의 문장은 '______________________________'로 고치는 것이 자연스럽다. 조사를 정확하게 쓰는 방법은 주격, 목적격, 보격, 부사격, 서술격의 문장 성분을 예민하게 의식하고 한 문장 안에서 서로 호응하도록 맞추어 사용하는 데 있다.

Tip

논술을 지도할 때 학생이 작성한 답안에서 오류 표현을 골라 수업 자료로 만들어 제시하고 학생들이 스스로 고쳐 보고 발표하도록 하면 수업의 집중도를 높일 수 있다. 단, 이러한 수업 자료를 준비할 때에는 학생의 정서적인 반응을 고려하여 먼저 잘 쓴 표현들부터 골라 칭찬해 주어야 한다. 그리고 학생 전체의 글에서 오류 표현을 골라 모두가 함께 참여할 수 있는 수업 분위기를 조성하도록 한다.

간결한 문장

가. 문장 하나에 정보 하나

한 문장은 하나의 화제에 대한 하나의 서술로 구성된다. 따라서 한 문장에는 하나의 정보만 담는 것이 의미 전달에 효과적이다.

[13] 다음 문장을 구분하기에 적당한 곳에 '/' 표시를 해 보자.

인간은 자신과 아무 상관이 없는 것에 대해서도 본능처럼 강한 호기심을 느끼고 뭔가를 새롭게 알고 싶어하지만 이 왕성한 지적 욕구가 인간과 동물의 가장 큰 차이이며 인류 발전의 원동력이 되어 온 것이다.

이 긴 글은 한 문장이다. 이렇게 긴 문장에는 여러 개의 정보가 들어가게 마련이며, 그에 따라 필수 문장 성분도 여러 개가 필요하다. 여러 개의 필수 성분으로 구성된 단일 문장은 의미가 명료하지 않다. 비슷비슷한 주제로 작성된 글을 단시간에 여러 편씩 읽어 내야 하는 채점자의 부담을 생각할 때 논술 문장은 간결할수록 좋다. 따라서 이 문장은 두 문장으로 분할해야 뜻이 명료해진다. '인간은 자신과 아무 상관없는 것에 대해서도 본능처럼 강한 호기심을 느끼며 뭔가를 새롭게 알고 싶어한다. 이 왕성한 지적 욕구가 인간과 동물의 가장 큰 차이로, 인류 발전의 원동력이 되어 왔다.' 이처럼 논증적인 문장은 가능하면 50자 내외로 써서 뜻을 명료하게 전달하도록 한다.

나. 적절한 연결어 사용

적절한 연결어를 사용하면 단조로운 문장 구조를 지양하면서 의미를 분명하게 전달할 수 있다. '–한다면'과 같이 논리적인 연결어를 사용하여 복문을 만드는 것도 한 방법이다.

> 미래 사회가 어떻게 변화될 것인지를 예측하고, 예상되는 다양한 문제에 대해서 대책을 미리 마련한다면 그로 인한 부작용을 최소화할 수 있다.

이외에도 '–을 하기 위하여', '–뿐만 아니라', '–하거나'와 같은 연결어를 사용하여 복문을 만들면 문장 구조가 다채로워진다. 대체로 두 문장을 비교하거나 대등하게 연결하여 복문을 만드는 방법이 효과적이다. 또는 의미가 완결되는 곳에서 쉼표를 넣어주는 것도 논증적인 글의 의미를 명확히 전달하는 데 효과적이다.

Tip

[14] '–와/과', '–(이)나'로 연결되는 문장에서는 앞 뒤 구문의 무게가 같아야 한다. 예를 들어 '민주주의 국가라면 시민이 정치에 참여해야만 **정치 규범과 권력에** 정당성이 생긴다.'는 문장을 보자. 먼저 함의가 모호한 '정치 규범'은 _____ 규범으로 대체되어야 한다. 그리고 '–과'로 연결된 단어의 무게를 같게 하기 위하여 '권력' 은 '__ 권력'으로 관형 표현을 써서 의미를 상세화하는 것이 좋다.

다. 수식어 사용 자제

관형사나 부사를 사용하여 대상을 수식할 경우 독자의 시선은 수식을 받는 체언이나 용언보다 수식을 하는 관형 표현에 더 오래 머무를 수 있다. 주된 논의 대상보다 부수적인 이미지가 더 부각되는 것이다. 따라서 글자 분량에 제한이 있고 명료성을 생명으로 하는 논술 문장에서는 과도한 수식어를 자제하는 것이 좋다.

[15] 어떤 사회도 어느 정도는 힘겨운 경쟁적인 경향을 갖고 또 어느 정도는 따뜻하면서도 정겨운 협조적인 경향을 갖게 마련이다.

이 문장은 '어느 사회나 어느 정도는 ________ 경향을, 또 어느 정도는 ________ 경향을 갖기 마련이다.'로 간결하게 표현하는 것이 더 낫다.

라. 간결한 서술 어미

문장의 구조는 복잡하지 않은데, 서술 어미를 정확하게 쓰지 않아 의미가 모호해지기도 한다. 자기 입장을 단호하게 주장하기를 부담스러워하는 필자일수록 서술어를 복잡하게 쓰는 경향이 있다. 논술은 독자에게 자신의 입장을 명료하게 밝히고 객관적인 근거를 제시하여 설득하는 글이기 때문에, 주장이 명확하게 드러나는 서술어를 사용해야 한다.

[16] 많은 사람들이 대체로 삶에서 성취감을 느끼지 못하면 자신의 인생에 뭔가 문제가 있는 것으로 생각하는 경향이 강한 듯 보인다.

이 문장은 '많은 사람들은 삶에서 성취감을 느끼지 ________ 자신의 인생에 문제가 있다고 ________.'로 고치면 의미가 명료해진다. '-은 듯 보인다, -는 것 같다, -게 되었다'와 같은 어미에서는 자기 주장이나 결정을 확신하지 못하는 태도가 드러나므로 논증적인 글에는 안 쓰는 것이 좋다. '-는 것이다'는 앞 문장에 이어서 상세한 부연 설명이 필요할 때에만 덧붙이고 가급적이면 간단히 동사 하나로만 뜻을 전달하도록 한다. '어머니는 여자보다 강하다고 생각한다.'와 같은 표현도 '어머니는 여자보다 강하다.'라고 단호하게 표현하도록 한다. 독자는 이러한 주장이 필자의 생각임을 이미 알고 있기 때문이다.

마. 동일 음운 사용 자제

이어진 앞 뒤 문장의 종결 어미가 '-이/가 있다'와 '-을 수 있다' 같이 동일한 단어가 사용되지 않도록 한다. 사람들 사이에 회자되던 구어가 문어로 정착된 쓰기 발전의 역사적 사실을 감안하지 않더라도 소리 내어 읽었을 때 술술 읽히는 문장이 눈으로만 읽을 때도 잘 읽힌다. 인접한 문장에 동일한 음절이나 문법 표현이 있으면 문장의 내재율이 깨져서 어색하다. 또한 한국어는 단어 자체가 복수의 의미를 갖고 있으므로 복수접미사 '-들'은 낱낱의 복수적 의미를 강조할 때에만 사용하고 가급적 자제하도록 한다.

3) 논술의 수사적 표현 원칙

논술은 문제 상황을 객관적으로 분석하여 합리적인 해결 방안을 제시함으로써 독자를 논리적으로 설득하는 글이다. 따라서 격식 있는 문어체로 써야 한다.

가. 삼가야 하는 주어와 서술어

논술이 개인적 주장을 논리적으로 설득하는 글이라는 사실을 누구나 알기 때문에 논증적인 글에는 '나'를 밝혀 적지 않는다. '나' 대신 화제 대상을 주어로 삼으면 된다. 이러한 관습은 보고서와 같은 학술적 문어 장르를 작성할 때에도 마찬가지로 적용된다.

[17] 나는 콜럼버스의 지리상 발견을 기리는 미국인의 태도가 원주민의 생활 터전에 대한 침략을 문명화라는 이름으로 정당화해 온 서구 중심적인 사고에서 비롯되었다고 생각한다.

'-은/는 것 같다, -다고 생각한다'는 논증적인 글에 사용하지 않는 것이 좋다. 자신의 입장을 명료하게 주장해야 할 때, 아직 완결되지 않은 생각 상태를 드러내는 것은 바람직하지 않다. 따라서 위 문장에서는 '＿＿＿＿＿'과 '＿＿＿＿'를 삭제하는 것이 좋다.

나. 지나친 강조 삼가기

자신의 입장을 강력하게 주장하고 싶은 마음에 '아주, 매우, 절대로' 등과 같은 부사어를 사용하는 경우가 있다. 하지만 과도한 빈도나 양태 부사는 문제를 극단적으로 인식하게 하므로 주장의 합리성을 떨어뜨린다. 또한 '어제, 내일, 지난 주'처럼 구체적인 경험이 발생한 시간을 가리키는 표현도 논증적인 글에서는 자제하도록 한다.

[18] 다음 문장에서 빈도부사나 시간 부사를 5개를 찾아 지우시오.

숨 쉬기가 어려울 정도로 환경오염은 아주 심각하다. 환경 문제를 해결해야 한다고 시민단체들이 나서서 오래 전부터 매우 주장해 왔는데도 문제 해결의 가능성은 전혀 보이지 않는다. 이렇게 기업과 정부가 계속 나 몰라라 한다면 환경 문제는 절대로 해결될 수 없을지도 모른다.

두 번째 줄의 '오래 전부터 매우'를 문어적 표현에 맞게 고친다면 '________________'로 바꿀 수 있다. 그리고 '________________, ________________'와 같이 극단적으로 부정적인 구문도 사용하지 말아야 한다. 문제 현상의 심각성을 강조하기 위해 부정적인 표현을 사용할 수도 있지만 문제가 무엇인지를 객관적인 어조로 상세하게 설명하는 것이 더 설득적이다. 마지막 문장에서는 '나 몰라라 한다면'과 같은 구어적 표현을 삭제하고, '이대로 환경 문제를 방치하다가는 환경 문제를 해결할 적기를 놓칠 수도 있으므로 시급히 개선 방안을 마련해야 한다.'로 고쳐 쓰는 것이 더 합리적인 해결책 제시로 보인다.

다. 외국어식 표현 삼가기

글로벌 사회의 한국인은 한국어식 표현보다 영어식 표현에 더 익숙하다. 영어 구문은 관계대명사로 이어져 주어나 목적어 부분이 상당히 길다. 하지만 한국어는 체언보다 용언이 발달한 언어이다. 자연스러운 한국어 문장에 대한 느낌을 가지려면 한복의 우아함을 상기하면 된다. 여성 한복은 체형에 딱 맞춘 저고리가 어깨를 감싸고 풍성한 치마가 키를 커 보이게 한다. 이와 같이 자연스러운 한국어 구문에서 주어 부분은 간단하고 서술어 부분이 상세할수록 문장이 아름답다.

[19] 겉으로는 국가와 사회를 위해 봉사한다고 주장하면서도 안으로는 자기 집단의 이익에 따라 예산을 집행하며 자신의 권한을 사적으로 유용하는 관료들의 위선적 이중성은 국민들로 하여금 정치적 냉소주의와 이기적 개인주의의 풍토에 빠지게 만든다.

이 문장에서 아랫 부분의 '__________'은 한문 투의 표현이므로 '-에게(-이) -하게 하다'로 고쳐 쓰는 것이 좋다. 이 번역식 문장에서 주어를 간단하게 바꾸어 자연스러운 한국어 문장으로 고쳐 쓰면 다음과 같다.

'________은 그들이 국가와 사회를 위해 봉사하고 있다고 ________. 하지만 대부분은 자기 집단의 이익에 따라 예산을 집행하고 일부는 자신의 권한을 사적으로 유용하기도 한다. 공무원들의 __________ 위선적 이중성 때문에 국민들은 정치적 냉소주의와 이기적 개인주의에 빠지게 된다.'

[20] 다음 두 문장에서 주어 부분을 찾아 각각 밑줄을 그으시오.

자연을 개척하고 자원을 개발함으로써 위대함을 입증해 온 것이 인간의 역사다. 그러나 그 일들은 환경을 파괴하는 방향으로 진행되어 왔고 같은 종에 속한 인간까지 죽임으로써 가능했는데 이는 인간의 잔인한 속성을 입증한다.

이 글은 영어식 표현에 흔한 명사화 구문 사례로서, 동사나 형용사 어구인 용언 부분까지 명사로 만들면서 문장의 구조가 가분수처럼 되었다. 학술적인 글에서는 체언을 중심으로 문장 구조가 발달한 영어를 그대로 직역하여 쓰는 일이 잦다 보니, 명사화 문장들이 모이면 학술 담론 분위기를 띠기도 한다. 하지만 이 글의 어색한 표현은 번역이 미숙해서 생긴 오류이다. 이 글은 다음과 같이 고쳐 써야 자연스러운 한국어 표현이 된다.

______는 자연을 개척하고 자원을 개발함으로써 인간 종족의 위대함을 ______. 그러나 그 일들은 환경을 파괴하는 방향으로 진행되어 왔고 같은 종에 속한 인간까지 죽임으로써 ________. 역설적이게도 인간의 위대함을 입증하는 역사가 인간의 잔인한 속성을 입증하는 _____이기도 한 셈이다.

논술 답안을 작성할 때 현학적인 표현을 써야 한다거나 복잡한 문장으로 내용이 그럴 듯해 보여야 좋다는 생각은 위험한 오해이다. 논술 문장은 명료해야 한다. 논술을 준비하는 학생들은 논제가 요구하는 대로 답안의 중심 내용을 생성하는 방법과 함께, 자신의 생각을 자연스러운 한국어 문장으로 표현하는 방법도 잘 배워 두어야 한다.

확인질문

Chapter 07

이 장에서는 논증적인 글의 양식적 특징을 내용, 구조, 문단, 문장으로 나누어 살펴 보았습니다. 다음 문제를 풀면서 본문의 중심 내용을 정리하고 논증적 문체의 특징에 대해서 생각해 봅시다.

1. 본문 이해

❶ 논증적으로 내용을 생성할 때 사용할 수 있는 구조화 지식은 무엇입니까?

❷ 논증 글의 기본 구조를 √(root)를 사용해 정리하십시오.

❸ 논증 글의 문단이 지켜야 할 세 가지 특징은 무엇입니까?

❹ 문장을 간결하게 쓰기 위해 주의해야 할 다섯 가지 사항을 정리하십시오.

2. 수행 과제

❶ '저축 vs 소비'를 화제로 하여 주제 문장을 만들어 봅시다.

❷ 주제 문장에 대한 뒷받침 문장을 포함하여 한 문단을 완성해 봅시다.

❸ 전체 글의 도입부와 마무리 부분을 인상적으로 만들 사례나 명언, 명구를 찾아봅시다.

❹ 국가적 차원의 불경기를 극복하는 데에는 저축과 소비 가운데 어떤 활동이 더 효과적이라고 생각합니까? 자신의 입장을 논리적으로 설득하는 800자 내외의 글을 쓰십시오. 동료의 글을 읽고 [자료 4.1](110쪽)의 평가 활동지를 참조하여 내용, 구조, 문단, 문장에서 잘한 점과 고쳐야 할 점을 적어 줍시다.

3. 더 생각해 볼 거리

논증적인 글과 정서적인 글의 내용 생성 전략이나 구조, 문단, 문장은 무엇이 같고 다른지, 왜 그러한 차이가 있어야 하는지 생각해 봅시다.

Tip

논제나 제시문을 분석할 때에는 다음과 같은 담화표지에 유의하면서 문제가 요구하는 바를 정확하게 파악한다.

즉, –와 다르게, 가장 두드러진, ~이나, 및, 두 입장으로 나누고, 모두 사용하여, 사례를 활용하시오, ~를 논평하고 ~에 주목하여 ~에 대한 자신의 생각을 논술하시오, 단어의 개념을 설명 …

표 7.1 논증 담화 표지(discourse marker)

기능	담화 표지
분류	• 위의 제시문들은 모두 난민 문제를 다루고 있다. 제시문 (나)는 ~고 있다. 이어서 제시문 (라)도 ~을 주장한다. 반면/이와 달리 제시문 (다)는 ~는 태도를 보인다. 제시문 (마)도 같은 맥락에서 ~을 지적하고 있다. • 문학의 실용성에 대한 관점을 기준으로 (가), (나)와 (다)는 상이한 논지를 보인다. • 언어와 사고의 관계는 크게 두 가지 입장으로 이해할 수 있다. 첫 번째 입장은… • 제시문 (가)와 (나)는 도덕적 행위의 근거를 보는 입장이 서로 다르다.
순차적 구조	• 우선/먼저 … 여기에서는 …다음으로 … 반면/이와 달리/한편 … 마지막으로
병렬적 구조	• 문제점은 두 가지로 지적할 수 있다. … 첫째, … 둘째, …
점층적 구조	• 저출산의 주된 원인 중 하나는 경제 문제이다. 그 중에서도 교육비 부담은 가장 큰 원인이다. … 결국 …
요약	• (가)는 (~에 대해서) ~라고 말한다/주장한다/비판한다/평가한다. • (가)는 ~라는 입장이다. ~은 태도를 보여준다. ~을 다룬 글이다.
반론 검토	• 전자의 관점은 이상적이기는 하지만 비현실적이다. 후자의 관점이 합리적이고 현실적인 방안이라고 할 수 있다. 물론 이러한 대응이 도덕적으로 정당한가를 반문할 수 있겠으나 타자의 행복을 위해 나의 희생을 강요하는 것 역시 정당하지 않다. • 물론 ~다는 입장에서 보면 ~이 근본적인 원인이라고 주장할 수도 있다. … 하지만 ~은 ~에 불과하다. 또한 ~은 점을 고려해야 한다. 따라서 ~기보다는 ~다고 볼 수 있다. 이러한 ~은 ~다는 점에서 문제가 된다.
기준 평가	• ~다면 ~을 것이다 • (가)의 관점에서 (나)의 입장을 바라보면 ~라고 평가할 수 있다. • (가)는 관점에 따라서 다른 ~을 나타낸다. 그러므로 ~라는 주장은 타당하지 않다.
부연 설명	• 이러한 차이는 동정심과 공감의 문제에서 두드러진다. 예를 들어 ~다고 해 보자. (가)는 ~라고 할 것이다. 하지만 ~이므로 ~일 수는 없다. 즉, ~은 ~이지 ~은 아닌 것이다. • 그러나 이에 대해서는 다른 해석이 필요하다. 전자에 비해 후자는 …

제8장
창의적 에세이 쓰기

- 어떤 글을 잘 쓰고 싶은지 생각해 보자.
  – 설명, 논증, 서사, 감상, …

- 각각의 글을 잘 쓰는 데에는 어떤 능력이 공통적으로 또는 다르게 필요할지 생각해 보자.

글은 인간이 세상과 교류하는 다양한 방식 가운데 하나이다. 문자 생활이 보편화되면서 개인은 세계의 구성원으로서 자신의 위치를 확인하고 주체인 자신을 반성하며 또 공동체의 구성원과 소통하려는 의도에서 다양한 장르의 텍스트를 생산해 왔다. 일반적으로 대학생이라면 정보를 해독하여 주장을 전개하는 일정 수준의 학문적 능력이 있을 것으로 기대되지만, 국내 대학의 정규 과정에 등록한 모든 대학생이 고른 수준의 학술적 문식성을 갖추고 있는 것은 아니다. 자신의 글쓰기 태도와 핵심 역량 수준을 점검해 보자.

1 글쓰기 태도 점검

다음 표의 빈 칸에 알맞은 단어를 찾아 넣고 그렇게 생각하는 이유를 말해 보자.

구조	내용	어법	비교 평가	자기 성찰	정보 전달

표 8.1 한국어 쓰기 지식의 숙달과 사고 유형 간 상관

한국어 능력	쓰기 지식	연습	전략	목표 기능	사고 유형
고급	①	표현적 글쓰기	기의의 표현 expression	차별화(差別化) differentiate	②
중급	③	반영적 글쓰기	구조의 반영 reflection	차용(借用) remake	④
초급	⑤	모방적 글쓰기	기표의 모방 representation	동화(同化) assimilate	⑥

다음 빈 칸을 채우고 나서, 습득되는 쓰기 지식과 학습되는 쓰기 지식은 무엇이 다른지, 자라면서 숙달되는 모국어 쓰기 지식에는 어떤 것들이 있는지 생각해 보자.

내용의 창의성	주제의 일관성	표현의 정확성

그림 8.1 쓰기 지식의 숙달 양상

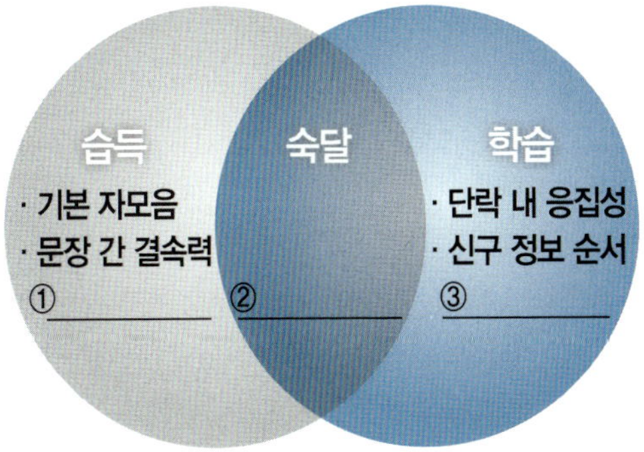

표 8.2 쓰기 태도 및 핵심 역량 수준 검사 표

질문	전혀 아니다					매우 그렇다
	1	2	3	4	5	6
1. 글을 쓰는 과정에 최선을 다 했다면 결과물의 질이 좀 낮아도 괜찮다.						
2. 결과물의 질을 높일 수 있다면 글을 쓰는 과정은 그리 중요하지 않다.						
3. 내가 글을 쓰는 목적은 생각과 정보를 전달하는 데 있다.						
4. 내가 글을 쓰는 목적은 독자와 소통하는 데 있다.						
5. 책이나 잡지에다가 전문 정보를 소개하는 글이 좋은 글이다.						
6. 자신의 감정이나 감상을 솔직하게 표현한 글이 좋은 글이다.						
7. 주제에 대한 필자의 관점이나 입장이 확실하게 드러난 글이 좋은 글이다.						
8. 글을 써 가면서 전달하려는 주제나 주장을 명료하게 다듬어 가는 편이다.						
9. 개요나 내용 계획을 미리 세워 두고 글을 쓸 때는 그대로 옮겨 쓰는 편이다.						
10. 글을 쓰는 동안 논리적 사고가 활발해진다.						
11. 글을 쓰는 동안 감성적 사고가 활발해진다.						

12. 글을 쓰고 나면 글 쓴 주제에 대한 지식이나 이해가 깊어진다.							
13. 나는 읽을 사람이 누구인가를 고려해서 글의 구조나 표현을 다르게 쓴다.							
14. 글을 쓸 때는 전체적으로 '개요 작성 – 집필 – 수정'의 절차를 따른다.							
15. 글의 목적을 이루기 위해 쓰기 과정 중에 어떤 전략을 써야 하는지 안다.							
16. 수정할 때 처음에 내용 위주로, 다음에는 문법이나 맞춤법 위주로 고친다.							
17. 글을 쓰고 나서 수정을 많이 할수록 글의 질이 좋아질 것이다.							
18. 좋은 글을 따라서 써 보는 과정이 글을 잘 쓰는 데 도움이 될 것이다.							
19. 글을 잘 쓰려면 특정 장르의 구조나 형식 관련 지식 학습이 중요하다.							
20. 글을 잘 쓰려면 창의적인 내용을 쓰는 게 중요하다.							
21. 글을 잘 쓰려면 권위 있는 내용을 알맞은 자리에 인용하는 게 중요하다.							
22. 자신이 잘 알고 있는 주제에 대해 글을 쓰면 결과물의 질이 우수해진다.							
23. 나는 글을 잘 쓰는 편이다.							
24. 쓰기 능력은 타고나는 것이라기보다 경험을 통해 다듬어지는 것이다.							
25. 글을 쓸 때 컴퓨터를 활용하는 기회가 많아진 것은 긍정적인 발전이다.							
의사소통 역량	26. 나는 독해 및 청해 능력을 어느 정도 갖추었다.						
	27. 나는 말하기 및 글쓰기 능력을 어느 정도 갖추었다.						
	28. 나는 토론 및 의사 조정 능력을 어느 정도 갖추었다.						
종합적 사고력	29. 나는 분석 및 추론 능력을 어느 정도 갖추었다.						
	30. 나는 비판적 사고력을 어느 정도 갖추었다.						
	31. 나는 창의적 사고력을 어느 정도 갖추었다.						
자원 · 정보 · 기술활용 역량	32. 나는 자료 수집 및 분석 능력을 어느 정도 갖추었다.						
	33. 나는 정보 기술과 소프트웨어 활용 능력을 갖추었다.						
글로벌 역량	34. 나는 외국어 능력을 어느 정도 갖추었다.						
	35. 나는 글로벌 다문화 이해 능력을 어느 정도 갖추었다.						
자기 관리 역량	36. 나는 자기 주도적 학습 능력을 어느 정도 갖추었다.						
	37. 나는 자기이해 및 정서적 조절 능력을 갖추었다.						
대인 관계 역량	38. 나는 공동체 의식을 어느 정도 갖추었다.						
	39. 나는 협업 능력을 어느 정도 갖추었다.						

② 쓰기 평가 기준

에세이를 쓸 때에는 구조, 내용, 표현 가운데 어느 부분을 상대적으로 더 중시해야 할까? 교실에서 작성된 보고서의 각 범주를 평가할 하위 문항의 개수를 정하고 나서 배점을 매겨 보자.

표 8.3 쓰기 평가 준거 문항 선정 활동

평가 준거		준거 문항	2인	4인	8인	확정
구조의 적절성 (8)	논리성	단락 간 논리 구조(분석, 비교, 찬반, 인과, 문제 해결 등)와 단락 내 논리 구조(두괄식, 미괄식)가 있는가?				
	일관성	도입부에서 제기한 주제를 본문과 마무리 부분에서 일관성 있게 다루어 부족하거나 불필요한 단락이 없는가?				
	결속력	단락 안의 세부 내용이 그 단락의 주제문을 뒷받침하도록 써서 단락 안에 부족하거나 불필요한 문장이 없는가?				
	단락 구분	도입, 본문, 마무리 부분이 알맞은 비율로 구성되었고, 본문에서 중심 생각이 달라짐에 따라 적절한 길이로 단락을 구분하였는가?				
	정보 순서	독자에게 먼저 알린 정보를 토대로 새로운 정보를 제시하여 독자가 내용을 이해하기 쉽게 썼는가?				
	설명 방법	주개념이나 대상에 대해 명확하게 정의를 내리면서 설명했는가?				
	논증 조직	주장을 뒷받침하는 내용(전제, 반론, 가정, 정의, 예시) 구조가 있는가?				
	인용 표기	참고 자료의 출처를 글의 끝 부분에 〈참고문헌〉으로 정리하고, 본문에 각주 표시를 하였는가?				
	제목	제목을 글의 내용에 어울리게 작성하였는가?				
	주제	논의할 가치가 있고 참신한 주제를 선정하였는가?				
	단락 기능	글을 쓰는 목적이나 필요성을 밝히고, 도입부나 마무리 부분에 본문 내용을 명료하게 요약하였는가?				

내용의 창의성 (8)	수사법	독자의 주의를 끌 통계적 수치나 일화, 인용문이 있는가?				
	연구 방법	주제를 드러내기에 적당한 이론이나 방법을 사용하였는가?				
	근거	예상되는 반론 내용을 타당하게 검토하였는가?				
	배경 지식	주제와 관련된 배경 지식을 활용해서 내용을 풍부히 하였는가?				
	독자 인식	구체적인 독자를 설득하고 독자의 공감을 얻기 위한 내용이 있는가?				
표현의 정확성 (4)	표지	제목(가운데, 진하게)과 이름(오른쪽 정렬)을 표지 규약에 맞추어 썼는가?				
	어휘	객관적 어휘(개념어, 한자어, 담화 표지)를 사용하고 구어체, 축약어, 지나친 존대 표현을 사용하지 않았는가?				
	어법	어법(맞춤법, 띄어쓰기, 들여쓰기, 문장 부호, 조사, 문장 성분 간 호응, 동어 반복의 오류 자제)에 맞게 썼는가?				
	문체	문어적 어미('–므로, –고자, –은 바와 같이, 는다.' …)를 잘 사용하였는가?				

③ 비판적 담화 분석 수업 모형

인간은 왜 글을 쓰는가. 독자를 설득하여 보상을 얻고자 함이다. 보상은 물질적일 수도 있고 정신적일 수도 있다. 독자에게 나의 존재를 알리고 내 말에 귀 기울여 줄 것을 요청하는 것이다. 따라서 필자는 글을 쓰기 전에 나는 누구이고, 왜 이 장르 글의 작성법을 배워야 하는지, 이 장르는 독자들의 공동체에서 어떻게 유통되고 소비되고 있는지, 내 글을 읽고 나서 독자가 무엇을 해 주기를 바라는지, 즉 글을 쓰는 나와 내 글을 읽을 독자 사이의 정치, 경제, 사회적 관계를 잘 분석하여야 글을 통한 설득을 성공적으로 완수할 수 있다. 학생들 스스로 자신이 속한 공동체에서 유통되는 담화를 비판적으로 분석해 보도록 기획한 수업의 절차를 한국어 사용 인구에게 익숙한 태극기의 형태로 표상해 보고자 한다. 자신의 전문적 지식이나 주장을 독자에게 익숙한 렌즈로 구체화하는 것, 이것이 렌즈에세이를 쓰는 방법이다.

표면적 독자

독자 공동체에 속한 구성원의 성격은 단일하지 않다. 독자는 표면적(表面的) 독자와 이면적(裏面的, hidden reader) 독자로 구분된다. 먼저 표면적 독자는 말 그대로 '고3 수험생, 20대 청년, 기성세대'처럼 텍스트가 표면적으로 지향하는 독자들이다. 하지만 예를 들어 '고3 수험생'을 독자로 하여 글을 쓰더라도, 일반고등학교, 공업고등학교, 특성화고등학교, 자율형사립고등학교, 특수목적고등학교 등 학적이나 성별이 어떠하냐에 따라 독자의 요구가 다를 것이다. 따라서 독자의 범위를 누구로 한정할 것인가를 거시적인 사회구조 안에서 충분히 검토해야 한다.

이면적 독자

이면적 독자는 누구일까. 수업 스케줄을 짜면서 학생들이 바로 이 시기에 바로 이 과제를 수행하도록 기획하고, 학생들이 글을 써서 제출하면 검토하고 평가할 교사이다. 따라서 학생은 자신의 글이 표면적으로 지향하는 독자의 요구를 구체적으로 조사해야 할 뿐만 아니라 과제를 통해서 교사가 나에게 바라는 것이 무엇인지를 미시적으로 분석할 수 있어야 한다.

비판적 담화 분석

과제를 수행하기 전에 심층적 독자 분석을 통해서 해당 과제 장르가 유통되는 담화 공동체의 거시적, 미시적 권력 구조를 분석하고, 그러한 구조를 수용할 것인지, 거부할 것인지, 아니면 타협할 것인지 입장을 정한 뒤에, 공동체의 구조적인 문제를 해결할 지위에 있는 구체적인 독자를 상대로 글을 쓰는 것이 비판적 담화 분석에 의한 글쓰기 방법이다.

담화 분석

담화란 한 문장 이상의 언어적 단위로서, 여러 상황에서 쓰이는 텍스트 유형을 가리킨다. '대화'가 사적인 발화를 전제로 한다면 담화는 공통된 속성을 가진 공동체 안에서 공적으로 수행되는 언표(言表, locution) 행위이다. Fairclough(1995)는 세 가지 차원에서 화행(Speech Act) 패턴의 지배 및 권력관계를 분석하라고 조언한다. 첫째, 텍스트 자체를 미시적으로 분석하라. 둘째, 텍스트가 유통되는 담론의 생산, 소비, 분배 과정을 분석하라. 셋째, 담론이 처한 거시 구조인 사회, 문화적 맥락을 분석하라. 따라서 특정 공동체에서 유통되는 담화를 비판적으로 분석하려면 평소에 그 사회의 문제가 무엇인지에 관심을 가지고, 사회 계층의 이해관계에 따라 그 문제가 어떻게 다르게 언급되는지를 관찰해야 한다.

비판적 담화 분석을 위한 질문법

글쓰기 방법을 배울 때에도 교사가 지시하는 대로 모방하기보다 과제에 대해 비판적인 질문을 던지고 대답하는 과정에서 더 유용한 지식이 생성된다. 담화를 비판적으로 분석하기 위해서 다음과 같이 질문할 수 있다(Fairclough, 2012: 406 참조).

① 공동체가 구성원에게 만족스러운 삶을 위한 가능성과 자원을 얼마나 제공해 주는가?
② 공동체가 구성원이 누려야 할 이 가능성과 자원을 어떻게 외면(deny)하는가?

③ 공동체의 무엇이 구성원의 삶에서 가난, 불행, 불안감을 만들어 내는가?
④ 문제점을 줄이고 구성원의 삶을 행복하게 하려면 공동체 내에서 무엇을 해야 하는가?

표 8.4 비판적 담화 분석 글쓰기 과제의 활동 단계(Fairclough, 2012: 481 참조)

단계	활동
1	어떤 이익 집단의 가치관이 편파적으로 실현된 사회적 문제에 초점을 맞춘다. 소속 담화 공동체의 문제를 해결하려면 단순한 '조사 연구'를 위한 질문보다 신자본주의 사회가 가진 구조적인 문제를 비판하는 질문을 해야 한다.
2	다음 사항을 분석하면서 해결되어야 할 문제와 장애물을 확인한다. (1) 분석 대상인 담화 장르의 기표 작용과 기표 자체의 연결 관계를 미시적으로 살핀다. (2) 관습적으로 실천되는 행위의 관계망을 구조적으로 그려보면서 해당 담화를 중심으로 어떤 상하 및 등위의 유통 관계가 있는지 사회적 위계질서를 살핀다. (3) 문제가 어떻게 생겨나는지, 무엇이 문제 해결을 어렵게 하는지, 즉 문제의 근본적인 원인과 사회 구조적인 인과 관계를 거시적으로 파악한다.
3	소속 담화 공동체에서 이러한 구조적 문제들로 인해 가장 많은 이익을 얻는 이들이 누구인지, 그래서 그 문제가 해소되지 않도록 방치하려는(방해하려는) 이익 집단이 있는지 살펴본다.
4	이러한 장애물을 없애기 위해서 기존에 유사한 문제를 해결한 사례가 있는지 알아보고, 현재 당면한 문제를 해결하려면 어떤 방법이 있을지 생각해 본다.
5	이러한 분석을 수행하는 나는 누구인가, 이 담화 공동체에서 나의 위치는 어디인가를 기준으로 1~4단계에서 수행한 작업을 비판적으로 반성해 본다.

분석 대상을 대학교로 설정하고 관계망을 파악한 사례를 예시하면 다음과 같다. 대학의 교양교육은 전공교육과 대등하게 짜여 있지만 가정이나 기업이 원하는 인재상을 길러내야 한다는 사회적 요구 때문에 대학은 전공 교육과 전공 교수자를 위주로 행정을 운영하게 된다. 이 과정에서 학생들의 행복추구권이나 인성 계발을 목표로 하는 교양교육은 상대적으로 경시되기도 한다.

그림 8.2 대학 내 교양 교육의 구조적 관계망 분석

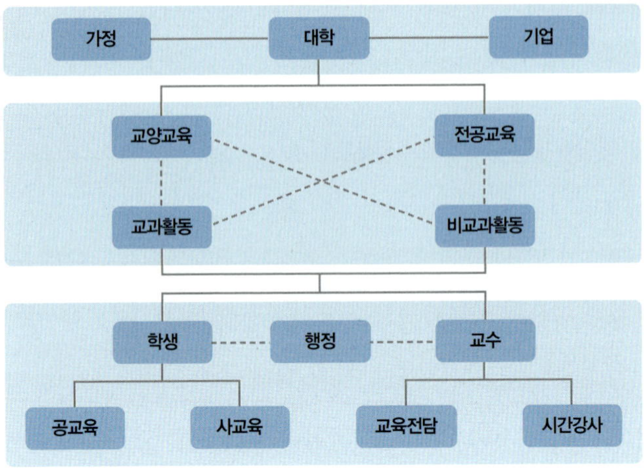

비판적 담화 분석 글쓰기를 위한 4단계 수업 모형을 이미지로 표상하면 다음과 같다.

그림 8.3 비판적 담화 분석 이론에 기초한 쓰기 교육 모형

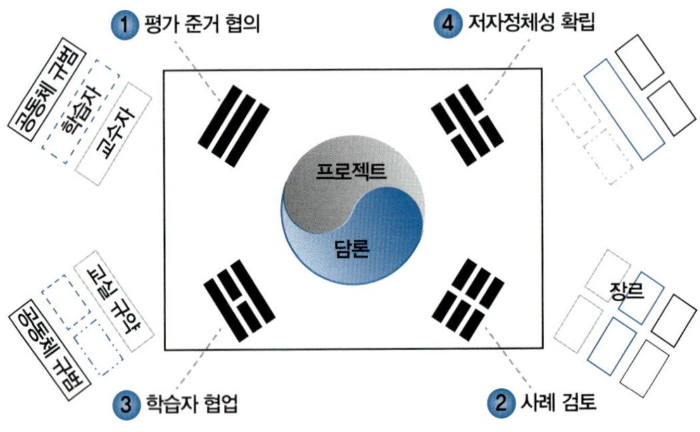

[그림 8.3]은 유비쿼터스러닝 환경에서 '한국어'라는 소수 언어를 배우고 한국어 사용 저자로서의 정체성을 수립하도록 기획한 쓰기 수업의 교수 모

형이다. 한국어의 특수성을 강조하기 위하여 태극기 구성 원리를 토대로 교수 절차를 구성하였다.[47] 4괘에서 짧은 음효(陰爻)가 목표 장르의 구체적인 텍스트 사례들을 표상한다면, 긴 양효(陽爻)는 공동체 규범이나 교실 규약 등 장르 체계와, 학습자나 교수자 같은 행위 주체를 표상한다.

태극

[그림 8.3]의 태극 모형에서 양으로 드러난 '프로젝트'는 교실에서 수행해야 할 과제이다. 교수자는 학습자 요구를 분석하여 실생활의 구조적인 문제를 해결할 과제를 기획한다. 이 때 특정 과제를 성공적으로 수행하여 얻을 수 있는 결과의 유용성만큼이나 결과물의 이면에 음으로 잠재된 '담론'에 대한 비판적 분석 과정이 중요하다. 본 과제는 단순 언어 학습자가 아니라 비판적 문식성 함양을 목표로 하는 지식인 양성을 목표로 하기 때문이다.

대학 신입생 혹은 유학생으로서 왜 한국어로 이 과제를 수행해야 하는지, 이 장르는 평소에 어떤 맥락에서 생성되고 유통되며 누구의 이익에 기여하는지를 검토하는 과정에서 학습자는 21세기 지식인에게 필요한 비판적 문식성을 기를 수 있다. 그리하여 궁극적으로 해당 장르의 문화적 가치에 순응할 것인지 저항할 것인지 아니면 협상할 것인지를 스스로 결정하고 나서 본격적으로 프로젝트 수행 절차에 착수하는 것이 이 쓰기 모형의 특징이다.[48]

[그림 8.4]의 분할 곡선은 ① 모방 ② 변용 ③ 창의의 3단계 학습자 성장

47 언어 교수 모형에 태극기를 인유함으로써 발생할 수 있는 독단화, 단순화의 위험을 굳이 무릅쓰는 것은 교육 한류 가능성을 모색하기 위함이다. 근현대사의 특수성으로 인해 자주적 학문의 기틀을 마련하기 어려웠던 주변 국가에서 글로벌 학술 담론 장에 진입하려면 지역적 특수성을 반영한 학문 이론이 필요하다. 그래서 인간에게 생득적인 형태주의 심리학을 기반으로, 교수 모형이라는 절차적 지식에 태극기 구성 요인이라는 형태를 투사하여 수업 모형을 개발하였다. 인간에게는 보편적으로 근접, 유사, 폐쇄의 원리에 기반하여 미지의 정보에 기지의 형태를 부여하려는 지각적 조직화(知覺的 組織化, perceptual organization) 욕구가 있고, 이러한 심리는 건축과 예술 분야에 새로운 형태를 창의하는 토대가 된다(김성숙, 2016).

48 맥코미스키(2012: 77)는 대학생을 대상으로 비판적 담화 분석 이론을 적용하여 광고를 분석하게 한 수업에서 '문화적 생산, 맥락적 배치, 비판적 소비'의 범주로 광고 현상의 가치를 판단하도록 하였다.

그림 8.4 장르 숙달 과정

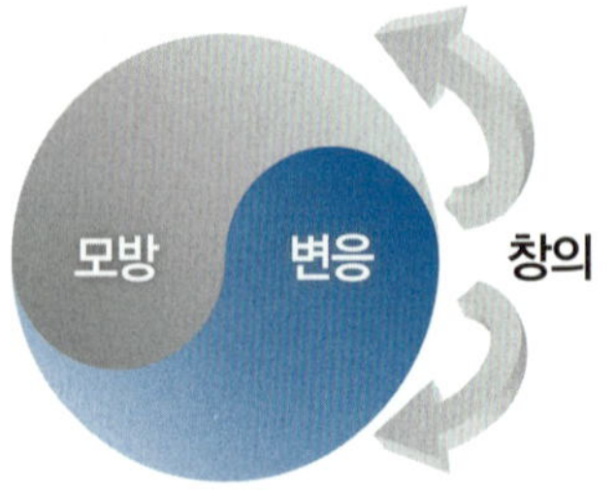

과정을 표상한다. ① 초보 학습자가 프로젝트의 외적 제약 조건들을 준수하며 목표 장르를 열심히 모방하다 보면 새로 습득한 장르 지식이 자신의 배경지식으로 동화되는 양질전화의 순간이 온다.

② 프로젝트가 표면적으로 목표하던 특정 장르 규범을 숙달하게 된 중급 학습자는 초급 수준에서 익힌 장르 규범에 기초하여 소속 공동체가 납득할 수준으로 내용이나 형식에 변용을 꾀할 수 있다. 목표 장르를 생성, 유통, 소비하는 장르 이면의 맥락을 분석하고 정치, 경제, 문화적으로 변용 가능한 범위를 탐색하여 해당 장르 경계를 확장하는 것이다.

③ 자신의 변용 노력이 긍정적으로 수용되는 경험을 한 고급 학습자는 드디어 자신의 창의적 사유 내용을 한국어 공동체와 원활히 소통할 수 있게 된다. 창의의 지점에서 특정 장르 경계를 확장하는 활동은 장르의 드러난 속성을 강화하는 양의 방향으로 진행될 수도 있고 장르에 숨겨진 담론을 분석하는 음의 방향으로 진행될 수도 있다.

건(☰)

학습자는 제1단계 '건'괘의 점선에서 제4단계 '리'계의 실선으로 목표 장르에 대한 평가 준거를 내면화해 간다. 1단계는 Grant와 Jay(2005)의 역순 설계(Backward design) 방식을 기반으로 설계하였다. 역순 설계란 바라는 결과 목표 확인 → 목표 도달 증거 결정 → 목표와 증거에 부합하는 수업 과제 계획의 구조를 가리킨다.[49] 그리고 2단계에서 4단계까지의 이행 과정은 호주의 이민자 교육에서 효율을 입증한 Martin의, 장르에 대한 체계 기능 언어학적 접근, 즉 교수-학습 순환 모형을 참조하였다.[50]

49 교육 목표에 따라 내용과 방법을 결정한 후 평가를 계획하는 일반적 순서를 거스른다는 점에서 '역순(backward)'으로 명명된다. Grant & Jay(2005)는 교육과정을 '학생이 바라는 결과를 성취하도록 적절한 학습 활동과 평가를 제시하는 지도'로 보고, '바라는 학습'의 관점에서 목표 성취를 위해 사용될 경험, 과제, 평가를 적절하게 구체화한 교육과정 모형 설계를 제안하였다(강현석 외 역, 2008: 39).

50 이 모형은 예시글 제시하기(modeling), 협력하여 글쓰기(joint negotiation of text), 독립적으로 글쓰

곤(☷)

제2단계에서 검토하는 장르 사례가 실선으로 표상된 이유는 장르 샘플 제공자가 소속 공동체이든 교수자이든 혹은 학습자이든 간에 지금 교실에서 검토되는 사례는 더 이상의 변이 가능성이 제거되고 고정된 양식이기 때문이다. 제2언어 학습자들에게는 장르 샘플을 명시적으로 선보이는 수업이 효율적이라는 선행 연구 결과를 따랐다.[51]

감(☲)

제3단계 '감'괘의 학습자 장르와 제4괘의 동료 학습자 장르가 1점 파선이나 2점 파선으로 표상된 이유는 목표 장르에 근접한 정도가 상이한 학습자 수준 변이를 표상한 것이다. 3단계는 공동체 규범과 교실 규약을 따르는 학습자들 간 협업으로 진행된다.

리(☵)

제4단계 학습자는 특정 장르의 적절성 판단 준거를 내면화하여 동료들의 글을 평가할 수 있음은 물론 공동체 내에서 유통되는 해당 장르의 가치에 대해서도 판별할 수 있다. 기존 장르를 창의적으로 변용하여 장르 경계를 확장할 언어적, 문화적 자질을 습득하게 되는 것이다.

기(independent construction of text)의 3단계로 구성된다. 첫 단계는 맥락과 사회적 목적에 대한 토론에서 시작하여 사용역과 언어에 대한 설명 및 분석으로 옮아간다. 두 번째 단계에서는 본격적인 조사로 내용 지식을 개발하면서 학생과 교사가 공동으로 특정 텍스트를 구성한다. 마지막 단계에서 학생들은 초고에 대해 교사 및 동료와 협의하고 편집, 평가, 출판을 하게 된다. 이러한 과정에서 학생들은 장르의 구조적 자질과 언어적 자질들이 사회적 기능과 어떻게 연결되는지를 확인할 수 있다.(Bawarshi, Anis & Reiff, Mary Jo, 2010: 33–34)

51 Hyon(2002: 126–136)은 '명시적인 토론, 모형화, 장르 분석' 절차로 구성된 교수법을 추천한다. "ESL 대학생은, 영어를 모국어로 사용하는 동료 경쟁자들보다는 영어 장르에 암묵적으로 노출되는 빈도가 낮으니만큼, 명시적인 장르 교육을 통해 보다 많은 도움을 받을 수 있는 '소수'에 속한다"는 것이다.

4과의 색상

프로젝트 수행 과정을 표상하는 4과에서 검은색은 공동체의 장르 규범을 나타낸다. 안쪽의 파랑은 학습이 이루어지는 모바일 교실 공간을 표상하고 가운데 빨강은 학습자의 색이다.[52] 그리고 4과의 실선은 고정된 장르 인식을, 점선은 유동적인 장르 인식을 표상한다. 4과의 중간에 학습자 위치를 정한 것은, 소속 공동체의 규범과 교실 규약 사이에서 자신의 장르 완성도를 지속적으로 점검해야 하는 학생 활동의 끼인 성격을 표상한다. 학생들은 자신의 과제 수행이 긍정되고 부정되는 경험을 통해서 소속 공동체가 원하는 방식으로 정체성을 얻어 간다.

비판적 담화 분석 이론에 기초한 쓰기 교육 모형의 의의

새로 설계한 쓰기 교육 모형을 일반적인 언어 학습 모형인 3P 모형에 대입해 구체화하면 [그림 8.5]와 같다. 기존의 Present, Practice, Produce 이외에 Promote를 추가하여 비판적 담화 분석 활동으로 고양된 저자 정체성을 강조한 점이 특징이다. [그림 8.5]에서 제4단계 독립적 쓰기 아래 밑줄로 표시한 교사 피드백은 교사의 1:1 지도가 필요한 부분이다.

그림 8.5 렌즈에세이 쓰기 교육 모형

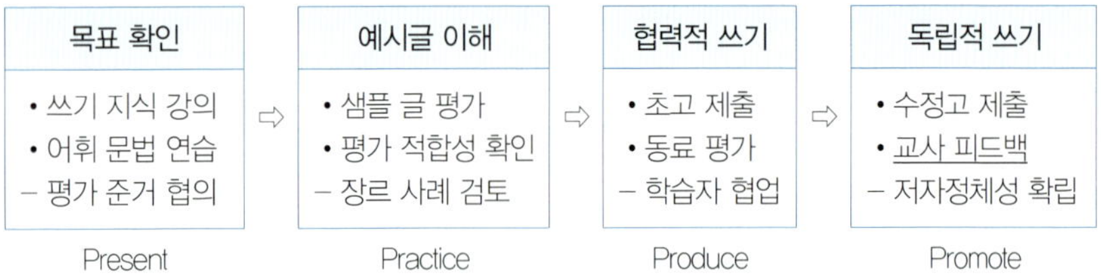

52 교육 주체의 속성을 반영하여 각 과의 색깔을 재구성하였다. 오방색의 의미에 따르면 검정은 인간의 지혜를 관장하고, 파랑은 복을 비는 색이며, 빨강은 생성, 창조, 정열, 애정, 적극성을 뜻한다. 이러한 해석을 기준으로 집단지성이 작용하는 공동체 규범은 검정색으로, 학습자를 지원하는 교사는 파란색으로, 가장 적극적이어야 하는 학습자는 빨간색으로 각각 표상하였다.

비판적 담화 분석 이론에 기초한 렌즈에세이 쓰기 교육 모형에서는 한국어로 글을 써서 독자 공동체의 문제를 적극적으로 해결하는 지식인의 실천적 행위를 강조하였다. 태극과 건곤감리로 표상되는 본 4단계 절차를 수행하면서 학생들은, 수행할 과제의 목표를 먼저 제시(present) 받고 기존에 작성된 장르 사례를 검토, 평가해 보며(practice), 목표 장르에 대한 비판적 담화 분석과 동료 평가를 거쳐 과제를 수행한(produce) 후, 자신의 저자 정체성이 고양되었음을(promote) 실감한다.

같은 과제를 완수한 동료의 제출본을 평가하게 하는 등 학습자의 능동적인 참여를 특징으로 하는 본 렌즈에세이 쓰기 과제를 통해서 교수자는 다음과 같은 효과를 기대할 수 있다.

첫째, 평가 준거가 내면화된 학습자는 본인이나 동료 과제의 완성도는 물론 담화 공동체 내에서 유통되는 유사 장르까지 평가할 감식안을 갖추게 된다.

둘째, 학습자별 수준 차이를 비계로 활용하여 상호 견인을 유도한다. 동료 평가에 임하는 학습자는 진단 오류를 최소화하는 방식으로 평가의 정확성을 기하고자 하므로, 자신이 확실히 아는 쓰기 지식에 기초하여 수정 방안을 조언하게 된다. 이 과정에서 학습자의 정확한 문법 지식은 긍정적으로 강화될 수 있다.

셋째, 교사의 권위에 종속되지 않고, 과제가 수행되는 담론 기반을 학습자 스스로 비판, 분석하게 하며 자기 지식을 기꺼이 공유할 선의지를 실천하게 한다. 동료 피드백은 교사 피드백에 비하여 학점에 결정적 영향을 주지 않으므로 학습자는 주체적으로 피드백 내용을 수용하거나 거부할 수 있다.

❹ 렌즈에세이 작성 원리

렌즈는 언제 어디에 처음 쓰였을까? 그 이후로 렌즈는 어디에 쓰이고 있을까?

렌즈에세이란 필자가 전하고 싶은 내용을 독자가 익숙해하는 렌즈로 보여주는 글이다. 렌즈는 원작의 숨은 속성을 가시화하고 시공간을 초월하게 한다(벤야민 1936). 미국 컬럼비아대학교는 렌즈의 이러한 물리적인 속성을 비유적으로 활용하여 렌즈에세이 개념을 창안하였다. 그리고 최근까지 학부생을 대상으로 학술 담론 생성에 필요한 창의성과 이론화 전략을 가르치기 위해서 〈신입생 글쓰기〉 수업의 첫 번째 과제로 렌즈에세이 쓰기 과제를 주었다.

그림 8.6 렌즈에세이 구성 요소

렌즈에세이 쓰기 과제는 사물에 들어 있는 일정한 규칙(법칙)을 발견하고, 발견한 규칙을 새로운 상황에 적용해 문제를 해결하게 만드는 방법지(方法知 know-how) 교육이다. [그림 8.6]에서 A는 B가 들고 있는 렌즈를 통해서 자신이 보고 있는 세계에 대한 생각을 표현한다. 렌즈로 표상되는 이론의 독창성은 다른 지식의 영역에서 유사한 것을 빌려와 적용해 보며, 그것이 새로운 제약 속에서 가능하게 조정함으로써 생긴다.

렌즈에세이에서 렌즈는 관심 주제를 설명할 이론적 틀, 즉 체계이다. 자신의 글에 딱 맞는 렌즈를 찾으려면 국어, 수학, 사회, 과학, 음악, 미술, 체육

등 다양한 교과목에서 배웠던 개념이나 이론, 관점 등을 검토해 보는 것이 좋다. '화학결합'과 '인간관계'처럼 특정 렌즈와 주제의 체계가 너무 유사해서 그 관계를 쉽게 짐작할 수 있으면 완성된 글의 참신성이 그리 높지 않다. 물론 '다이어트 방법'과 '성형수술 심리'처럼 아무리 해도 연관 지을 수 없는 부적절한 관계여서도 안 된다. 이렇게 다양한 분야에서 관심 주제에 적합한 렌즈를 찾는 동안, 이성과 직관을 융합하는 사고력을 기를 수 있다. 21세기의 간학문(間學問, inter-discipline)적 이론 생성에 필요한 다르게 보기 훈련이 될 것이다.

이론은 친숙한 모델로 복잡한 현상을 설명하는 은유법(metaphor)이라 할 수 있다. Niels Bohr는 태양계로부터 원자 구조를 설명할 모형을 떠올렸다. 최근 원자와 전자의 관계가 오비탈(Atomic Orbital) 궤도로 설명되면서 Bohr의 이론은 더 이상 유효하지 않지만 한시적인 이론으로서의 가치는 여전히 남아 있다.

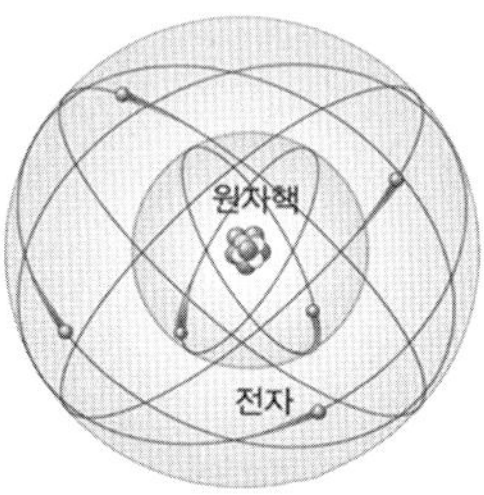

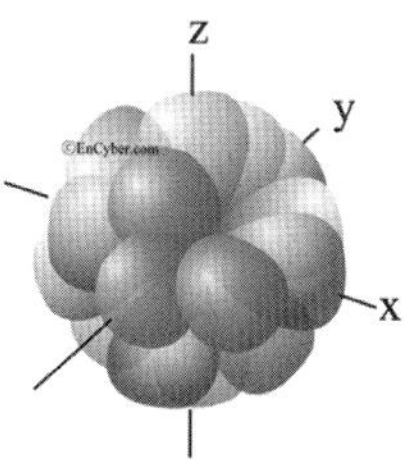

렌즈에세이의 독자는 자신과 지식 수준은 비슷한데 자신이 쓰고자 하는 주제에 대해서 깊이 생각해 본 적은 없고, 하지만 알고 싶어하는 사람으로 정한다. 자신과 같은 담화 공동체에 속해 있는 독자를 대상으로 할 때 좀 더 설득적인 글을 쓸 수 있다. 독자의 배경지식이나 관심 분야를 알아야 독자가 익숙해하는 렌즈를 고를 수 있기 때문이다. 학문 분야에 따라서 지식을 설명하는 은유가 다른 것을 보면(Kleine, 1990: 80) 배경지식이 같다는 점이 독자를 설득하는 데 얼마나 중요한 조건인지 알 수 있다.

다음 지식에 대한 은유는 어느 학문 분야에서 통용되는 것인지 〈보기〉에서 골라 써 넣어 보자.

〈보기〉

경제학자　　물리학자　　생물학자　　수학자　　시스템공학자

① ________ 원소 vs 입자　　② ________ 부분집합 vs 벡터
③ ________ 공생 vs 생식력　　④ ________ 시장 논리
⑤ ________ 피드백 vs 인공두뇌 방식

렌즈는 A : B = a : b의 관계처럼 유사(analog) 관계를 보이기 위한 체계로서, 맨눈으로는 볼 수 없는, 사물의 숨은 관계를 드러내는 기능을 한다. 그래서 사물, 개념, 이론, 서사(敍事) 등 규칙이나 체계가 있는 것은 뭐든지 렌즈 에세이의 렌즈로 기능할 수 있다.

1) 사물

사물을 렌즈로 사용할 때에는 특정 사건이나 물체가 글의 화제와 형태적 유사성을 공유하고 있어야 한다. 일찍이 독일의 음악가 Hauptmann(1792~1868)은 대규모 도입 합창과 레치타티보 및 아리아, 코랄로 이어지는 Bach의 Cantatas 구조를 기관차, 객차, ________로 이어지는 ________에 비유했었다.

Bebecom, 뇌의 언어 처리 영역을 컴퓨터 폴더에 비유[52]

인간의 뇌가 언어를 처리하는 기능을 좀 더 쉽게 설명하기 위해 컴퓨터로 비유를 들어보자. 파일을 열려고 할 때 여러 폴더에 저장해 놓은 것을 열려면 시간이

53 언어 표현에 관여하는 브로카 영역의 반응 차이에 대한 연구 결과를 근거로, 태교 영어 교육 사이트인 Bebecom은 12세 이전에 영어를 교육해야 능숙한 이중언어 구사자가 될 수 있다고 주장한다. (http://0to3.bebecom.co.kr/bebe/bebecom/dualword/re_language_learning_brain_develop.jsp)

걸리고 능률도 떨어진다. 하지만 한 폴더에 저장해 놓은 것을 꺼내기는 쉬운 일이다. 뇌의 언어 처리도 이와 같다. 뇌는 제2 외국어를 언제 배우느냐에 따라 저장된 영역이 확연히 구분된다. 어렸을 때 영어를 배운 아이들은 발음도 원어민 같고 술술 대화를 하는 반면, 나중에 배운 아이들은 발음도 딱딱하고, 영어 인사말 하나 말하기도 힘들어 하는 이유를 뇌 과학이 증명하고 있다.

아래 예문에서는 독자에게 익숙한 자동차 운전에 비교해 가며 컴퓨터를 친숙하게 소개하고 있다. 첫 문장에 소개된 필자의 주장은, 이어지는 문장들에서 'A(주제)는 B(렌즈)처럼 생각하면 된다. … 이와 마찬가지로, … 실제로는 훨씬 더 … 우선 … 더구나 … 요컨대'와 같은 담화 표지들이 주장을 효과적으로 뒷받침함으로써, 주제 구조의 일관성을 확보하였다.

컴퓨터는 우리가 우려하는 것만큼 접근하기 어려운 대상이 아니다. … **컴퓨터 사용은 자동차 운전처럼 생각하면 된다**. 우리는 자동차의 부속품 하나하나에 대하여 전혀 알지 못하면서도 운전을 하면서 생활에 적절히 활용할 수 있다. **이와 마찬가지로** 우리는 컴퓨터 부속품 개개의 기능을 잘 알지 못하면서도 일상생활이나 연구 활동에 효율적으로 사용할 수 있다. … **실제로는 훨씬 더** 수월하다. **우선** 배우는 과정이 더욱 간편하다. 컴퓨터를 배우기 위해서는 자동차 학원에서의 운전 연습, 면허 시험, 그리고 조심스런 도로 주행 연습 등의 까다로운 과정을 거치지 않아도 되는 것이다. **더구나** 컴퓨터의 사용은 자동차 운전처럼 교통사고와 같은 공포를 의식하지 않아도 된다. … **요컨대**, 컴퓨터에 접근하는 가장 빠른 길은 컴퓨터에 대한 잘못된 인식이나 필요 없는 두려움을 불식시키는 일이다.

– 홍윤표, 〈컴퓨터 입문에서 활용까지〉

☑ **다음 글의 화제와 렌즈를 찾아 그 관계를 한 문장으로 요약해 보자.**

[1] ________은/는 ________ 안에서 ________처럼 __________다.

개인은 잠자고 아프고 바캉스를 즐기기 때문에 그 사유에 결함이 있다고 한다면 **지식 집단**은 결코 멈추지 않는다. 한 정신이 잠 속으로 미끄러져 들어갈 때, 수많은 다른 정신들이 밤을 새우며 교대한다. 그리하여 가상세계는 불이 꺼지지 않고 살아 있는 지성들의 불꽃으로 활기를 띤다. 수천 개의 간헐적인 빛을 결합하여 언제나 빛나는 집단적 빛을 얻어내는 것이다.

그것은 단순히 **정신**이 순번에 따라 보초를 서는 것이나 진부하게 의식들을 합산하는 것이 아니라 진짜 **집단지성**을 가리킨다. 사실, 내가 잠잘 때에도 **내 천사**는 계속해서 가상세계에서 활동한다. 내 천사란 **나의 기억, 지식, 인터넷 서핑, 배우려는 욕망, 갖가지 관심, 그리고 사유 공동체 다른 구성원과의 관계에 내가 주고자 했던 표현**을 가리킨다. 이 천사, 즉 **나의 디지털 使者(digital messenger)**는 그 자체가 다른 모든 사자들의 표현이기도 한 가상세계에 끊임없이 정보를 제공하고 방향을 제시하는 한편, 그것을 평가하는 데 일익을 담당한다. 따라서 사유 공동체의 한 구성원이 천사의 육체를 하고 나타날 때, 그는 어둠 속에서 빛을 발하는 것으로 만족하지 않는다. 그는 개인적 지성들의 잠재적 결합이 만들어내는, 다양하고 각양각색이며 긴장이 흐르는 지적 풍경 속에 즉시 자리 잡는다. **그는 의사소통, 부름, 응답의 공간에 들어선다.** 그리하여 그는 공유된 의미 작용, 공동의 문제, 맞서야 할 상황들의 세계 안에서 살게 된다.

[2] ________은/는 ________처럼 __________는 역할을 한다.

경제위기 국면에서 스포트라이트를 받고 있는 미국 은행에는 어떤 비유가 적당할까. 일반적으로 **은행**은 경제의 (　　)으로 비유된다. 경제가 움직이도록 조직과 세포에 **혈액을 공급하는 역할**을 하기 때문이다. 물론 혈액은 돈이다. 미국 정부가 고장 난 은행 산업에 천문학적 돈을 투입하는 이유는 (　　)을 멈추게 할 수 없어서다. 현재 미국 경제는 심장 수술을 받고 있다고 봐도 된다.

안치용(2009), 〈트렌치 이코노믹스〉

[3] ______________ 은/는 ______________ 처럼 __________________ 다.

실시간 민주주의는 가장 풍요로운 '우리'를 이루는 것을 목표로 하는데, 그 음악적 모델은 즉흥 **다성 합창**이다. 개인에게 이 **훈련**은 특히 까다롭다. 각자는 동시에 1) 다른 단원의 목소리를 들어야 하고 2) 다르게 불러야 하며 3) 자신과 타자의 목소리 사이에서 조화로운 공존을 찾아 전체적인 효과를 개선시켜야 하기 때문이다. 그러기 위해서 각자는 너무 큰 목소리로 이웃의 목소리를 죽이거나 입을 다물거나 또는 따라 부르는, 세 가지 '해로운 요인'을 지양해야 한다. 교향악의 윤리에서 우리는 세련된 대화, 예의, 처세의 규칙을 발견한다. 소리 지르지 않기, 남의 말 들어주기, 남들이 방금 말한 것을 반복하지 않기, 남들의 질문에 대답하기, 대화 상대를 고려하여 적절히 흥미를 보이려 노력하기 등이 그 규칙의 몇몇 예이다. **사이버 공간의 직접 민주주의는** 컴퓨터의 도움을 받아 그러한 **예절**을 실행할 것이다.

2) 개념

개념을 렌즈로 사용할 때에는 특정 개념어와 화제 사이에 의미적 개연성이 있어야 한다. "지식 집단은 각 주주가 자신의 ________, 인터넷 서핑, 배우고 가르치는 능력 등을 자본으로 출자하는 일종의 주식회사"라는 문장에서 '지식 집단'과 '주식회사'의 관계처럼 말이다.

Nicholas Fearn, 디지털 게임과 양자역학 비교

게임이 세계에서 우주는 완전히 프로그램된 것이 아니다. 그저 가운데 나 있는 길을 따라갈 뿐, 밖으로는 나갈 수 없다. 별이나 나무는 검은 자국일 뿐 가까이서 볼 수 있는 게임의 일부가 아니다. 게임을 위한 완전한 실재는 불필요하다. 이것은 **양자역학의 불확정성원리**, 상보성(complementarity)과 연계되는 개념이다. 입자의 위치와 속도를 동시에 측정할 수 없다. 측정 순간 하나의 속성이 창조되면서 다른 하나는 버려진다. 측정 전 입자는 둘 중 하나가 될 가능성의 상태이다. …

신은 게으르고, 우리의 두뇌를 낮게 평가한 프로그래머이다. 신은 우리가 원자의 분석에만 도달할 뿐, 원자의 내부 구조를 들여다 볼 거라고는 생각하지 못한 것이다. 따라서 원자 내부를 프로그래밍하기 위해 왜 시간을 낭비하겠는가?

임민욱, 홍세화(2012: 143), 〈임박한 파국〉

대체재와 보완재

대체재: 서로 대신 쓸 수 있는 관계에 있는 두 가지 재화, 소고기와 돼지고기, 버터와 마가린처럼 한 쪽이 부족하면 다른 것으로 대리만족할 수 있는 것

보완재: 서로 보완 관계에 있는 재화, 자동차와 휘발유처럼 각기 다른 기능을 지녔으나 변화의 추이가 정적으로 연관되는 것

소고기를 독점한 업체가 돼지고기까지 독점하면 시장에서 욕을 먹을 것이다. 하이트 맥주는 진로 소주를 인수하면서 독과점 논란에 휩싸였는데, 이 회사는 소주와 맥주는 **대체재**가 아니라 **보완재**라고 주장했다. 대체재인가 보완재인가, 판단은 소비자에게 맡긴다.

이강룡(2013: 45), 〈디지털 시대의 글쓰기〉

3) 이론

이론을 렌즈로 사용하면 문제의 해결 방법이나 현상의 숨은 원리를 창의적으로 논리화할 수 있다. 학생식당의 혼잡 문제를 수요공급곡선으로 설명하거나, 가속도의 법칙(F=ma)으로 사랑의 시작 단계를 설명할 수도 있고, 만유인력의 법칙($F=G\frac{m^2m^2}{r^2}$)으로 남녀 간 사랑 공식을 세울 수도 있다.

애덤스미스의 노동 분업론

우리가 식사할 수 있는 것은 정육점, 양조장, 빵집 주인의 자비심 때문이 아니라 **자기 자신의 이익에 대한 그들의 관심** 때문이다. 우리는 인간성에 호소하지 않고 이기심에 호소하며, 우리 자신의 필요가 아니라 그들의 이익을 이야기하며 접근해야 한다.

Adam Smith(1776), 〈국부론〉

하이에크의 지식 분업론

지식의 진보도 시장과 마찬가지로 경쟁의 산물이다. **보이지 않는 손**을 이끄는 원동력은 바로 **보상을 바라는 야망이 펼치는 경쟁심**이다. 게임 참가자의 야망을 사회적인 면에서 적절히 생산적인 방향으로 돌릴 수 있는 규칙이 필요하다.

F. A. Hayek(1944), 〈The Road to Serfdom〉

다윈의 적자생존 학설

자연의 손이 내어준 조건 위에서 사소하지만 유용한 변이를 계속 축적함으로써, 우리 인간의 선택에 따라 엄청난 결과물을 만들어낼 수 있으며 용도에 맞게 유기물을 개조할 수 있다는 것을 우리는 목격했다. 하지만 인간의 예술 작품이 아무리 뛰어나다 해도 자연의 작품을 따라 가지 못하듯이, **자연선택**은 … 인간의 미약한 노력과는 비교할 수 없을 정도로 뛰어나다.

〈종의 기원 2장〉

자석은 서로 **끌어당기거나 밀쳐낸다**. 중력은 행성들이 궤도에서 이탈하지 않도록 **잡아준다**. 물은 알아서 수위를 **맞춘다**. 이와 같이 대기업의 성장은 적자생존의 문제일 뿐이다. … 일찍 자라는 작은 꽃봉오리를 따주지 않으면 아름다운 장미는 탄생하지 않는다. 이것은 기업 세계만의 사악한 경향이 아니다. 자연의 법칙과 신의 법칙을 우리는 그대로 실행하는 것일 뿐이다. "다윈이 옳다. 적자만 살아남는다. 특히 경기 침체의 구덩이 속에서 **치고받고 싸우는** 노쇠한 자산 기업에게는 더욱 그러하다."

〈Wall Street Journal, 1999. 8. 20〉

지젝, 돈의 지배 양식을 라캉의 RSI 삼항조(real, symbolic, imaginary world)로 설명

- 황금의 '실재적' 가치: 금이 돈의 실재로 기능한다.
- 화폐의 '상징적' 가치: 종이는 가치의 상징, 그 자체는 아무 가치가 없다.
- 매체 상 '상상적' 가치: 실재 현금 없이도 가상적으로 거래되거나 회계 장부에 적힌다.

4) 서사

잘 알려진 서사를 인용하는 방법으로 글의 부분이나 전체를 구조화할 수 있다. 도입부에 독자에게 낯설지 않은 이야기를 소개하고 그 내용 전개 구조에 맞춰 자신의 논점을 타당화하면 독자의 예상에 들어맞는 글의 흐름이 생겨서 전체 구조를 안정시키게 된다.

- 마이더스 왕이 손에 잡은 모든 것을 어김없이 황금으로 변화시키듯, ______는 자신의 회로 속으로 끌어들인 모든 것을 상품으로 변환한다. 따라서 밀, 가죽, 양모 등 셀 수 없이 많은 물건, 사물의 축적, 폐기물, 쓰레기장 등이 모두 상품이 된다.

- 1841년 독일의 경제학자 프리드리히 리스트는, 영국이 자신들은 높은 관세와 광범위한 보조금을 통해서 경제적 패권을 장악해 놓고서 정작 다른 나라에게는 자유 무역을 권장하고 있다고 질타했다. 그는 **영국이 세계 최고의 경제적 지위에 도달하기 위해 스스로 타고 올라간 '사다리를 걷어차 버렸다'**고 비난하면서 "정상의 자리에 도달한 사람이 다른 사람들이 뒤따라 올 수 없도록 자신이 타고 올라간 사다리를 걷어 차 버리는 것은 아주 흔히 쓰이는 **영리한 방책"이라고 꼬집었다.**

(장하준, 2007, 『나쁜 사마리아인들』).

한·중·일, 맨 처음 게를 먹었던 용기가 필요하다

중국의 전 국가주석 딸인 리샤오린은 4월 방일 동안 중·일 우호 회복을 역설하며 "게를 맨 처음 먹는 데는 용기가 필요했다"는 루쉰의 말을 인용했다.

중국 고대 우(禹) 임금은, 밭고랑에 구멍을 내고 사람을 무는, 추하게 생긴 게를 없애기 위해 '파해'를 파견했다. 그는 고랑에 끓는 물을 붓고 게를 유인해 일망타진했다. 그런데 죽은 게의 몸이 빨갛게 변하며 향긋한 냄새를 풍겼다. 파해가 먹어보니 맛이 일품이었다. … 이처럼 중·일 관계를 회복하려는 이 또한 용기가 필요하다는 것이다.

박근혜 정부의 한·일관계가 일본 지도자들의 그릇된 역사관으로 출발부터 꼬이고 있다. 윤병세 외교부 장관도 방일을 취소했다. 정부 차원의 대응은 단호해야 마땅하다. 그러나 한편으로는 맨 처음 게를 먹는 용기를 가진 이들도 나와야 할 것이다. 일본의 일부 우익 정치인과 일본의 양심을 구분해 대처하는 지혜가 필요하다. 세월이 약이라지만 때론 시간이 해결의 열쇠가 되지 않을 수도 있다.

(유상철, 2013년 5월 1일 중앙일보 28면)

밑줄 친 부분을 보면 중국의 고사를 인용한 사람과 그 맥락, 해당 고사를 설명한 뒤 원래 인용자의 취지를 밝히고 나서, 자신의 논점에 맞게 적용하고 속담을 인용해 주장을 강조하는 일관된 구조를 읽을 수 있다.

특정 장르를 다음과 같이 수사적으로 이용해서 내용을 전달할 수도 있다.

지식요리법

목적의식 두 스푼을 수집된 자료(Data)에 집어넣어서 따뜻한 관심과 애정의 물을 붓고 문제의식 한 스푼을 집어넣어 구조화된 정보(Information)를 만들고 다시 여기에 집요함 두 숟갈을 집어넣어 반죽을 한 다음 고통 체험과 깨달음의 양념을 추가시켜 지식(Knowledge)을 만든다. 이렇게 탄생한 지식을 커다란 용기 한 그릇과 열정과 헌신이라는 불꽃으로 끓인 다음 사랑과 옳음이라는 촉매제를 집어넣어서 육감과 혜안을 가져오는 지혜(Wisdom)를 잉태시킨다. 여기서 지식 디자이너는 지식을 맛있게 만드는 요리사다.

〈"이러닝 최석화 선략 세미나" 한양대학교 유영만 교수 발표 자료 중에서, 2012〉

❺ 마인드맵(mind-map) 그리기

1) 독자와 공유하는 담화 공동체의 활동 체계(activity system)를 분석한다.

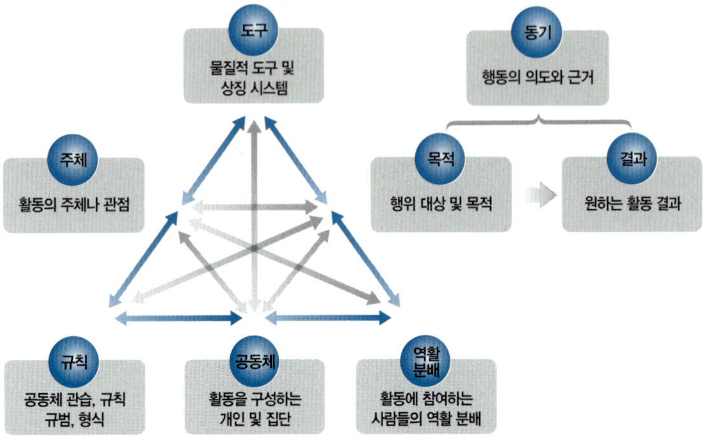

① 글을 쓰는 목적:

- 개념 문제: 독자가 어떤 개념을, 왜 이해하기 바라는가.
- 실용 문제: 독자가 어떤 행동을, 왜 하기 바라는가.

② 공동체의 기대:

③ 화제 및 주장:

④ 도구로 쓸 렌즈:

⑤ 장르 형식:

⑥ 수행 일정:

2) 브레인스토밍(brain-storming)으로 주제를 찾는다.

- 화제와 관련된 주제를 생각나는 대로 나열
- 화제에 대한 여러 관점의 주장 문장 작성
- 최종 주장을 한 문장으로 정리

3) 주제 관련 질문을 다각도로 만들고 대답해 보면서 글의 핵심 어휘를 찾아본다.

SWOT, 무엇을, 왜, 어떻게, …

원인, 결과, 반응, 영향, 전망, 비교, 대조, …

4) 핵심어(key word)를 5개 이상 나열한 뒤 순서대로 문장을 만들어서 문장형 개요를 세운다.

도입	• • •
본문	• • • •
마무리	• • •

4) 동료가 작성한 개요의 구조별 내용을 보고 다음 평가 기준에 따라 조언해 준다.

평가 기준	구조			
각 단락의 목적이 분명한가? 주제 문장의 전개가 논리적인가?	도입			
	본문			
	마무리			

칭찬	
조언	

6 렌즈에세이 예시

유학생을 보는 렌즈

건축공학과 임＊＊

별을 제대로 보려면 망원경이 필요하고, 세포를 제대로 보려면 현미경이 필요하다. 망원경을 쓰려면 실외에서 써야 하고, 현미경을 쓰려면 실내에서 써야 한다.

이렇듯 모든 현상을 대할 때는 관찰 대상과 관찰자의 상황에 맞는 제각각의 렌즈를 끼고 봐야 한다. 하지만 교수는 관찰 대상의 상황은 보지 않고 관찰자의 상황만 고려한 렌즈로 학생을 판단한다.

한국 학생은 한국이라는 똑같은 환경에서 성장한 교수들한테 수업을 듣는다. 이 경우에는 교수에게 특별한 렌즈가 필요하지 않다. 하지만 입학을 할 때도 외국인 전형으로 들어온 유학생은 사정이 다르다. 전혀 다른 환경으로 공부를 하러 와서 적응을 하는 것이다. 그렇기 때문에 교수는 한국 학생을 대할 때와는 다른 렌즈를 끼고 유학생을 대해야 한다. 하지만 교수는 그렇게 하지 않고 다 똑같은 렌즈로 학생을 평가한다.

한국 학생과 유학생이 같이 듣는 수업에서는 절대 평가 제도가 필요하다고 생각한다. 물론 전공과목은 서로 경쟁하고 더 잘 할 수 있도록 하는 것이 목적이기에 상대평가를 하는 것이 맞다. 하지만 학생이 교양으로 배우고 싶어 하는 과목들은 pass or fail 제도로 해야 한다. 그런데 대부분의 학교에서는 수업 종류에 상관없이 무조건 상대평가를 한다. 상대적으로 한국어가 약하기 때문에 이해력이 부족한 유학생한테는 불리한 시스템이다.

유학생이 학교 수업을 못 따라 가는 것은 어쩌면 당연하다. 자라온 환경도 다르고 쓰는 언어도 다른데 한국 학생처럼 하라는 것은 지나친 기대이다. 말이 안 통하기 때문에 친구를 사귀는 데에도 어려움이 많다. 한국 학생도 서로 잘 맞고 말이 통하는 친구와 사귀기를 원한다. 그래서 유학생은 유학생끼리 뭉치게 되어 있다. 그러다 보니 유학생들은 교수가 내주는 과제를 잘 이해하지 못하고 과제를 하는 데에 많은 어려움을 겪는다. 과제가 적은 것도 아니고, 수업이 한 수업만 있는 것도 아니기 때문에 유학생에게는 과제가 언제나 밀려 있다. 따라서 교수들은 전체적으로 과제를 좀 줄여줘야 한다.

결론적으로 해결책은 세 가지다. 첫째, 교수는 한국 학생과 유학생을 같은 렌즈로 평가하면 안 된다. 교수는 21세기 교실 내 구성원의 학습 배경이 상이함을 고려해야 한다. 둘째, 유학생은 자신이 노력한 만큼 점수를 받고 싶어하므로 상대평가가 아닌 절대평가나 pass or fail 제도를 선호한다. 이 제도는 한국 학생들도 바라는 바다. 마지막으로, 과제를 줄여야 한다. 아무리 과제가 학습에 효과적이더라도 너무 많으면 오히려 역효과를 낼 수 있다. 학생들이 과제로 무엇을 했는지 기억을 못하는 경우가 대부분이기 때문이다. 이 세 가지 해결책이 실행된다면 유학생은 장차 더 나은 대학 생활을 할 수 있을 것이다.

300년 전 규중칠우들, 가전칠우로 다시 태어나다

고등학교 고전 시간에 「규중칠우쟁론기」에 대해 들었던 것이 기억난다. 이것은 지금으로부터 약 300년 전 조선의 한 규방에서 주인마님의 바느질에 동원되는 일곱 가지 도구들의 논쟁을 묘사한 글이다. 당시 마님이 옷을 하나 만드는 데 동원되는 일곱 가지 도구는 철부인(자), 교두각시(가위), 세요각시(바늘), 청홍각시(실), 인화부인(인두), 울낭자(다리미), 감토할미(골무)였다. 이것들이 마님이 잠든 사이 서로가 더 중요한 역할을 하고 있노라며 논쟁을 벌이는 장면부터 시작된다. 모두가 자기가 없으면 한 벌의 옷이 어떻게 만들어지겠느냐며 싸우고 있는데 마님이 깨어나 그 다투는 모습을 보고 나무라니 가장 나이 많은 감토할미가 결국 마님께 사과해 사건을 수습한다는 얘기다.

이제 그로부터 300년이 지난 요즈음 필자는 규중칠우 대신 가전칠우가 싸우는 모습을 가끔 상상한다. 문명의 발전과 더불어 우리 거실에는 규중칠우 대신에 PC, TV, 냉장고, 세탁기, 전기밥솥, 에어컨, 게임기가 버티고 앉아 서로 다투게 되었다. "내가 없다면 우리 마님이 꼭두새벽에 일어나 밥 짓는 데 한 시간이나 걸릴 텐데", "저녁마다 빨래하고 말리는 데 몸을 뒤틀고 휘감느라 얼마나 어지러운지나 알아?", "아니야, 3만 6천 킬로미터 위성에서 보내온 개미 목소리보다 작은 신호를 귀 쫑긋 세우고 겨우겨우 알아들어 온 가족이 즐길 수 있도록 확대하여 TV를 보게 해 주는 나는 뭐 그냥 노는 줄 알아?", "온 가족이 외출한 동안 눅눅하고 습한 공기를 모조리 들이켜 목구멍 필터로 걸러서 청량하게 내뱉는 내 폐는 죽을 지경이라구" 하며 싸우는 것이다.

한편 PC는 저들의 싸움을 못 들은 척하며 오늘도 주인마님과 더불어 뉴욕 주식거래소, 영국 대영박물관, 시드니의 관광 명소를 돌아다니며 보고 들은 것들을 정리한 뒤 뿌듯한 마음으로 하루를 마무리하고 있다. 그러면서 PC는 "마님, ADSL, VDSL에서 FTTH로 바뀌니 뉴욕에 가는 시간이 11시간에서 6시간으로, 이제 5분으로 단축되어 너무 기뻐요. 내일은 퇴근 후 헐리우드에 가서 영화 2편 어때요?"라는 말로 마님의 사랑을 한몸에 받고 있다.

PC의 염장 지르는 소리에 나머지 가전칠우들이 격렬히 항의하는 바람에 거실에서 한바탕 소동이 일어난다. 이들이 태업을 하거나 파업을 하면 마님에게도 큰일이 아닐 수 없다는 걸 잘 알기에 수습책을 서로 논하게 되었는데 그 요지는 우리 모두 다 PC처럼 바깥세상 구경할 수 있게 비자(VISA)를 발급해 달라는 것이다.

듣고 보니 나름 열심히 역할을 하는데 태어나서 죽을 때까지 바깥세상 한번 못 보게 하고 부려 먹기만 했으니 미안한 마음을 금할 수가 없다. 그러나 PC는 워낙 영특하고 영어도 잘 하므로 비자 발급을 받아 인터넷을 통해 전 세계를 누리는 데 문제가 없으나 나머지 것들은 단순 노동자에 불과하여 비자 발급이 쉽지가 않다. 집안 거실에까지 닿아 있는 인터넷 모뎀(플랫폼)을 통해 PC는 자유로이 바깥세상을 출입할 수 있었으나 나머지 가전들은 자기들만의 간단한 언어로 거실 안에서만 살아왔기 때문에 설사 비자를 내주더라도 언어 문제도 해결되지 않고 현실 적응력도 떨어져 곤란한 일이 한두 가지가 아니다.

마님은 가전칠우들을 불러 모아 이 점을 설명하고 비자 발급을 포기시키려 했으나 이들은 막무가내다. 그래서 마님은 PC로 하여금 이들이 바깥세상을 여행할 때 통역을 대신해 줄 수 없겠느냐고 제안하였고 PC는 기꺼이 돕겠다고 약속하였다. 그날 밤 PC는 가전칠우들을 모아놓고 그들이 언어를 영어로 표현하는 방법을 연습하도록 했다. PC 안에 자그마한 통역 방을 마련해 주고 그것이 인터넷을 통해 넓은 세상을 경험하도록 하는 관문(Home gateway)이라고 이름을 붙여 주었다.

이제 주인마님은 바깥에서도 인터넷으로 집안의 PC를 통해 가전칠우를 깨워 일을 시킬 수 있게 되었기에 너무 기뻤다. 퇴근 30분 전에 전기밥솥을 깨워 전원을 켜도록 하니 아침에 넣어 둔 쌀이 집에 도착한 즉시 김이 모락모락 나는 밥으로 변해 있었다. 더운 여름에는 에어컨 온도를 지정하여 인터넷을 통해 작동하니 집에 도착하면 시원하게 지낼 수 있었다. TV도 집이 비어 있는 동안 헐리우드 영화를 2편이나 저장해 두고 마님이 오기만을 기다리고 있었다. PC는 본연의 역할 이외에 여섯 친구들이 인터넷을 타고 시도 때도 없이 바깥세상을 드나들 때마다 통역을 해 주느라 낮잠 잘 여유도 없이 바빴지만 나름대로 보람 있는 일이라고 자위하며 잘 지내기로 하였다.

한편 PC는 1년에 한 번씩 건강진단을 받을 겸 인텔(Intel) 병원을 방문하곤 했는데 지난 10년간 받은 처방이 386, 486, 586 등 수없이 많아서 날로 신체가 건강하게 쑥쑥 자라났다. 마이크로소프트사가 제공한 다양한 교육을 받아서 지능지수와 할 수 있는 기능이 날이 갈수록 늘어나니까 주인마님이 오히려 따라가기 힘들 지경이 되었다. 최근에는 와이파이(Wifi), 와이브로(WiBro)라는 액세서리를 팔에 걸치게 되어 움직이면서도 인터넷과 소통하는 신무기를 갖추게 되었다. 이처럼 움직이는 동안에도 세상과 연결되는 기능이 추가되자 나머지 가전칠우들이 자기네들도 이제 PC 도움 없이 인터넷 세상을 여행하겠다고 아우성치면서 비자 발급과 영어 공부에 열심히 매진하였다.

그동안 PC를 비롯한 컴퓨터 칩 개발에만 열을 올려왔던 인텔사는 가전칠우의 열심히 공부하는 모습을 보고 고무되어 가전용품 전용의 두뇌에 해당하는 성능 좋은 컴퓨터 칩을 생산하겠다고 선언한 후 올로(Olo)라는 이름의 칩을 생산하기에 이르렀다. 이제 가전칠우들은 조만간 PC 도움 없이도 스스로 인터넷 세상을 여행할 수 있는 날을 손꼽아 기다리는 중이다.

TV는 항상 KBS, MBC, SBS, EBS밖에 보여줄 수 없었는데 이제 미국의 CNN은 물론 스페인의 마드리드방송에서 중계하는 투우 장면, 필리핀의 마닐라방송에서 중계하는 루손섬의 화산 폭발 중계 장면 등 모든 나라의 방송국을 직접 방문하면서 더 많은 콘텐츠를 보여주는 꿈을 꾸었다. 이 모든 것을 가지고 가서 우리 마님께 보여드리면 얼마나 사랑받을 수 있을까. 더 많은 비자를 발급받아 더 많은 나라를 방문할 수 있도록 열심히 공부해야겠다고 생각하며 단잠을 자고 있었다. 이 세상의 모든 방송 콘텐츠를 마우스 클릭 한 번으로 내 화면까지 끄집어올 그날을 꿈꾸면서.

냉장고도 그날 밤 행복한 꿈을 꾸었다. 인텔사가 만들어 준 올로라는 칩을 달고 인터넷 세상으로 직접 뛰어 들어가 백화점의 식품 코너를 신나게 돌았다. 오늘 가장 싱싱하고 저렴한 저녁거리를 조사해 주인마님께 알려 드리고 요리 전문 학원에 들러 요즘 가장 인기 있는 요리 방법을 배워오고 냉장실에 있는 우유의 유통기한이 임박했다는 것도 미리 알려줄 수 있게 되었다. 소믈리에 기능도 가능하다고 하니 온종일 방에 갇혀 있던 시절에는 상상할 수 없는 기쁨이었다.

윤종록(2009), 『호모디지쿠스로 진화하라』, 생각의나무, 101~105쪽.

확인질문

Chapter 08

이 장에서는 글쓰기 전 점검 사항과 창의적 에세이 쓰기 방법을 살펴보았습니다. 필자로서의 쓰기 태도 확인과 평가 준거 협의는 본격적으로 쓰기 수업을 시작하기 전에 점검되어야 할 사항입니다. 그리고 창의적 에세이의 한 갈래인 렌즈에세이는 융합 학문적 사고를 촉진하기 위한 쓰기 장르입니다. 다음 문제를 풀면서 본문의 중심 내용을 정리하고 쓰기 과제를 통한 창의성 신장 방법에 대해서 생각해 봅시다.

1. 본문 이해

❶ [표 8.2]에서 알아보려고 하는 필자의 쓰기 태도를 크게 둘로 나눈다면 어떻게 구분할 수 있겠습니까?

❷ [표 8.3]의 평가 준거를 창의적인 글이나 논증적인 글을 평가하는 데 똑같이 적용할 수 있다고 생각합니까? 왜 그렇게 생각하는지 근거를 들어 설명하십시오.

❸ 4P 쓰기 수업 모형의 세부 절차를 정리하십시오.

❹ 렌즈에세이에서 사용할 수 있는 렌즈의 4개 범주는 무엇입니까?

2. 수행 과제

❶ 소속 공동체에서 현재 가장 불편하다고 느끼는 문제는 무엇입니까?

❷ 이 문제를 해결할 수 있는 최고 책임자는 누구입니까?

❸ 그 독자를 설득하기 위해 필요한 글의 장르, 참고 자료, 전달 매체 등을 생각해 봅시다.

3. 더 생각해 볼 거리

자신이 속한 공동체의 지배적인 담론들을 비판적으로 분석하고 현실의 문제를 효과적으로 개선할 수 있도록 독자를 설득하는 글을 써 봅시다.

참고문헌

제0장

교육과학기술부(2010), 『창의와 배려의 조화를 통한 인재 육성, 창의·인성교육 기본방안』, 서울: 교육과학기술부.

김효근, 나미자, 최명희, 이미옥, 이경연, 강영철, 이봉호, 이동주, 정혁훈, 황인혁(1999), 「지식국가 실현을 위한 정보지식인 육성 및 활용방안에 관한 연구」, 매일경제연구소..

박정자(1989), 지식인의 소멸–마르크시즘에서 마오이즘에 이르기까지, 『사르트르의 문학적 세계』(김치수, 김현 편), 서울: 문학과 지성사.

빌헬름 딜타이(2012), 손승남 역, 『고대 그리스와 로마의 교육』, 지만지.

손승남(2011), 『인문교양교육의 원형과 변용』, 교육과학사.

이동후(2011), 「제3의 구술성: '뉴 뉴미디어' 시대의 커뮤니케이션 양식」, 이재현 엮음, 『컨버전스와 다중미디어 이용』, 서울대학교 언론정보연구소.

이재현(2013), 『뉴미디어 이론』, 서울: 커뮤니케이션북스.

임종수(2011), 「수용자의 탄생과 경험: 독자, 청취자, 시청자 – 다중 미디어 시대의 개막에 관한 시론적 연구」, 이재현 엮음, 『컨버전스와 다중미디어 이용』, 서울대학교 언론정보연구소.

장하준(2007), 『나쁜 사마리아인들–장하준의 경제학 파노라마』, 서울: 부키. 찰스 리드비터 지음, 이순희 옮김(2009), 『집단지성이란 무엇인가』, 21세기북스.

정영근(1998), 「훔볼트의 교육의 개념 – 인격도야로서의 교육」, 『연세교육연구』 제11권 1호, 52~73쪽.

지은림, 이윤선, 도승이(2014), 「인성측정도구 개발 및 타당화」, 『윤리교육연구』 제35집, 한국윤리교육학회, 151~174쪽.

최준환, 박춘성, 연남경, 민영경, 이은아, 정원선, 서지연, 차대길, 허준영, 임청묵(2009), 「인성교육의 문제점 및 창의·인성교육의 이론적 고찰」, 『창의력 연구』9권 2호, 89~112쪽.

케서린 헤일스 지음, 허진 옮김(2013), 『우리는 어떻게 포스트휴먼이 되었는가』, 열린책들.

Bizzell & Patricia(1992), *Academic Discourse and Critical Consciousness*, University of Pittsburgh Press.

Bukatman, Scott(1993), *Terminal Identity: The Virtual Subject in Postmodern Science Fiction,* Durham: Duke University Press, p. 9.

Fish, S.(1980), *Is their a test in this class? The authority of interpretive communities*, Cambridge, MA: Harvard University Press.

Hayles, N, Katherine (1999), How we became posthuman, University of Chicago Press. 18쪽.

Hutchins, Edwin(1995), *Cognition in the Wild,* Cambridge: MIT Press.

Massumi, B.(2002), *Parables for the virtual: Movement, affect, sensation*, Durham, NC: Duke University Press.

McLuhan, Marshall(1964), 'Understanding Media', *The Extensions of Man* (New York: McGraw Hill.

McLuhan, Marshall, Powers, R. Bruce(1989), *The global village: transformations in world life and media in the 21st century*, New York: Oxford University Press.

Robinson, J. P., Barth, K., & Kohut, A.(1997), Social impact research: Personal computer, mass media, and use of time, Social Science Computer Review, 15(1), pp. 65~82.

Vaidhyanathan, Siva(2004), *The anarchist in the library: How the clash between freedom and control is hacking the real world and crashing the system*, New York: Basic Books.

제1장

한국대학교육협의회 중앙상담교사단(2006), 『논술 길라잡이』, 한국대학교육협의회.

원진숙(2007), 논술 개념의 다층성과 대입 통합 교과 논술 시험에 관한 비판적 고찰, 국어교육 122권, 한국어교육학회.

김준기(2011), 통합 논술과 인재 선발과의 상관성 고찰, 새국어교육 88, 31-55쪽.

강버들, 박종운(2013), 고등학교 통합교과형 논술교육에 대한 실태와 교사의 인식, 수산해양교육연구 25(5), 1110-1122쪽.

원진숙(1998), 논술 능력 평가 기준과 논술 교육의 방향, 고려대학교 한국어문교육연구소 논문집, 93-123쪽.

원만희, 김명석, 김성희, 김규희, 윤상철, 배식한, 김수겸, 소빈(2014), 논술: 비판적 사고에 기반한 텍스트 읽기와 쓰기, 교육부·대구광역시 교육청.

김중신(2007), 국어교육과 통합 교과 논술의 방향, 국어교육학연구 제29집, 국어교육학회.

김경주(2008), 국어교육의 입장에서 본 통합 논술 교육의 의의, 국어교육학연구 제31집, 국어교육학회.
서울대 중등교육연수원(2007), 논술역량 강화를 위한 중등교사 연수.
김지운 (2008), 「논술이 학생들에게 미치는 세 가지 영향 소외감, 두려움 그리고 방관하는 태도」, 『우리말교육현장연구』vol. 2, 우리말교육현장학회, 138쪽.
교육부(2013), 「초·중등학교 교육과정 총론」 일부 개정 고시, 보도자료(2013. 12. 18.)
원만희, 한혜정(2015), 고등학교 교양교과 과목으로서의 '논술' 교육과정의 성격, 목표, 내용체계 고찰, 교육과정평가연구 18(2), 한국교육과정평가원, 1-28쪽.
한혜정, 김윤성, 성열관, 원만희, 윤상철, 이병덕, 이영만, 진동섭, 홍윤기(2015), 2015 개정 교과 교육과정 시안 개발 연구 Ⅰ: 고교 교양교과 교육과정, 한국교육과정평가원 연구보고 CRC 2015-24.
이욱희(2013), 「대학입학 논술고사의 변천 연구」, 고려대학교 대학원 박사학위논문.
원만희(2010), 「대입 논술 문제 유형과 대비 방법 Ⅱ: (인문계 논술: 대안제시형 및 자료해석형)」, 『철학과 현실』84, 철학문화연구소.
박정하(2015), 논문 : 논술 고사, 무엇을 어떻게 평가할 것인가 - 사고력 평가의 관점에서 통합 교과형 논술을 중심으로, 시대와 철학 26(2), 한국철학사상연구회, 51-79쪽.
박정희(2013), '바칼로레아'와 '책문'을 통한 글쓰기 교육, 철학논총 71, 129-148쪽.
이병민(2006), 논술고사의 성격 및 타당성 검증, 국어교육 121호. 129-161쪽.
Paul, R. & Elder, L.(2006), Critical thinking: Learn the tools the best thinkers use, Columbus, Ohio: Pearson Prentice Hall.
Perry, W. G. J.(1970), Forms of intellectual and ethical development in the college years, New York: Holt Rinehart & Winston.

제2장

구자황(2007), 논술과 대학 글쓰기 교육의 연계성 고찰, 반교어문연구 22집
박진숙(2009), 「논술과 '글쓰기' 사이」, 『철학과 현실』
김동환(2007), 대학별 논술고사의 정체성과 방향성, 국어교육학연구 29, 33-63쪽.
김철민(2010), 「자기 첨삭 활동을 통한 논술 능력 향상 방안 연구」, 한국교원대학교 교육대학원 석사학위논문.
박정하(2015a), 논술 교육의 주요 쟁점, 사고와 표현 8(2),
최미숙 외(2012), 『2011개정 국어과 교육과정을 담은 국어교육의 이해』 개정2판, 사회

평론 교육총서2, ㈜ 사회평론.
최혜영 (2009), 「대입논술 출제경향 분석을 통한 효율적 읽기 · 쓰기 지도 연구」, 국제문화대학원대학교.
MacArthur, Charles, A. Graham, Steve & Fizgerald, Jill(2015), Handbook of Writing Research, 박영민, 가은아, 박종임, 권태현, 박찬홍, 장은주 옮김, 『작문 교육 연구의 주제와 방법』, 서울: 박이정.
Flower, L., Schriver, Karen A., Carey, L., Haas, C., Hayes & John R.(1989), "Planning in Writing: The Cognition of a Constructive Process", *Technical Report* No. 34.
Zimmerman & Kisantas(1999), Acquiring writing revision skill: shifting from process to outcome self-regulatory goals, *Journal of Educational Psychology*, 91, 1-10.
원진숙(1999), 「대학생들의 글쓰기 실태와 지도 방안」, 『새국어생활』, 국립국어연구원.
이재기(2007), 논술고사의 주요 쟁점과 개선 방안 탐색, 교육과정평가연구 10(2), 125-144쪽.
교육인적자원부(1997), 『국어과 교육과정』, 교육인적자원부 고시 제1997-15호(별책 05).
최혜영(2009), 「대입논술 출제경향 분석을 통한 효율적 읽기 · 쓰기 지도 연구」, 국제문화대학원대학교.

제3장

Bloom, B. S.(1956), *Taxonomy of Educational Objectives: The Classification of Educational Goals: Handbook 1: Cognitive Domain*, New York: David McKay Company, p. 185.
한국대학교육협의회(2014), 〈논술 지도의 원리와 실제 Ⅳ〉, 케이에스센세이션.
김평원, 김성우(2011), 대입 논술 고사 내용의 타당성 분석, 교양과정평가연구 14집.
Anderson, Lorin W. & Krathwohl, David R.(2001). *A Taxonomy for Learning, Teaching, and Assessing: A Revision of Bloom's Taxonomy of Educational Objectives, Abridged Edition.* Pearson, pp. 67~68.
Brown, H. Douglas(2006), 『외국어 평가-원리 및 교실에서의 적용』, Pearson Education Korea.
Flower et al.(1990)., *Reading to Write : Exploring a Cognitive and Social Processes*, NY : Oxford University Press, 2009.
Freeman, Jennifer Maria(2007), The writing exam as index of policy, curriculum, and assessment: An academic literacies perspective on high stakes testing in an American university, Unpublished dissertation, University of Pennsylvania.

Miller, Carolyn R(1994), "Genre as Social Action", Genre and the New Rhetoric, Ed. Aviva Freedman & Peter Medway, Bristol: Taylor and Francis.

Engeström, Yrjo(1999), "Activity Theory and Individual Social Transformation", Perspectives in Activity Theory, Ed. Y. Engeström, R. Miettinen, and R-L. Punamaki, Cambridge: Cambridge University Press.

Gee, J. Paul.(1996), *Social Linguistics and Literacies: Ideology in Discourses*, Bristol, PA: Taylor and Francis, Inc.

김상천(2006)『늘샘 논술강의』, 서울: 도서출판 아침

김혜영(2005)『논술지도론』, 경남대학교 출판부.

김선정(2006), 「"읽기 중심의 쓰기" 모형 실행 연구-고등학교 학생을 대상으로」, 『한말연구』, 18.

양정호(2008), 「텍스트 읽기와 쓰기 교육」, 『텍스트언어학』, 24호.

이미영(2010), 「국어 수업과 연계한 논술 지도 방안 연구 : 읽기, 쓰기 교육을 중심으로」, 인하대학교 교육대학원.

이병민(2006), 「논술고사의 성격 및 타당성 고찰」, 『국어교육』 Vol. 121, 한국어교육학회.

이윤빈(2013), 「담화 종합을 통한 텍스트 구성 양상 연구 : 쓰기 과제 표상과 텍스트 구성의 관계를 중심으로」, 연세대학교 대학원.

최영신(2013), 「대입 논술고사 출제 경향 분석 : 2008~2013학년도 27개 대학을 중심으로」, 가톨릭대학교 대학원.

최일숙(2007), 「효율적인 논술문 표현을 위한 읽기. 쓰기 통합 지도 연구」, 강릉대학교 교육대학원.

제4장

Halliday, M.A.K.(1985), "Systemic Background". In *Systemic Perspectives on Discourse*, Vol. 1

MacArthur, C. A., Graham, S., Fitzgerald, J.(Ed)(2006), 박영민, 가은아, 박종임, 권태현, 박찬홍, 장은주(2015), 『작문 교육 연구의 주제와 방법』, 478쪽, 박이정 참조.

제6장

연세대학교(2016), 『2016학년도 신입생 수시모집 요강』

연세대학교(2015), 『수시 논술 출제의도 및 해설』

연세대학교 2013학년도 신입생 수시 모집 일반전형 논술고사 문제지 (인문계열)
한국대학교육협의회(2014), 『논술지도의 원리와 실제Ⅵ』
한국대학교육협의회 입학기획팀(2014), 『논술교육 길라잡이 Ⅸ 인문계열』
신정민(2006), 비판적 사고 함양을 위한 통합교과형 논술 지도법 연구, 서울시립대학교 교육대학원
주영은(2014) 반성적 쓰기가 고등학생의 논술 쓰기 능력 및 쓰기 효능감에 미치는 영향, 한국교원대학교.
김병성(2014), 『시계 톱니바퀴 모형과 카메라 화소 전략을 활용한 논술 교수 학습 방안 연구-기준제시 평가형 논제를 중심으로』, 연세대학교 국어국문학과 국어논리 및논술 기말보고서.
이유겸(2014), 『입시논술에서의 연역추론능력 교육방안 연구』, 연세대학교 국어국문학과 국어논리및 논술 기말보고서.

제7장

강희숙, 『우리말편지』, 소통, 2014.12.
김대행 외, 『고등학교 논술』, 대한교과서(주),2006.9.
송인화·이승윤, 『글쓰기 매뉴얼』, 도서출판 박이정, 2013.8.
이오덕, 『우리문장쓰기』, 한길사, 1992.3.
이재성, 『글쓰기를 위한 4천만의 국어책』, 들녘, 2006.11.
이희자·이재성, 『인터넷에서 가장 많이 틀리는 한국어, 커뮤니케이션북스, 2006.5.
최선경 외, 『문제해결과 의사소통』, 가톨릭대학교 출판부, 2007.9.
한금윤, 『A+서술시험답안쓰기』, 지식의 날개, 2008.12.
김연명(2015), "South Korea's Welfare State May be Heading for the Worst", EAP Policy Debates, East Asia Foundation.
Meyer, Bonnie J. F. & Freedle, Roy O.(1984), Effects of Discourse Type on Recall, *American Educational Research Journal*, Vol.21, No. 1.(Spring, 1984), pp.121~143.

제8장

발터 벤야민(1936) 지음, 최성만 옮김(2007), 『기술 복제 시대의 예술 작품』, 서울: 도서출판 길.,
김성숙(2013), 대학 신입생의 융·복합적 사고 능력 배양을 위한 렌즈에세이 쓰기 교수

모듈 효과, 작문연구 19.

김성숙(2016), 글로벌 무크를 위한 한국어 교육 모형 개발, 대학작문, 대학작문학회.

장하준(2007), 『나쁜 사마리아인들』, 부키.

이강룡(2013), 『디지털 시대의 글쓰기』, 살림.

브루스 맥코미스키(2012), 김미란 옮김,『사회 과정 중심 글쓰기』, 경진출판사.

Bawarshi, Anis & Reiff, Mary Jo(2010), *Genre: an introduction to history, theory, research, and pedagogy*, Parlor Press.

Kleine, Julie T. (1990) *Interdisciplinarity: History, Theory & Practice*, Detroit: Wayne State University Press, p. 80

Kleine, M.(1990), "Beyond Triangulation: Ethnography, Writing, and Rhetoric", *Journal of Advanced Composition*, Vol. 10, No. 1

Fairclough, Norman(2012), 김지홍 역, 〈담화분석방법〉, 경진출판.

Grant Wiggins · .Jay McTighe(2005), *Understanding by Design*(2nd edition), 강현석 외 공역(2008), 『거꾸로 생각하는 교육과정 개발 - 교과의 진정한 이해를 목적으로』, 서울: 학지사.

Hyon, Sunny(2002), Genre and ESL reading: a classroom study, *Genre in the classroom: multiple perspectives*. Ed. Ann M. Johns. Mahwah, NJ: Lawrence Erlbaum.

부 록

이 답안은 정답에 80% 정도만 가까울 뿐, 나머지 20%는 여러분의 생각이 옳습니다. 여기에 정리된 답안을 참조하여 각자의 모범답안을 타당하게 작성하세요.

제1장 논술 시험의 현황

30쪽 ① 논리적 쓰기 능력 ② 종합적 사고력 ③ 모두 ④ 논리적 쓰기 능력
⑤ 비판적 독해 능력, 종합적 사고력

31쪽 ① 교사 ② 대학 ③ 교사 ④ 교사, 학생 ⑤ 대학 ⑥ 학생
⑦ 교사, 사교육 담당자

제2장 통합 논술의 쟁점

47~50쪽 ① 발산적 ② 난이도 ③ 평가 장르 ④ 출제 주체

55쪽 ① 나 ② 가 ③ 다 ④ Present ⑤ Practice ⑥ Produce

제3장 논증적 사고 범주와 제시문 분석 연습

68쪽 ① 종합(Synthesis) ② 창조하기(Creating) ③ 흐름

72쪽 ① 자연 ② 현대 ③ 목적 ④ 도덕적 의무론 ⑤ 연역적 합리주의
⑥ 상대주의 ⑦ 사회 ⑧ 크로노스(chronos) ⑨ 아이러니

제4장 요약형 논제

100쪽

(가)

① 자신을 이해하는 것은 다른 사람의 입장에서 자신을 바라보는 것으로서, 자신을 '자기 입장'에서 분리시켜 놓음으로써 가능하다. ② 가장 좋은 방법은 다른 사람의 눈을 통해 자기를 바라보는 것이다. ③ 타인의 눈에 비친 자기의 모습이 어떠할까를 상상하면서 자기의 행동 동기를 이해하거나 반성하게 된다.

④ 무인도에서 혼자 살아온 사람이 있다고 가정해 보자. ⑤ 그 사람은 자기 성격, 자기 감정이나 행동의 장단점, 자기 정신의 아름다움이나 추함 등에 대해 전혀 판단할 수 없을 것이다. ⑥ 이는 마치 거울이 없는 사람이 자기 얼굴이 어떻게 생겼는지를 알 수 없는 것과 마찬가지이다.

⑦ 자신을 바라보는 타인이 없다는 것은 자신을 투영시킬 수 있는 거울이 없다는 것과 같다. ⑧ 자신이 사회로 편입되는 순간 그는 거울을 가지게 된다. ⑨ 거울은 그가 함께 생활하는 타인의 표정이나 행동 안에 들어 있다. ⑩ 거울은 그의 행동을 인정하거나 비난하며, 이를 통해 그는 자기가 가진 충동이나 정신 세계를 판단할 수 있게 된다.

(가) 주제	타인의 시선을 거울삼아 자신의 내면을 더 잘 이해할 수 있다.		
주장	②		⑩
근거	③ 제1단락	제2단락	⑦ 제3단락
기능성 문장	①	④ ⑤ ⑥	⑧ ⑨

(나)

① 자신이 선택하는 우정이 아무리 절대적인 것이라 하더라도 우리는 그것이 결코 단순치 않다는 것을 알고 있다. ② 친구의 선택에는 우리의 모든 천성이 참여하지만 그 중 몇몇 부분은 은밀한 가운데 개입한다. ③ 이 은밀한 부분을 빛에 밝혀 볼 필요가 있다.

④ 참된 벗은 감춰진 유사성에 의해 가까워지고, 범속한 벗은 표면상의 유사성에 의해 가까워진다. ⑤ 많은 사람들은 하는 일이 같거나 취미가 같으면 흔히 친구라고 생각하게 된다. ⑥ 그러나 이런 외관상의 유사성이 때때로 반감만 자아내게 하는 반면에, 상대방의 행위가 자기와는 거리가 멀다고 생각되는데도 그런 사람 쪽으로 마음이 기울어지는 수가 있다.

⑦ 이 경우 그들이 우리에게 불러일으키는 공감에는 하등 우연적인 원인은 없다. ⑧ 그러나 그 이상의 것이 있다. ⑨ 진실한 우정의 밑바닥에 깔린 욕구에는, 자기 혼자의 힘으로는 본래의 고귀한 자기 모습을 지닐 수 없기 때문에, 남이 보여주는 모습에 의해 자기를 확대하려는 영혼의 갈망이 깃들어 있다. ⑩ 평범한 사람은 현재의 생활 이외의 생활은 상상도 하지 못한다. ⑪ 그리하여 그 현재의 생활에서 자기의 모든 것을 짐작한다. ⑫ 그러므로 그들은 친구를 자기의 동류 속에서 택한다.

⑬ 이와 달리 한 인간이, 어느 정도 내면적으로 풍요해지면 자기가 지금까지 해온 일은 자기 천성의 전부를 나타내고 있지 않으며, 또한 자기가 현재 애써 발휘하려는 여러 가지 능력 속에는, 자기가 아직 나타내지 못한 다른 여러 가지 자질이 깔려 있다는 것을 절실히 느끼게 마련이다. ⑭ 그 자질은 다른 자기의 내용이 될 수 있었을지도 모르는 것이다.
⑮ 이러한 그 자신의 환상에 보답해주는 것이 친구의 인격이다. ⑯ 인간은 친구를 통하여 자기를 완성하게 된다. ⑰ 그들은 이를테면 우리가 실천에 옮길 수 없었던 모든 활동에 있어서의 대리인이다. ⑱ 그들과 함께 있을 때 우리는 자기 경험에 그들의 경험을 더하는 시간을 갖는다. ⑲ 그러므로 우리는 현재의 자기 또는 그렇게 될 수 없었던 자기에 의해, 즉 우리의 유연성과 향수에 의해 친구를 택한다.
⑳ 가장 풍성하고 가장 즐거운 우정은 어느 모로 보나 정반대의 입장에 있는 듯이 보이는 두 사람이 나중에 자기들이 한 형제였다는 것을 알아차리게 되는, 저 옛날 연극과 같은 것이다. ㉑ 그것은 서로 상대방을 아는 것을 의미한다.

101쪽

(나) 주제	친구를 통하여 자신의 숨겨진 본성을 드러내 폭 넓은 인생을 경험할 수 있다.					
주장	①	④	⑨		⑯	
근거	②–③ 제1단락	제2단락	제3단락	⑬ 제4단락	⑮ ⑲ 제5단락	제6단락
기능성 문장		⑤ ⑥	–⑦–⑧ ⑩–⑪–⑫	⑭	⑰ ⑱	⑳ ㉑

106쪽

① 우리 선조들은 이념상 남녀 문제를 '음양의 조화'라는 상호 보완적인 관계에서 인식하였다. ② 하지만 무분별한 성적 탐닉으로 말미암아 인생을 그르치는 경우를 막고, 순결을 지키기 위해서 결혼 전의 이성 교제를 엄격하게 제한했다. ③ 현대 사회에서도 이런 관행이 남아 있어서 많은 부모들은 한창 공부해야 할 시기에 처해 있는 청소년기 자녀가 이성 교제에 몰두하는 것을 걱정한다. ④ 하지만 이전처럼 자녀의 이성 교제를 무조건 반대하기보다는 건전한 만남이 되도록 신경을 쓴다.
⑤ 이성 교제는 같음과 다름을 동시에 고려하는 것이어야 한다. ⑥ 상대가 나와 같은 인간이기 때문에 같음을 존중해야 하지만, 상대가 나와 성(性)이 다르기 때문에 그 차이점을 이해하고 배려해야 한다. ⑦ 지나치게 같음을 추구하다 보면, 그 차이

를 망각할 가능성이 높고, 그 반대로 차이를 의식하다 보면, 자칫 차별로 이어질 수도 있음을 유념하면서 이성 친구를 대하도록 해야 한다.
⑧ 인격적인 만남은 또한 규칙이나 예절을 지키는 것과도 관련이 있다. ⑨ 인격 존중 차원에서 우리는 상대와 약속한 것을 성실하게 지키려는 노력을 기울여야 한다. ⑩ 또한 부모님에게 허락을 받고 공개된 장소에서 만나는 것도 중요하다. ⑪ 그렇게 할 때, 부모님의 걱정을 덜어 드릴 수 있을 뿐만 아니라, 이성 친구와의 건전한 관계를 이어갈 수 있다.

주제	건전한 이성 교제를 위해 청소년 스스로 노력해야 한다.			
주장	제1단락	⑤ 제2단락	⑧ 제3단락	제4단락
근거		⑥	⑪	
기능성 문장	배경 ① ② 선조 ③ ④ 현대	⑦	⑨ ⑩	

○ ① 선조들은 혼전 이성 교제를 엄격히 제한했지만 ③ 현대 부모들은 건전한 만남이 되도록 신경을 쓴다.
○ ⑤ 이성 교제는 같음과 다름을 동시에 고려하는 것이어야 한다.
○ ⑧ 인격적인 만남은 또한 규칙이나 예절을 지키는 것과도 관련이 있다
→ ⑪ 그렇게 할 때, 부모님의 걱정을 덜어 드릴 수 있을 뿐만 아니라, 이성 친구와의 건전한 관계를 이어갈 수 있다.

제시문은 청소년의 건전한 이성교제를 위한 마음가짐에 대해 말하고 있다. 혼전 이성 교제를 엄격히 제한했던 선조들과 달리 현대 부모들은 어느 정도 개방적이다. 청소년 스스로, 이성을 만날 때 인간으로서의 동질성과 이성으로서의 차이점을 배려하고, 인격 존중의 차원에서 규칙이나 예절을 지킨다면 부모를 걱정시키지 않으면서도 건전한 이성 교제를 해 나갈 수 있을 것이다. (204자)

현대 민주 국가에서 시민들은 자유를 누릴 수 있는 권리를 갖는다. 근대 이전 사회에서 대다수의 사람들이 왕이나 귀족의 지시와 결정에 따르거나 자신들의 태생적 신분에 따라서 살아야 했던 것과는 달리, 이성적 존재로서 시민들은 자신들의 삶의 조건을 스스로 결정할 수 있는 자유를 보장받는다. 시민들은 정치에 참여할 수 있는 권리를 가진다. 민주국가에서 시민은 공동체적 삶의 기준으로 법을 만들 수 있고, 이를 집행하는 대표자를 선출할 수도 있다. 시민의 의견과 일치하는 방향으로 정치가 이루어지려면 많은 사람이 적극적으로 참여해야 한다. 시민의 정치 참여는 민주주의에서 정통성 확보에 필수적이기 때문이다.

민주주의의 중요한 전제 조건인 국민들의 정치 참여는 오늘날 언론을 통해 이루어지고 있다. 민주적 정치 참여가 이루어지기 위해서는 정치적 결정에 관련된 다양한 정보와 의견이 자유롭게 유통되어 국민들이 올바른 선택을 할 수 있는 여건이 마련되어야 한다. 그러기 위해서 언론의 자유가 보장되어야 한다. 왜냐하면 권력에 의해 통제되는 언론은 국민들에게 다양하고 풍부한 정보를 자유롭게 전달하지 못하고, 그 결과 국민의 알 권리가 제대로 충족될 수 없기 때문이다. 결국 정부의 통제나 영향으로부터 자유로운 언론이 민주 사회의 근간이 된다는 것이다.

한편 다수에 의해 선택된 합법적인 권력이라 하더라도 전횡과 권력 남용의 우려가 있기 때문에 시민들에게 권력을 감시하고 비판할 자유가 주어져야 한다. 즉, 국가 권력의 남용을 막기 위하여 다양한 제도가 마련되었더라도 이를 따르지 않는 국가 권력을 비판할 수 있는 힘이 없다면 그 제도는 소용이 없다. 따라서 국가 권력의 자의적 행사를 막기 위해 건강한 시민 세력이 골고루 발전해야 한다. 언론은 민주주의 사회에서 국가의 권력 남용을 견제할 수 있는 중요한 사회 세력 중 하나이다. 언론은 국가의 정책을 국민에게 알리기도 하지만, 국가의 정책이 잘못 입안되거나 잘못 집행될 때 문제점을 지적하는 비판적인 기능도 한다. 국민은 언론을 통해 국가 권력이 어떻게 행사되고 있는지를 감시하고 견제할 수 있다. 이 때문에 민주주의를 표방하고 있는 모든 국가들은 언론자유의 보장을 법에 명시해 놓고 있다.

그러나 실천의 차원에서 언론의 자유를 무한정 허용할 수는 없다. 언론의 활동은 원칙적으로 자유롭지만 그 자유에는 반드시 책임이 수반된다. 언론 매체는 진실 추구를 통해 사회적 감시의 기능과 사회적 가치를 설정하는 기능을 수행해야 하는데 만일 이러한 역할을 수행하지 못했다면 언론은 자유에 따른 책임을 다하지 못한 것이다. 언론 매체가 자유에 대한 책임을 다하지 못하는 것도 문제가 되지만 그 자유를 남용하는 경우도 큰 문제가 된다. 언론 매체를 통해 전달되는 정보는 그 특성상 사회 구성원들에 미치는 영향력이 매우 크기 때문이다. 잘못된 정보가 전달되거나 엉뚱하게 재해석되어 유통되면 시민들이 의사 결정하는 것을 방해하고, 사회 전반에 부정적인 영향을 미치게 된다. 이 때문에 언론 보도를 규제하는 제도적 장치들이 마련되어야 한다.

고등학교 〈도덕〉, 〈생활과 윤리〉, 〈법과 정치〉 발췌 수정

핵심 내용: – 민주 국가에서 시민의 정치 참여가 가지는 중요성
– 민주 국가에서 언론 자유의 필요성: 시민의 알 권리 보장
권력에 대한 감시와 비판
– 언론 자유 규제의 필요성: 언론 자유의 남용 문제

이 글은 언론 자유와 규제의 필요에 대해 설명하고 있다. 민주 국가는 시민의 자유와 참여로 유지되므로 시민의 올바른 판단이 중요하다. 그래서 민주 국가의 언론이 권력으로부터 자유로워야 하는 것이다. 언론에게는 국가 운영과 관련된 정확한 정보와 그에 대한 다양한 의견을 시민에게 알릴 책임이 있다. 언론이 제공한 정보를 토대로 시민은 합법적인 권력이라도 남용되지 않도록 감시하고 비판할 권리를 행사한다. 하지만 언론이 자유를 남용하여도 사회에 악영향을 끼칠 수 있으므로 언론 자유의 남용을 규제할 제도적 장치 역시 마련되어야 한다. 책임 있는 언론의 역할은 민주 국가의 근간이다. (324자)

제7장 논증 글의 양식적 특징

182쪽 암기력

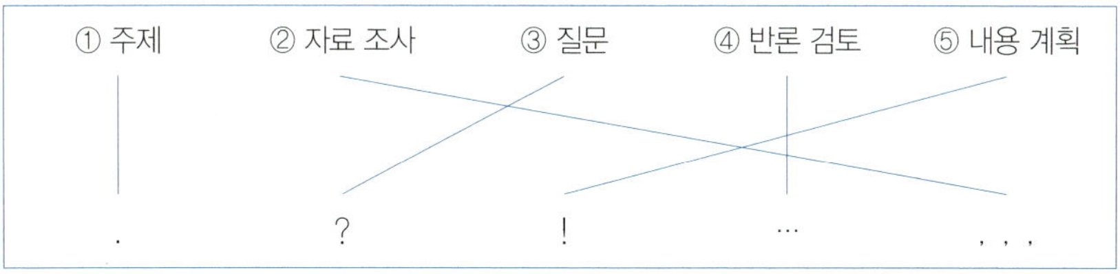

185쪽 ① (○) ② (×) ③ (○) ④ (×)

186쪽 대칭적이지 않다

187쪽 이 글에서는, 매우, 유사한, -와/과, -는 것이, -는다,

188쪽 막대한

191쪽 [1] 전통적인 윤리, 목적론적 윤리, 의무론적 윤리

192쪽 [2] 셋째 문단, 생태적인 삶을 되살리기 위해서는 성장 중심의 가치관을 버려야 한다.
환경 문제, 경제 성장, 환경 보존, 생태적

193쪽 [3] 외모 지상주의, 상업주의, 경제적 풍요, 상업주의, 경제적 풍요

197쪽 [4] 시험관 아기, 생명공학 기술

199쪽 [5] 다원화 사회의 갈등, 문제점, 해결 방안

199쪽 [6] 첫, 종합

203쪽

[1] (1) 게이머 세대는// 시장 분석과 같은, 현장의 가상적인 측면과 실제 작업 환경이 더욱 밀착하도록 촉진할 것이다.

(2) 정보화 사회에 대비한 교육이라고 하면// 당장 컴퓨터 교육부터 떠올리는 우리의 통념은 잘못된 것이다.

(3) 한국 사회에서 명품에 대한 무분별한 소비 욕망이 확산되어 가는 추세는// 중산층 이하의 경제적 박탈감이 반영된 결과이다.

(4) 인공두뇌가 진화하는 방법에는// 두 주요 갈래가 있다. 한 갈래는 클라우드 컴퓨팅이 점점 똑똑해져서 그 자체가 초인의 수준에 도달하는 것이고, 다른 갈래는 클라우드에 익명으로, 단편적 접촉을 통해 연결된 사람들의 무리가 그 집합체로서 점점 더 똑똑해져서 초인적 독립체가 되는 것이다.

204쪽 [2] 현대 사회 노인들, 여러 가지 어려움을 겪고 있다, 소견

205쪽 ②, ④, ⑦

206쪽 ②-③ / ④-⑤-⑥ / ⑦-⑧-⑨ / 게다가, ⑥

208쪽 ②-①-③

209쪽 [3] ㉠ 개인 정보가 본인도 모르는 사이에 거래되는 것
㉡ 회원 전용 서비스 제공을 명목으로 개인 정보를 수집하여 본인 동의 없이 거래하는

211쪽 [4] 중요성, 필요성, 긍정적

213쪽 [1] 아주, 어설픈, 감동적, 진부한

214쪽 [2] (1) 인간으로서의 동질성과 성적 차이를 (2) 서로를 존중하는 인격적인 (3) 청소년은 부모를 안심시키면서

215쪽 [3] (1) 현대 사회에서는 (2) 제시문은, 현대 (3) 대신, 주의를 기울인다

216쪽 [4]

틀린 말	맞는 말	틀린 말	맞는 말	틀린 말	맞는 말
몇 일	며칠	댓가	대가	못지 않는	못지 않은
삼가하다	삼가다	요컨데	요컨대	하기 마련이다	하게 마련이다
제 3차	제3차	옳바른	올바른	-은지 얼마 되다	-은 지 얼마 되다
촛점	초점	-이였다	-이었다	-는데 유용하다	-는 데 유용하다
웬지	왠지	이혼률	이혼율	-고 싶어 하다	-고 싶어하다

217쪽 [5] (1) 지향, 지양 (2) 보전, 보존 (3) 개발, 계발

219쪽 [6] (1) 작, 적 (2) 가르쳐, 가리키 (3) 으로서, 으로써 (4) 채, 째

224쪽 [7] 세계의 여러 문자들과 비교해 볼 때, 한글은 매우 과학적이고 독창적인 문자이다.

225쪽 [8] 주목할 사실은, 는 점이다, 현대인
[9] 현대인

226쪽 [10] 되어서는 안 된다 / 하지 말아야 한다
[11] 감독, 강한 정신력, 감독, 강한 정신력, 으로, 을

227쪽 [12] 경제 개발에 따른 환경 파괴는 수십 만의 생물 종을 사라지게 하였다.
[13] 인간은 자신과 아무 상관이 없는 것에 대해서도 본능처럼 강한 호기심을 느끼고 뭔가를 새롭게 알고 싶어하지만 / 이 왕성한 지적 욕구가 인간과 동물의 가장 큰 차이이며 인류 발전의 원동력이 되어 온 것이다.

229쪽 [14] 법적, 국가
[15] 경쟁적인, 협조적인

230쪽 [16] 못할 경우, 생각한다

231쪽 [17] 나는, -고 생각한다

232쪽 [18] 아주, 오래, 매우, 전혀, 절대로 / 지속적으로 강력하게, 전혀 보이지 않는다,
절대로 해결될 수 없다

233쪽 [19] -로 하여금, 관료들은, 주장한다, 관료들, 이러한

234쪽 [20] 자연을 개척하고 자원을 개발함으로써 위대함을 입증해 온 것, 그 일들은 환경을 파괴하는 방향으로 진행되어 왔고 같은 종에 속한 인간까지 죽임으로써 가능했는데 이는, 인류, 보여 주었다/입증해 왔다, 가능했다, 역사

제8장 창의적 에세이 쓰기

240쪽 ① 내용 ② 자기 성찰 ③ 구조 ④ 비교 평가 ⑤ 어법 ⑥ 정보 전달

241쪽 ① 표현의 정확성 ② 내용의 창의성 ③ 주제의 일관성

256쪽 ① 물리학자 ② 수학자 ③ 생물학자 ④ 경제학자 ⑤ 시스템공학자
우편마차, 기차

258쪽 [1] 집단지성은 가상공간 안에서 천사(messenger)처럼 활동한다.
[2] 은행은 우리 몸의 심장처럼 경제 전반에 돈을 공급하는 역할을 한다.
심장

259쪽 [3] 사이버 공간의 직접 민주주의에는 다성 합창을 할 때처럼 훈련과 예절이 필요하다. 지식

262쪽 [4] 자본주의

단일 제시문 요약형 활동지(107쪽)

평소에 제시문을 읽고 다음 표에 점선으로 구획된 단락 별로 주장, 근거, 깨알 같은 기능성 문장들의 일련번호를 알맞게 분류해 적는 연습을 한다.

_____ 반 _____ 번호 이름 ______________

주제				
주장	제1단락	제2단락	제3단락	제4단락
근거				
기능성 문장				

주제				
주장	제1단락	제2단락	제3단락	제4단락
근거				
기능성 문장				

주제				
주장	제1단락	제2단락	제3단락	제4단락
근거				
기능성 문장				

500자 원고지

시험일시 : 대학(계열) : 학번 : 성명 :

100

200

1000

1100

1200